朝日《あさひ》文左衛門《ぶんざえもん》の食卓《しょくたく》

大下 武

OSHITA Takeshi

ゆいぽおと

朝日文左衛門の食卓

大下　武

はじめに

最近『幕末下級武士の絵日記』の新訂本が出て、久しぶりに絵日記の楽しさを味わった。挿絵《さしえ》の数も増え、当時の風俗を知るうえで参考になる。とくに食事風景が多く描かれていて、『絵日記』の作者の尾崎石城《せきじょう》と、『鸚鵡籠中記《おうむろうちゅうき》』の著者朝日文左衛門を、ひそかに重ね合わせてみたりした。

二つの日記にはおよそ一五〇年の開きがあり、場所も埼玉県の行田市《ぎょうだ》と愛知県の名古屋市、そのまま重ねるには無理がある。しかし石城が「上書《じょうしょ》」を咎《とが》められ知行を召上げられるまでは、一〇〇石取の馬廻役《うままわり》であり、朝日文左衛門もまた一〇〇石取城代組《じょうだいぐみ》同心の家柄であった。因縁めいた話になるが、他《ほか》にもつながりを感じる。

尾崎石城は武州忍《おし》藩士だが、「徳川家伝」によれば尾張藩初代の義直公《よしなお》も、三歳のとき家康から武蔵国忍城に封《ほう》ぜられたという（『尾藩世記』）。「家伝」は明治になってからの史料で、やや信憑性にかけるが、こうした話の背景には義直（家康九男）が、兄忠吉《ただよし》（同四男）の跡をそっくり継いだ事実がある。義直以前に清須城主だった忠吉は、清須入りする前やはり忍の城主であった。

忠吉が忍《おし》一〇万石を領したのは天正一八年（一五九〇）のこと、慶長五年（一六〇〇）の関ケ原の役のあと清須に移り、尾張五二万石を与えられた。忠吉の忍時代に採用された家士二〇〇名は、忠吉没後そのまま義直の家臣として引継がれ、「忍新参衆《おししんざんしゅう》」と呼ばれた。彼らの出身を家譜集成の『士林泝洄《しりんそかい》』（丁之部二）で確かめると、祖先の経歴は「忠吉君《ただよしぎみ》に武州忍において召出され、何百石を賜う」からはじまっている。

朝日文左衛門の祖先がこの忍新参衆なら、話としてまことに好都合だが、そうはいかない。文左衛門重章《しげあき》の四代前重虎《しげとら》は武田信玄に仕《つか》え三河において戦死とあり、その子朝日善右衛門は、平岩親吉《ちかよし》に仕えたあと、尾張徳川家に仕官した。彼らは「弓削衆《ゆげ》」と呼ばれ、「忍新参衆」の次に多い。家康は武田氏を滅ぼしたのち、武田の遺臣たちを積極的に採用する方針をとり、当時甲州郡代だった平岩親吉《ちかよし》の配下とした。

話を朝日文左衛門の日記に戻そう。

文左衛門が元禄四年（一六九一）から享保二年（一七一七）まで二六年間書き続けた『鸚鵡籠中記』には、およそ三〇〇〇回にわたり料理のくわしいメニューが記載され、郷土史家芥子川《けしがわ》律治《りつじ》氏は「その克明な料理記録は、江戸時代に書かれた料理書のどれよりもはるかに具体的である」と評されている。克明なメニューは江戸の料理本を凌ぐほどに豊富で、その資料的な価値を評価する料理研究家は多い。

しかし食事風景の描写となると、石城の「絵日記」にはかなわない。

座敷から庭先を眺めた様子や、障子、襖、板戸など建具類の数々、行灯《あんどん》や机などの調度品の配置、小宴に参加した人たちと座を取り持つ婦人たちの動き、各自の前に置かれた銘々膳《めいめいぜん》の種類にいたるまで、一幅の絵がすべてを語ってくれている。

料理内容の記述では文左衛門に、食事風景では石城に軍配が上がるが、両者に共通するのは、親類縁者や友人たちとの会食の多さである。そこではさまざまな情報が取り交わされ、噂話や相談ごともなされた。会食場所は各家持回りであったり、寺であったり時に町人の宅であったりする。彼ら中・下級武士たちのこうした日常の集まりを、江戸の「会食文化《かいしょく》」と名付けても良いかもしれない。女性たちの井戸端会議が、裏長屋文化のささやかな在り方とすれば、会食は、男たちが日常の安心を得る場でもあった。ときに家族の結婚や就職を祝う宴もあったが、そんなとき、たかだか百石クラスの武士の酒宴であっても、伝統的な会席料理に倣《なら》った膳部が並んだ。例を挙げよう。

元禄六年正月二九日、向かいに住む親友加藤平左衛門の祝言振舞《ふるまい》があり文左衛門ほか九人が出席、料理は「汁（ウド・大根・鴨）膾《なます》（ボラ・栗・薑）煮物（鶏卵・長芋・牛蒡・巴くずし）焼物（大ボラ）香の物」につづき「酒肴《しゅこう》・てんぷら（嶋エビ・豆腐）麩にしめ、九年母《くねんぼ》、取肴《とりざかな》・するめ」が出された。

料理研究家の江原恵《けい》氏は、「汁・膾《なます》・煮物・焼物・香の物という料理の順序・方式は、茶の湯の〈会席〉の伝統を継承した流儀で、茶の湯の饗応の型が一般の酒宴にまで及んでいたことの例証」と述べられている。元禄期は和食の〈かたち〉が成立した時期であり、「文左衛門の食卓」はそれを物語っている。

朝日文左衛門の食卓　もくじ

はじめに　2

第一章　「食いしん坊」入門　13

食卓と食膳　14
はじめての外食は「秋刀魚（サンマ）」　18
嶋細魚（シマサヨリ）とは秋刀魚（サンマ）のこと　27
野鳥を食う　28

【コラム】江戸時代に鶏肉は食べられたか　―名古屋コーチンの誕生―　33

◆日記に登場する「海部家」　35
◆海部家の子孫たち　44
◆海部家と小牧市池之内　46
◆御一新　49
◆養鶏と名古屋コーチンの作出《さくしゅつ》　50

第二章　文左衛門の正月料理　55

元禄六年（一六九三）年正月九日の料理　56
会席料理　59

鱈（タラ）汁　60
鱠（ナマス）　62
香の物　62
煮物　63
熬物（イリモノ）　64
酒肴としての白魚（シラウオ）　65
鰻（ウナギ）の蒲焼　67
鰻（ウナギ）の筒切りと開き　68
土用の丑　72
宇治丸（ウジマル）　74
元禄七年正月二六日の料理　77
雁（ガン・カリ）のなべやき　78
親しまれた雁　80
田作り（タツクリ）　84
名吉（ナヨシ・ミョウキチ）　86
鯔をナヨシと読ませる　88
鯔（イナ）まんじゅう　90

栗生姜（クリショウガ）　94
慈姑（クワイ）　95
萵苣（チサ）、唐萵苣（トウチサ）　96
蕗（フキ）　98
芹焼（セリヤキ）　98
鮓鱅（スシハエ）　99
芥子酢（カラシズ）　103
鰯・鰛（イワシ）　105

第三章　文左衛門の結婚式と披露宴の料理　109

結婚前後の話　110
結婚当日の話　117
披露宴の料理　123
汁と吸物　126
鴨（カモ）汁　128
鰌（ドジョウ）汁　128
雲腸（クモワタ）の吸物　129

料理の主役は膾（ナマス） 130
鱸（スズキ） 132
赤目（アカメ） 138
刺身のツマ（妻） 140
『日記』に出てくるツマ 141
海藻（カイソウ） 142
海髪（オゴノリ） 144
水運・海雲（モズク） 145
海苔（ノリ） 146
海苔の歴史 147
浅草海苔の名前 150
海苔の御三家 151
水前寺海苔（スイゼンジノリ） 153
寄居（ゴウナ） 156
筍羮（シュンカン） 157
蒲鉾（カマボコ） 162
鱏（エイ）を食べる 167

天麩羅（テンプラ）　170
夕顔（ユウガオ）　176
鮫（サメ）を食う　177
鮫（サメ）のタレ　179
鱶鰭（フカヒレ）　184
深海鮫（シンカイザメ）の肝油　186
鮫（サメ）の魅入り　187
【コラム　海人の国とサメ】　189
◆『出雲国風土記』の人食ザメ　191
◆『鸚鵡籠中記』のサメ　193
◆都へ送られたサメ　197
◆天皇家の性格　199
香の物　202
浅漬け　208
尾張大根（オワリダイコン）　209
尾張大根の本場　213
『日記』に出てくる「柑橘類」　218

橘（タチバナ） 220
柑子（コウジ） 224
蜜柑（ミカン）と九年母（クネンボ） 230
都春錦（トシュンキン） 232
蜜柑は菓子 233
岩茸（イワタケ） 234
玉子ふわふわ 235
贈答品の蜜柑 236
『日記』に出てくる九年母 238
温州蜜柑（ウンシュウミカン） 241
煎酒（イリザケ） 242

おわりに 248

第一章　「食いしん坊」入門

食卓と食膳

先日、馴染の本屋さんの催しで「朝日文左衛門の食卓」の話をさせて頂くことがあったが、そのとき「食卓」とすることに一寸躊躇した。江戸時代の人たちが日々の食事に使ったのは「銘々膳《めいめいぜん》」で、その意味では「朝日文左衛門の食膳」とすべきかも知れない、そう思ったからである。「江戸時代の人がテーブルで食事を？」という意地の悪い質問が飛んでこないとも限らない。食卓といえば普通は「卓袱台《ちゃぶだい》」や「テーブル」をイメージするが、広義には「食物や食器をのせる台」すべてが食卓であり、たとえ江戸時代の食膳であっても、言葉の使い方としては間違っていない。

その一方で、食器をのせる台として「食膳から食卓へ」と変化した歴史があり、その変わり目にあたる明治末年から昭和四〇年代にかけ、折りたたみ式の「卓袱台《ちゃぶだい》」が登場した。とくに丸い形の「ちゃぶ台」には、懐かしさを感じる。食事のあとは勉強机に早変わりし、脚を内側に折りたためば一挙に座敷が広くなった。「ちゃぶ台」以前の「食膳」は、いまでも旅館や宴席などで目にするが、さすがに家庭で用いる例は少ないだろう。以下、朝日文左衛門が用いたであろう「膳」について、少しまとめておきたい。

喜田川守貞の『守貞謾稿《もりさだまんこう》』に、「上古は食類を柏葉《かしわ》に盛るゆえに、膳《ぜん》の和訓を〈かしわで〉という」とある。古代律令政府には八つの省があり、そのうち宮中の用を務める宮内省には大膳職《だいぜんしき》などの五寮と、内膳司《ないぜんし》など五つの司《つかさ》があった。大膳職は「臣下に下賜《かし》する膳を掌《つかさど》る」

役所、内膳司は「天皇が召し上る食事を掌る」役所である。内膳司長官は磐鹿六雁《いわかむつかり》の末裔の「高橋氏」が任じられ、その下に典膳《てんぜん》、膳部《かしわでべ》などが置かれていた。柏《かしわ》と膳《かしわで》は、古くから食事につながる名であった。

※磐鹿六雁《いわかむつかり》　景行天皇五三年、安房《あわ》の水門で覚賀鳥《かくかのとり》を探し海に入り蛤《はまぐり》を得た。これを膾《なます》に造り奉ったのが六《むつ》雁《かり》、その功により膳大伴部《かしわでのおおともべ》の管掌者とされた。（紀）

たとえば『播磨国風土記《はりまのくにふどき》』の冒頭「賀古《かこ》の郡《こおり》」の記事に、景行天皇が妻問いの旅の途中に明石で食事を奉られ、その地を「廝《かしわで》の御井《みい》」と呼ぶようになった、とある。廝は厮とも書き、「雑用をする僕《しもべ》」の意味だが、ここでは「料理に従事する下僕」ととらえ、「かしわで」と訓じたのだろう。『風土記』でも「かしわで」は、料理に関わって用いられた。

食卓としての「膳」は、折敷《おしき》に高坏《たかつき》を付けた「折敷高坏」や机状の「台盤《だいばん》」にはじまり、平安時代には

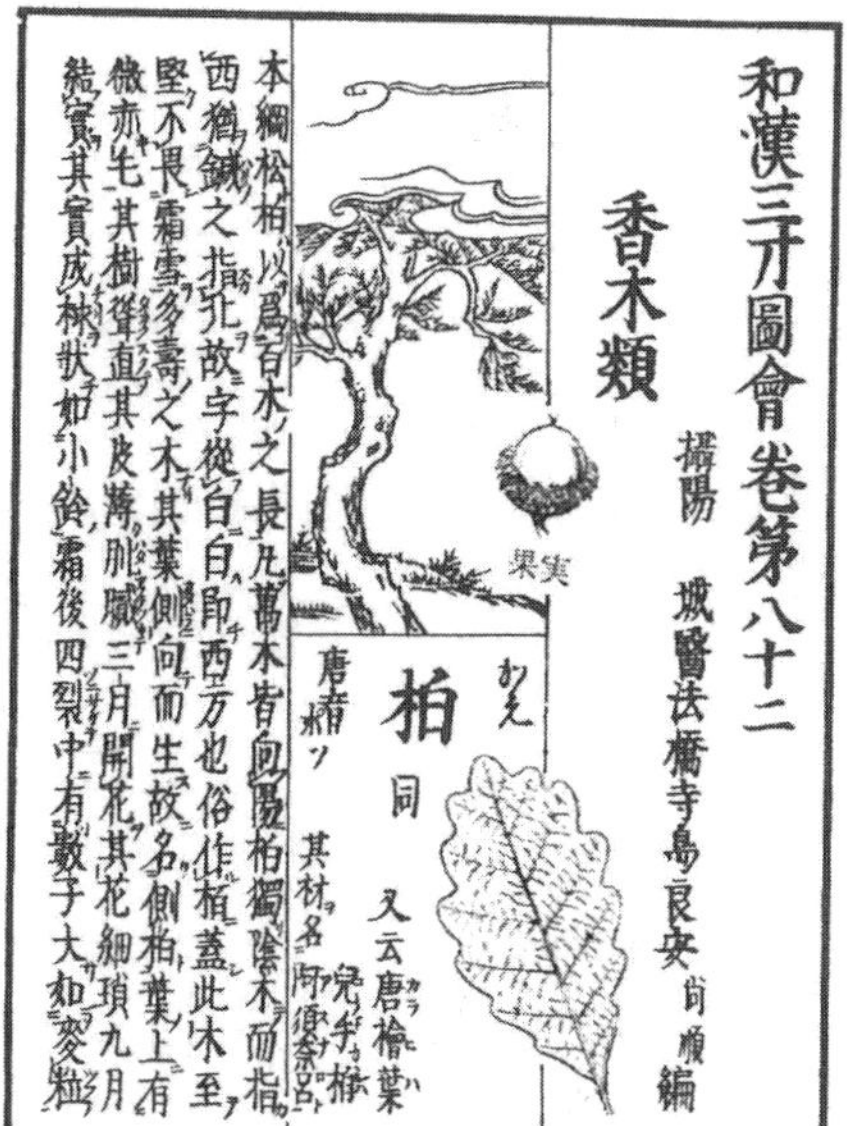

柏　（『和漢三才図会』より）

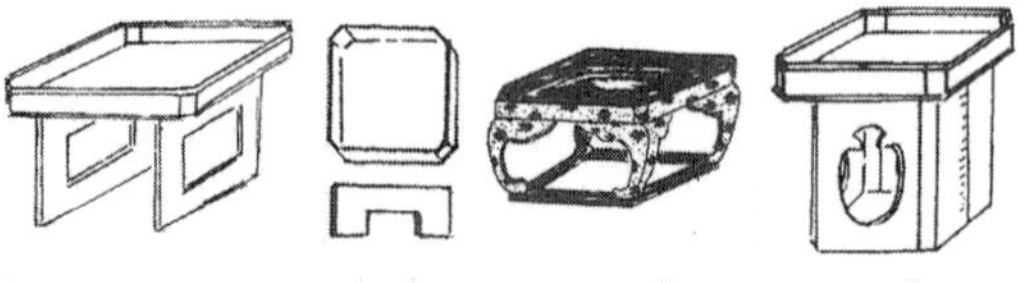

これに加えて「衝重《ついがさね》」や「懸盤《かけばん》」が食卓として用いられた。鎌倉時代もほぼ前代を踏襲したが、室町から安土・桃山にかけ折敷に足を付けたり、四角い台を取り付けた三方・四方などの衝重が多くを占めるようになり、江戸時代にはそれらが形により「何々膳」と固有の名前で呼ばれるようになった。さらに種類の増加とともに、公家や武家だけでなく、庶民層にまでその使用が広がっていった。『守貞謾稿《もりさだまんこう》』の「食類・膳」の項に、絵とともに説明がされているので紹介しておく。

○衝重《ついがさね》（三方《さんぼう》、四方《しほう》、供饗《くぎょう》）

台の三面に宝珠形の孔（眼象《げんじょう》）があくものを三方、四面にあけば四方、孔のないものを供饗《くぎょう》、これらを総称して「衝重《ついがさね》」と云う。四方は貴人用、三方はこれに次ぎ、供饗はその次。庶民はこれらを食事に用いることはないが、神のお供えには三方を用いる。

○懸盤《かけばん》

貴人用の盤である。精製品は外《そと》が梨子地《なしじ》や金蒔絵《まきえ》、内外にこれを施すものもある。粗製品は、黒漆だけで仕上げる。

○折敷《おしき》（片木折敷、鉋掛け、八寸、隅の折敷、足付き折敷）

ヒノキなど白木のヘギ（片木）板を四角に整えたものが折敷の原形で、辺長八寸のものを「方八寸折敷」、略称で「八寸」という。このヘギ板の縁《ふち》を

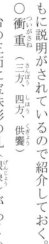

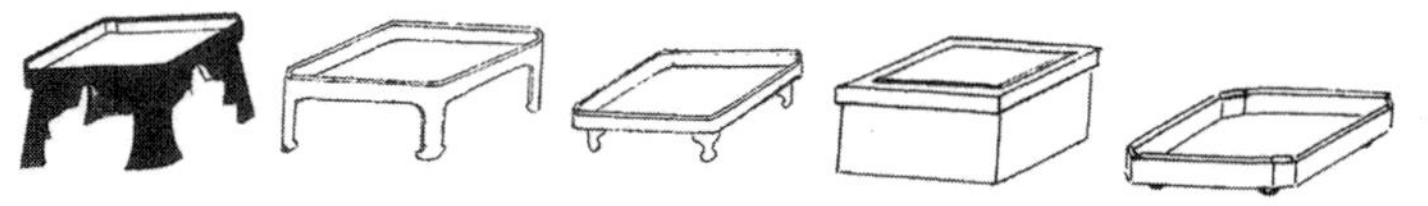

細いヘギで囲って角盆とし、さらに四隅をカットして（「スミ切り」）足を付けると、いわゆる「膳」が誕生する。

○膳《ぜん》（木具《きぐ》膳、胡桃足《くるみあし》膳、箱《はこ》膳、猫足《ねこあし》膳、宗和《そうわ》膳、蝶足《ちょうあし》膳）

もっとも簡単な膳は、二枚の板（軽くするため内側を抜く）を足にした木具膳である。『守貞謾稿』には「木具膳の多くは春慶塗で、粗製なれども貴人にも用いる」とある（木具膳は前頁の左端）。

次の胡桃足膳は、クルミを二つに割り四隅に付けて足としたもの。春慶塗で「江戸市中、奴婢ら専ら之を用いる」とある。

箱膳は、京坂の市民が平素用いる膳で、食事が終わると布巾《ふきん》で拭って台の箱に収める。洗うのは月に四、五回程度。江戸で折助《おりすけ》膳といったのは、主に禅僧や武家の奴僕（折助）が用いたからである。

猫足膳は京坂での呼称で中足膳のこと。黒漆塗りで略式の膳である。

宗和膳は民間で本膳に使われ、内・外とも朱漆または黒漆塗の銀杏《いちょう》足膳。宗和とは飛騨高山二代藩主金森可重《よししげ》の長男重近《しげちか》のこと、父から勘当され、京都に住んで小堀遠州らと交わり茶道宗和流を拓《ひら》いた。宗和が好んだ銀杏葉を模した足の膳を、とくに宗和膳という。

蝶足膳は必ず外黒・内朱に塗り、祝い膳ともいう。民間で婚礼のとき、客は宗和膳、新夫婦は蝶足膳を用いる。また京坂では、正月に蝶足を用いるが、女性用は足が高く男性用はその半分の高さとされた。

朝日家で普段使われる膳がどれであったか、日記に記載がないためわからない。ヒントになるのが下級武士の生活を描いた『石城日記《せきじょう》』で、時期や場所は異なるものの、当時の武士たちの宴席の様子から膳の種類まで知ることができる。

はじめての外食は「秋刀魚（サンマ）」

文左衛門が日記を書きはじめたのは、元禄四年（一六九一）の六月。この年の記事に、料理や食物の話は一切出てこない。数えの一八歳はいまの高校二年生で、料理への関心が薄いのも当然と思ったが、翌年には日記のあちこちに食事についての記述が見られるようになる。やはり根っからの「食いしん坊」だったらしい。

○余、加藤伴六処に咄《はなし》し、食飲す。（元禄五・一〇・七）

○親と予と渡辺七内《しちない》処へ、振舞《ふるまい》に行く。（元禄五・一〇・一〇）

友人の加藤伴六の家で飲み食いしながら話し込んだことや、叔父の渡辺七内のところへ、両親とお呼ばれに出かけたことなどを記す。どんな料理を食べたか書いてないが、ともかく飲食について触れた最初の記事である。さらにその七日後には、実際に口にした物がはじめて記録される。

○夜、余、龍泉寺《りゅうせんじ》へ行く。龍泉寺近くなりて田村新八・三宅九郎三郎・相原藤蔵・加藤伴六盤礴《あかはだか》になり、側《かたわら》なる小池にて水を浴ぶ。茶屋太郎兵衛所にて休息し、酒を呑まんと、嶋さよりを焼かせ、粥を炊《た》かせ食う。帰路、人家離れたる松原に、婆《ばば》一人臥《ふ》せてあり。病人か不審し、また大根を抜き担《かつ》いで帰る。丑《うし》八刻。（元禄五・一〇・一七）

盤礴《ばんばく》は辞書に「広く平らに広がるさま」とあり、活字本には「あかはだか（赤裸）」とルビを振っているが、まず使わない難解語だ。夜になって友達数人と小幡緑地《おばたりょくち》北の龍泉寺へ出かけ、寺の傍《そば》の小池で水浴びをした。それから門前の茶屋で酒を飲み、「嶋サヨリ」を焼かせて「粥」を食った。帰りに人里離れた松林で老婆が倒れているのを見つけたが、そのまま通り過ぎ、その先の畑から大根を勝手に引き抜いて持ち帰った。帰宅したら午前二時を過ぎていた、という話。

名古屋市東区主税《ちから》町の朝日宅から龍泉寺へは、二里半（一〇キロ）の道のり。龍泉寺の由緒は、延暦年中（七八二〜八〇六）伝教大師最澄が熱田宮に参籠修法《さんろうじゅほう》していたとき、童女が訪ねて来て、「私は龍泉の多羅《たらら》々ガ池に住む龍女です、私のために妙句をお示し下さい」と乞い姿を消した。後日師がその地を訪ね法華の妙旨《みょうし》を授けると、龍女は悦び謝して「旱《ひでり》の時は必ず慈雨を降《ふら》し、民を救います」と約束し、池中に姿を消した。その後しばらくしてこの多羅《たらら》々ガ池から馬頭《ばとう》観音像が出現し、龍泉寺の本尊として祀られた。

龍泉寺へ行く途中には朝日家が懇意にしている大森寺《だいしんじ》や宝泉寺《ほうせんじ》があり、ときに金屋坊《かなやぼう》へ魚捕りに出かけることもあって、この先龍泉寺へは何度も足を運ぶことになる。

　元禄五年一〇月一七日は、いまの暦の一一月二四日で、すでに二十四節気の立冬・小雪《しょうせつ》を過ぎている。しかし歩き続けて汗をかいたのか、若者たちは真っ裸になって池に飛び込み、水浴びした。「側なる小池」としか書いてない。龍女伝説の「多羅々《たらら》が池」は『尾張名所図会』では、すでに「池アト」とされている。元禄の頃すでになくなっていたとすれば、寺の近くにあった灌漑用の池かもしれない。まさか図中の小さな「汐の池」ではないだろう。

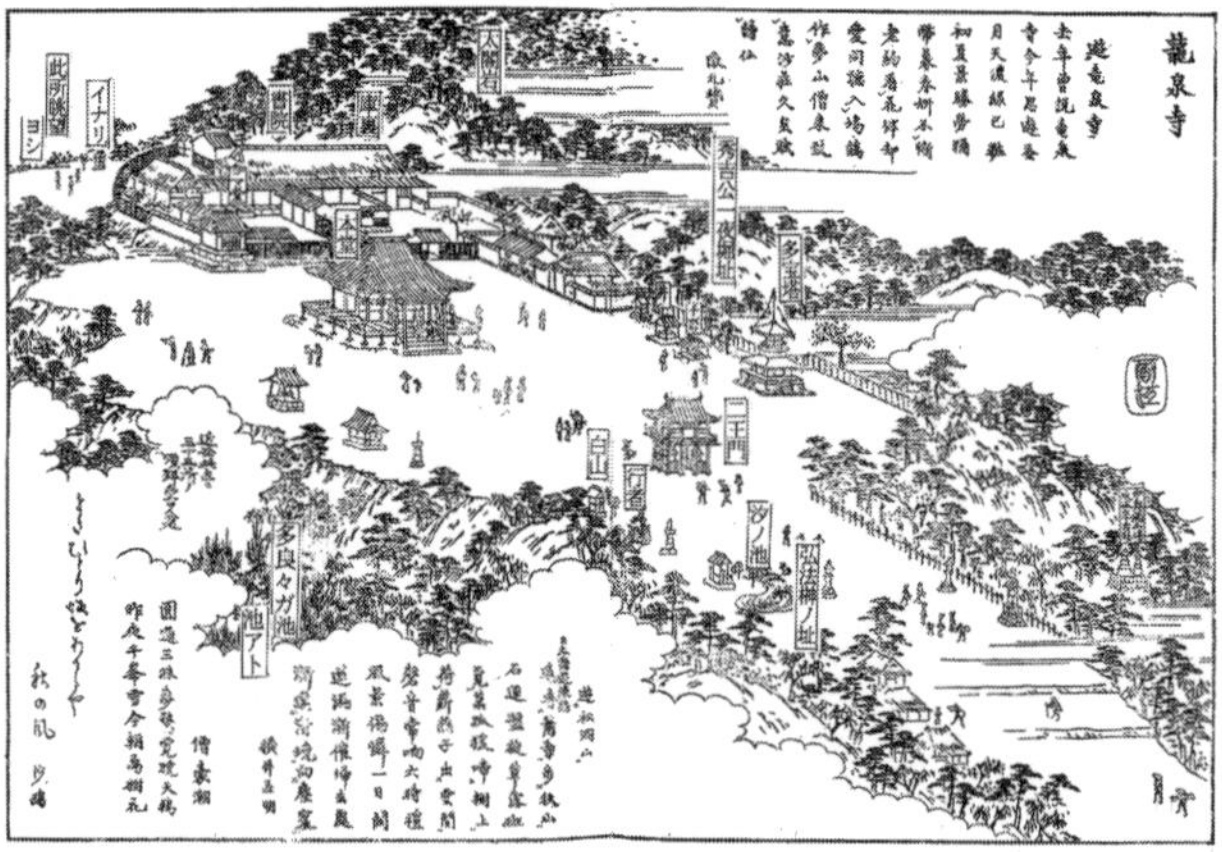

龍泉寺全景（『尾張名所図会』より）

　伝説の池の名前「たらら」は何とも読みづらく、『尾張名所図会』は「たららの名義、解しがたし。たたらを誤り伝えしにや」と記している。他の資料で確認してみると、『守山市史』（一九六三年・守山市役所）が「多羅々箇《たららガ》池」を踏襲し、『愛知県の地名』（一九八一年・平凡社）は「多羅《たら》々ヶ池」

としたうえで、「多々羅《たたら》ヶ池の誤伝」と注記する。たとえ誤伝であったとしても、固有名詞を勝手に直すわけにはいかない。しかし当時から混乱していたらしく、文左衛門も日記中に「たゝら」と記したり、「たらゝ」と記したりしている。

○龍泉寺たゝら淵《ぶち》にて、女童が十三人船に乗り申し、尾へ付きしに、船却含て打ち返る。船頭一人なり。是《これ》を見て迯《にげ》去る。十人は漸く泳ぎ出たり。三人見えず。船を返して見れば其の下に三人死してあり。下原の者なり。一人は母、一女は六つばかり、一甥（母が甥）は十ばかり也。（元禄一六・四・一三）

こちらの「たゝら」は池の名ではなく、淵の名である。龍泉寺北側を流れる庄内川の深く淀んだ箇所を、境内にある池の名にちなんでそう呼んだのであろう。当時、龍泉寺と対岸の下《しも》津尾《つお》村を「渡し舟」が結んでおり、春日井市側の八田《はった》から下原《しもはら》を通り下津尾（現、下津町《しもつちょう》）に至る道は、龍泉寺街道と呼ばれていた。日記にある下原の家族は、この日龍泉寺の参詣を終え、帰宅の途についた直後この水難事故に遭った。この渡しは昭和四〇年頃まで続いたらしく、いま庄内川の土手から河川敷へおりる際《きわ》に「下津尾の渡し」と刻んだ石碑が立っている。

下津尾渡し場跡（対岸の森は龍泉寺）

○廿一日　申半過ぎ龍泉寺へ行く。書院にて休み住持と知人になり、ここにて持たせの餡《あん》もち等給ぶ。それよりタラゝへ下る。この時《とき》雨も降り出し日も暮れる。勝川のこなたの堤にて酒給ぶ。山田にて又茶づけ給ぶ。亥過ぎ帰る。

（宝永七・閏八・二一）

このタラゝも「たらら淵」のことであろう。ここで渡し船に乗り、対岸の下津尾から勝川近くまで庄内川の土手を歩き、酒を飲んで大曽根近くの山田へ行き、茶漬けを食って帰宅した、というのである。

次に出てくる「太郎兵衛」茶屋が何処にあったか不明だが、おそらく参詣客をあてにした龍泉寺門前の茶店であろう。その茶店で文左衛門たちは、「嶋《しま》さより」を焼いてもらい食ったという。日記にはじめて登場する記念すべき食べ物だが、この「嶋さより」という魚、どうも正体がはっきりしない。

嶋を省いた「サヨリ（細魚・針魚・鱵）」なら、誰でも知っている。サヨリ科の海水魚で日本中の沿岸や内湾で捕れ、下あごが針状に長く突き出ていて銀白色に光る特徴的な魚だ。古代から高級魚として知られ、鮮度の良いものは刺身あるいは糸造りし、ワサビ醤油で食べる。寿司だね、椀だね、天ぷらにも使われる美味しい白身魚である。塩焼きにもするが、初冬の頃、一七、八の若者が茶店で焼いて貰って食べるには、高級魚すぎる。サヨリでないとすれば、はたして何か。

「嶋サヨリ」の名は魚名辞典に出てこない。魚名のあたまに「シマ」の付く魚は結構あるが、その場合「模様の縞」か「産地の嶋」か、あるいは「方言」かである。たとえばこのあと日記に再三出てくる「嶋ゑび」は、志摩で捕れるエビ、つまり「伊勢海老」のこと、しかし「嶋サヨリ」はそのどれにも該当しない。そこでサヨリに似た魚を探してみる。

サヨリは「ダツ目・サヨリ科・サヨリ種」に分類される魚である。ダツ目に属する魚にはダツ、サヨリのほかトビウオ、サンマがある。いずれも細身で下あごが尖り、背びれ、しりびれは体の後ろの方にある。色は背が濃い青で、腹側は銀白色に光る。サヨリの仲間のうちトビウオは旬が夏で、夏の季語にもなっている。一方秋から初冬にかけてはサンマの季節で大量に捕れ、若者たちが茶店で焼かせて食べたとしても、違和感はない。そこで江戸時代の百科事典『和漢三才図会』でサンマを調べてみる。

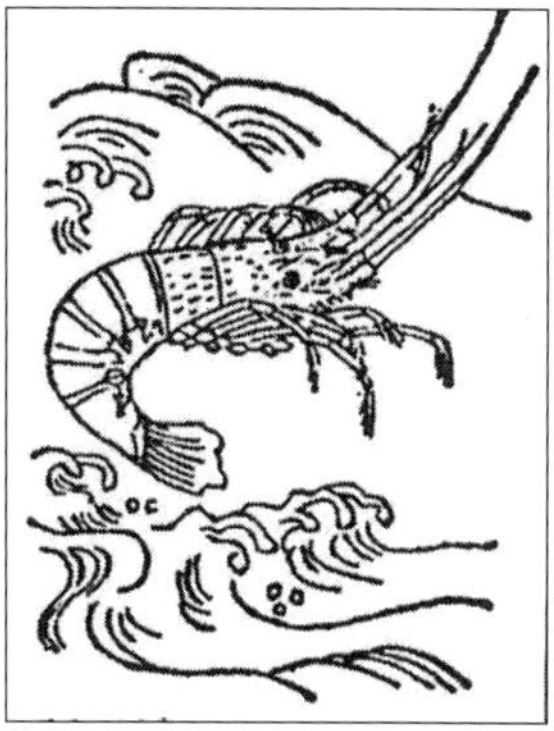

イセエビ（『和漢三才図会』より）

サンマは『和漢三才図会』（第四九・魚類）に「佐《さ》伊《い》羅《ら》魚（乃《の》宇《う》羅《ら》岐《ぎ》）」として出ており、次のように説明されている。

○背は狭長にして鱵《さより》に似る、大は八、九寸、細鱗にして頷《あご》は短かく冬・春、多く紀泉及び西海に出づ。脂多く、取りて燈油となす。或は魚邑（塩漬けの魚・塩もの）と作《な》し、鱵《さより》と詐名して之を販《う》る。伊賀・大和の土民好みて之を食す。魚中の下品《げぼん》なり。故に鱵を真佐與利《まさより》と称し、之と別《わ》ける。
サイラ（サンマ）はサヨリに似て、細長く、大きさは三〇センチに近い。鱗は細かく顎は短い。冬から春にかけ紀州や和泉《いずみ》や西海《さいかい》でも捕れる。油分が多く灯《あか》りの油に用いる。或いは塩漬けにし、サヨリと偽って売る。伊賀・大和の庶民は好んで食べるが、下魚《げぎょ》（「げうお」とも）である。ゆえに本物のサヨリをわざわざ「真《マ》サヨリ」と称し、サイラとは区別する。

同じく江戸時代の『本朝食鑑』（人見必大《ひとみひつだい》）を見ると、「細魚（佐与利《さより》と訓《よ》む）」の項に「沖細魚《おきさより》というものがある。春の末・夏の初めに獲れる。形は略《ほぼ》同じく、味が最も劣っている。脯《ほしうお》として三摩《さんま》というが、その意味についてはなお詳らかでない」とある。このようにサンマは長くサヨリの「紛《まが》い物」としての地位に甘んじてきたようである。ちゃんとした漢字を与えられなかったのも、その所為《せい》かもしれない。寿司屋の湯呑に「サンマ」の漢字はない。

三摩が当て字としても「サンマ」という魚名は江戸まで遡《さかのぼ》れる。有名な「目黒のさんま」という落語があり、これは実話にもとづく噺《はなし》らしい。演目として登場したのは明治以降だというが、話の筋はこうだ。

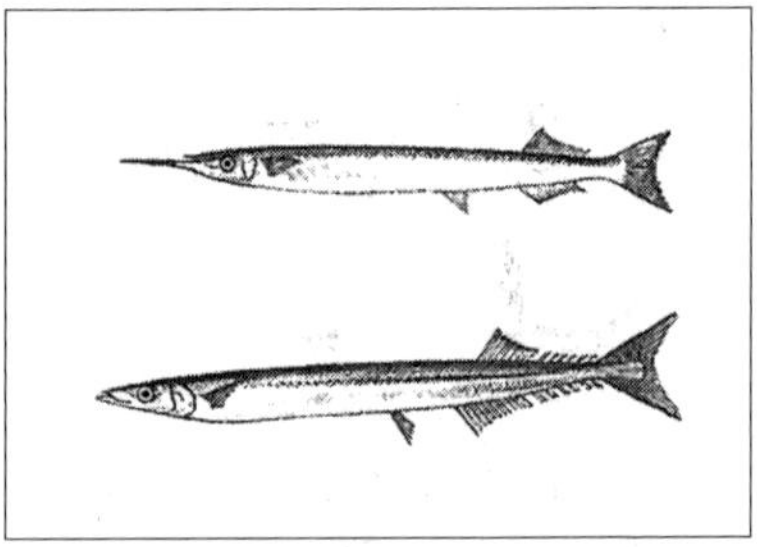
サヨリ（上）とサンマ（下）（『日本語大辞典』より）

○秋の一日、お殿様が江戸郊外の目黒へ遠乗りをし、昼時になって一軒の農家からサンマを焼く匂いがしてきた。たまらず家来にそのサンマを求めさせ、一口食べて余りの美味《うま》さに驚いた。それからというものサンマの味が忘れられず、親類から「振舞」の招きがあって好みの料理を問われたとき、サンマと答えた。驚いた家人《けにん》は早馬で日本橋魚河岸《うおがし》にサンマを求め、料理人は強い脂が障《さわ》ってはと蒸して脂抜きし、背骨をとったうえ小骨を毛抜きで丁寧に抜いた。形が保てないので汁《しる》に入れて出した。それを見た殿様、以前食べたものとは違うと思いながら香りが似ているので口にしたが、少しも美味くない。「このサンマ、何処から取り寄せた？」「日本橋魚河岸にございます」「それはいかん、サンマは目黒にかぎる」というオチ。

広重　名所江戸百景「目黒爺々が茶屋」（国立国会図書館蔵）

これが実話らしいと解説するのは、魚博士の末広恭雄《やすお》氏である（『魚の博物事典』）。
○現在の目黒二丁目辺は江戸前期のころは小さな村で、百姓の彦兵衛爺さんが「爺《じじ》ガ茶屋」と呼ばれる人気の茶店を出していた。三代将軍家光が鷹狩の帰りにこの店に寄り食事を所望したところ、爺さんは自分の夕食用のサンマを焼いて献上した。あまりの美味さに感激した将軍は、褒美として目が届く限りの土地を与えようとしたが、爺さんは断った。以後家光は、鷹狩の折に必ずこの茶店に立ち寄った。

この爺さんの子孫にあたる島村某氏は「将軍休息の図」と添えの書き物を所有されており、昭和二九年、この話題が某新聞に取り上げられたという。実話なら茶屋があった場所もわかるだろう。『落語地誌』（栗田彰・青蛙房・二〇一一年）に「三田二丁目」の番地が出ていたので早速出かけたかったが、連日三七度の猛暑、「必ず行き倒れになる」と周りから止められ、孫娘に頼んで茶屋坂の写真を撮ってきて貰った。坂の上の電柱左に「爺々《じじ》が茶屋跡」の説明版があり、坂の下には「茶屋坂《ちゃやさか》」の標柱が立つ。説明版には爺々の名が彦兵衛ではなく彦四郎とあり、さらに関係する将軍が家光だけでなく、八代吉宗や十代家治の名も加わる。また説明版には「三田2－12～14」の地番が記されている。

茶屋坂全景（加藤瞳撮影）

「茶屋坂」の標柱（加藤瞳撮影）

嶋細魚（シマサヨリ）とは秋刀魚（サンマ）のこと

元禄一〇年刊行の『本朝食鑑』には、「三摩《さんま》」の名称がしるされていて、著者の人見必大は「サヨリのまがい物で、沖細魚《おきさより》のことだ」という。やはりサンマとサヨリは近い関係にあり、朝日文左衛門が龍泉寺前の茶店で食った「島サヨリ」は、ひょっとすると「サンマ」のことかも知れない。

その後しばらく資料探しをつづけていたが、やがて思いがけずネット情報（真名真魚字典）から、サンマを「秋刀魚」と表記した古い文献に、織田完之《かんし》の『水産彙考《すいさんいこう》』（一八八一年）があることを知った。同書は愛知県図書館の所蔵本にあるが、新型コロナ騒ぎで暫《しばら》く閉館している。確認したいのは凡例欄の語句だけなので、複写を送って貰う手続きをした。折り返し電話があり、貴重本なのでコピーはできないという。しかし国会図書館のデジタルコレクションで公開しており、簡単にダウンロードできると教わった。複写できないのを気の毒に思い、わざわざ公開本と館蔵本の内容を比較し、細部まで同じであることを

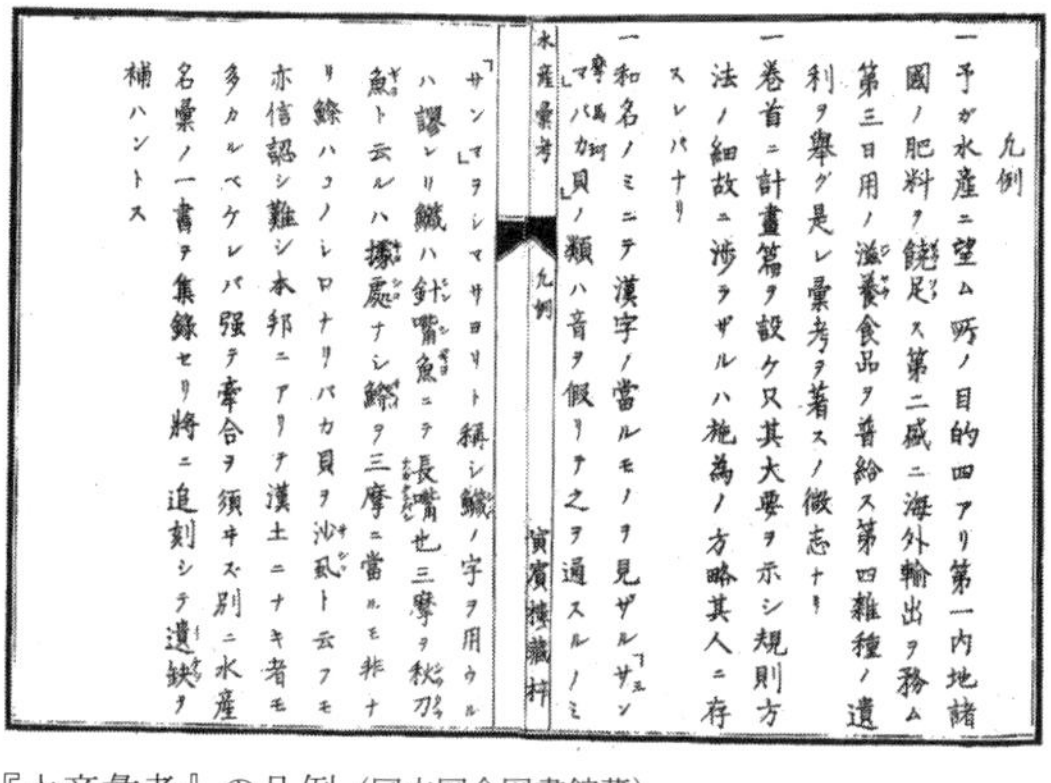

凡例

一予ガ水産ニ望ム所ノ目的四アリ第一内地諸國ノ肥料ヲ饒足ス第二蔵ニ海外輸出ヲ務ム第三日用ノ滋養食品ヲ普給ス第四雜種ノ遺利ヲ擧グ是レ彙考ヲ著スノ微志ナリ

一巻首ニ計畫篇ヲ設ケ又其大要ヲ示シ規則方法ノ細故ニ渉ラザルハ施爲ノ方略其人ニ存スレバナリ

一和名ノミニテ漢字ノ當ルモノヲ見ザル「サンマ」「バカ貝」ノ類ハ音ヲ假リテ之ヲ通スルノミ

水産彙考　凡例　寅賓樓藏梓

「サンマ」ヲシマサヨリト稱シ鱵ノ字ヲ用ウルハ謬レリ鱵ハ針嘴魚ニテ長嘴也三摩ヲ秋刀魚ト云ルハ據處ナシ鰶ヲ三摩ニ當ルモ非ナリ鰶ハコノシロナリバカ貝ヲ沙凱ト云フモ亦信認シ難シ本邦ニアリテ漢土ニナキ者モ多カルベケレバ強テ牽合ヲ須ヰズ別ニ水産名彙ノ一書ヲ集録セリ將ニ追刻シテ遺缺ヲ補ハントス

『水産彙考』の凡例（国立国会図書館蔵）

確認したうえでの回答であった。司書さんのプロ意識は、さすがに違うと感心した。

さて問題の『水産彙考《すいさんいこう》』だが、同書の凡例《はんれい》欄に「三摩《さんま》を秋刀魚と云えるは拠處《きょしょ》なし（サンマを秋刀魚と記す典拠は見当たらない）」とあるのを確認したが、それ以上に収穫だったのはその前段に「サンマをシマサヨリと称し、鱵の字を用うるは謬《あやま》れり」とあったことだ。『鸚鵡籠中記』以外の文献で、はじめて「シマサヨリ」の名を確認できたのである。あやまれりというのは、「サンマをシマサヨリと称すること」はともかく、サンマの別称である「シマサヨリ」に対し「長嘴《ながくちばし》の針嘴魚《しんしぎょ》をあらわす〈鱵《しん》〉の字を当てたこと」を指すのだろう。江戸時代の名古屋では、サンマの別称である「シマサヨリ」の呼び名が普通に通用しており、文左衛門の龍泉寺茶屋の記事は、その貴重な例証となったのである。

野鳥を食う

サンマの記事の次に、『日記』では「野鳥の肉」を食べる話がでてくる。野鳥は主にカモ、キジ、ガン、ハトなどである。カモ（鴨、鳧）は同じカモ科であるガン（雁、鴈）にくらべ、体が小さく首が短い。古くから日本人に好んで食べられ、貝塚出土の骨も多い。文献上では『播磨国風土記』に「鴨の羹《あつもの》」の話がみられる。

○賀毛《かも》の郡《こおり》　品太《ほむた》天皇（応神）の御世に雙《つがい》の鴨が栖《す》を作り卵を生んだから賀毛という。

○上鴨の里　下鴨の里　品太天皇が巡行なされた時、修布《すふ》（「水汲み女が吸い込まれた」意）里の井戸の樹にとまっていた鳥の名を問われ、侍従が「川にすむ鴨です」と答えた。天皇の命で射ると一本の矢が二羽に命中した。鴨が矢を負いながら越えた山を「鴨坂《かもさか》」とよび、落ちて死んだ処を「鴨谷《かもたに》」とよび、羹《あつもの》を煮た場所を「煮坂《にざか》」とよんだ。

野鳥のマガモ（真鴨）は冬の渡り鳥だが、カルガモ（軽鴨）は留鳥《りゅうちょう》で日本で繁殖する。マガモの雄《おす》は光沢のある青緑色で美しいが、カルガモは地味な褐色で、雄と雌との区別がつかない。マガモの家禽化したのがアヒル（家鴨）で、アヒルとカルガモとの交配種がアイガモ（合鴨）である。アヒル、アイガモとも生物学的にはマガモの一種であり、いずれもカモ肉として食用にされている。ただし『日記』に出てくるカモは、冬鳥のマガモであろう。

〇余が所にて雉子一羽・鴨一羽を煮て喰う。美味《びみ》胃腸に充《み》つ。石川三四郎・中野紋三郎一人して、鵝目《がもく》一百八十文ずつ出す。（元禄五・一一・三）

記事の一一月三日は、いまの一二月一〇日にあたる。夜になって石川三四郎・中野紋三郎が文左衛門宅を訪れた。何か体が温まるもの食べようというので、一人が一八〇文ずつ出し雉と鴨を買い求めた。鵞目《がもく》は鵞眼《ががん》銭、鳥の目に似た穴開き銭のことで「鳥目《ちょうもく》」に同じ。

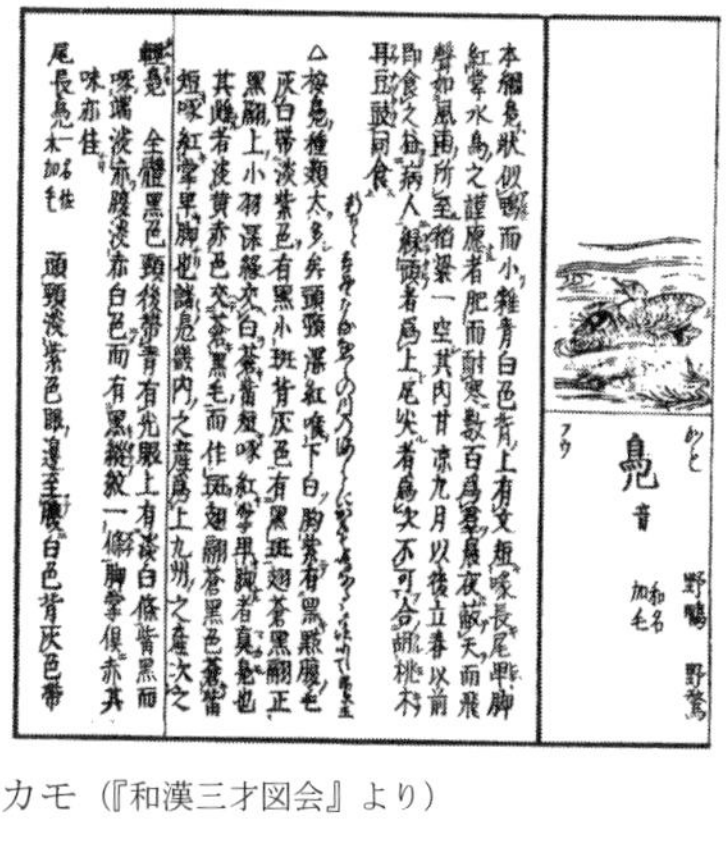

カモ（『和漢三才図会』より）

仮に一文が二五円とすると、四五〇〇〇円ずつの計九〇〇〇〇円となり、若者たちの夜食にしては、ずいぶん贅沢な食事である。「煮て食う」とあるから、野菜を加えて鍋料理にしたのだろう。

雉・雉子はともに今「きじ」と読むが、古い呼び名は「きぎし」「きぎす」で、それに対応する漢字が「雉子」だったのだろう。むかし俳人の村上鬼城《きじょう》が瀬戸市中水野《なかみずの》の感応寺《かんのうじ》で句会を催したが、そのときの住職の俳号が「雉子（きぎす）」だったことを思い出した。キジのオスは全長八〇センチで尾は四〇センチ、メスはやや小さく色も地味な黄褐色。日本特有の種で国鳥にも指定されており、とにかく肉は美味《うま》いらしい。現在は保護鳥でもあり、捕獲の許可が必要である。浜松市の「雉の里」では雉を養殖し、肉を販売していると聞く。

キジ（『和漢三才図会』より）

○十一月十四日　小菅猶右衛門・井上文右衛門、若宮帰り直に予が処へ真鴨壱羽（二百四十文）を持ち来たり食。丑刻過ぎまで咄す。（元禄八・一一・一四）

一一月一四日は今の暦で一二月一九日、小菅・井上とも同じご城代組同心で、カモを持参して朝日家にやってきた。若宮帰りとあるから、浄瑠璃芝居を見ての帰りだろう。芝居狂いの文左衛門は何故か同行しなかった。途中でカモを買い求めたらしく、値段まで書いてある。いまのお金で六千円ほどしたことになる。

〇十一月二六日　母と予と源右衛門処へ行く。鴈《がん》を給《た》ぶ。予、夜覚右所へ行く。汁（鱈）・雉子煮物・焼物（雉子・鳩）　予、源右・武兵・久兵と四十文ずつ出銭し、鳩二つと酒一升遣わす。

（元禄八・一一・二六）

新暦では、元禄九年の正月になる。母と一緒に東片端の実家渡辺源右衛門の家（現、正文館書店本店辺り）に出かけ、鴈《がん》をご馳走になった。鴈は雁の異字。『料理物語』には「汁、茹《ゆ》で鳥（骨共に出汁・溜りで長く煮る）、煎鳥《いり》（薄く切り鍋で煎る）、皮煎り、なま皮（皮をせん切りして煎りつけ、出汁を加え鳥肉やセリと煮る）、さしみ、膾《なます》、串焼き、せんば（煎り鳥に近い）、酒浸《さかび》て（酒に塩を加え浸す）」など多くの料理法が載っているが、『日記』には、ただ「食した」としか書いてない。鴈は、いま禁猟である。

夜には大叔父の覚右衛門の家へ源右衛門、叔父の武兵衛、御城代組同心の相原久兵衛らと集まり、タラ汁に雉の煮物、雉や鳩の焼物を食べ、さらに四人が四〇文ずつ出して鳩二羽

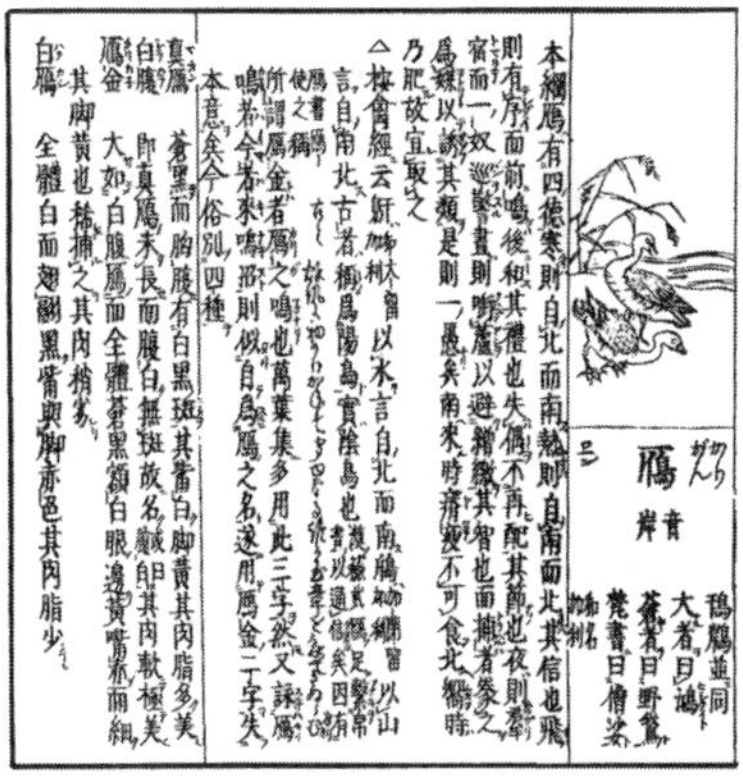

ガン（『和漢三才図会』より）

と酒一升を買い足した。

　この頃の酒の値段を江原恵氏は一升四〇文程度とされているが、元禄期に六〇〜八〇文とする資料もあり、仮に六〇文とすれば、残りの一〇〇文で鳩二羽を買ったことになる。ここでいう鳩は野鳥のキジバト（ヤマバトとも）であろう。

〇十一月晦日　例年の如く口米《くちまい》帳を源右衛門処にて平沢清助書く。予も行く。久平・加左・若林元右。夜、右の五人に武兵衛を加えて六人、銭六十四文ずつ出し鴨二羽を買い食す。
（元禄八・一一・三〇）

　尾張藩では天和二年（一六八二）から、給知の米（藩からもらう米）一石につき七升を「口米」と称し、給人（藩士）から藩庫へ上納することになった。これを七升口米《ななしょうくちまい》という（『尾張藩石高考』）。

　知行百石の朝日家では、免（年貢）が三ツ五分として三五石が年収となり、一石につき七升の米、つまり二四五升（二石四斗五升）を口米として藩庫へ返納することになる。この口米を記録するのが口米帳で、ご城代組の連中は毎年小頭の源右衛門の家に集まり、計算と記入を行ったのである。

　このとき夜食として食べた鴨二羽は、六人が六四文ずつ出して買い求めた。一羽がおよそ二〇〇文の計算で、いまのお金で五〇〇〇円になる。最初の記事では、鴨と雉一羽ずつで九〇〇〇円だった。一羽四、五〇〇〇円が当時の相場だったのだろう。ただし江戸後期の文化・文政期になると物価は上がり、鴨が一貫文、雉は五〇〇文前後という高値になる。

【コラム】江戸時代に鶏肉は食べられたか　―名古屋コーチンの誕生―

ニワトリはキジ科に属する家禽《かきん》で、弥生時代列島に伝わったとされる。日の出を告げる鳥として神聖視され、庭に放し飼いにされ「庭鳥《にわとり》」と呼ばれた。古墳時代の動物埴輪にも鶏を模したものが多い。そうしたことから身近にいても食用にされず、ようやく江戸時代になってまず卵料理が流行し、後期になってトリ肉料理も食べられるようになった。

寛永二〇年（一六四三）刊行の『料理物語』「鳥の部」に、鶏の料理法が「汁。いり鳥。さしみ」と出ているが、鶴をはじめ白鳥、鴈、鴨、雉子、山鳥……など一八種の鳥の最後に記されていて、鳥料理の末席に連るといった程度の扱いである。

天保以降の『守貞謾稿』には「鴨以下鳥を食すは常のことなり。然れども文化以来京坂はかしわと云い、鶏を葱鍋《ねぎなべ》に烹《に》てこれを食すこと専らなり」とあり、他書にも「京都では元治・慶応頃にようやく流行《はや》り始めた」（俳人内藤鳴雪自伝）とある。やはり文化・文政から元治・慶応頃になって、盛んに食べられたらしい。

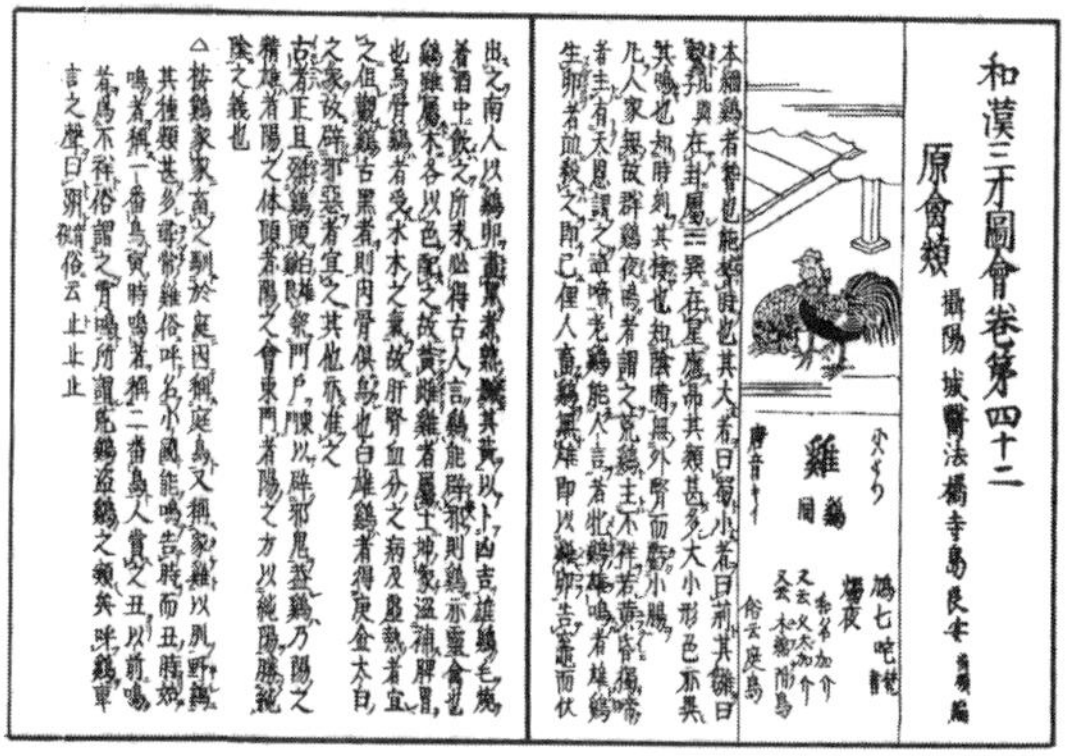

ニワトリ（『和漢三才図会』より）

元禄期の朝日文左衛門の日記には「玉子ふわふわ」など鶏卵を食べる話はよく出てくるが、鳥肉料理はカモやガン、キジなどの野鳥ばかりで、鶏肉は出てこない。

いまの時代「鳥料理」といえば、まず鶏肉である。たまに鴨料理も口にするが、野鳥の真鴨は季節が限定され、飼育種の合鴨《あいがも》を使う。合鴨は真鴨よりクセがない。肉用のニワトリは、関西ではカシワ、関東ではシャモである。カシワ（黄鶏）は「羽毛が茶褐色のニワトリ」の俗称で、「枯れた柏葉色《かしわば》」の羽毛からそう呼ばれたという。関西地方で上等の鶏肉を指す言葉として用いられていたが、やがて鶏肉《とりにく》すべてを「かしわ」と呼ぶようになった。

ここ愛知県では、高級鶏肉の「名古屋コーチン」が食用ニワトリの代表格で、その歴史は明治にさかのぼる。名古屋コーチンは名古屋とその周辺の小牧・春日井で作出《さくしゅつ》（新品種創出）された種で、比内《ひない》鶏、薩摩《さつま》地鶏と並ぶ三大地鶏の一つである。

名古屋コーチン誕生に尾張藩士海部《かいふ》家が関わった、という話を以前耳にしたことがあった。海部という珍しい姓から海部俊樹《かいふとしき》（第七六、七代総理大臣）を連想したものの、とくに気に留めることもなかった。郷土史家の入谷哲夫《いりたにてつお》氏が「名古屋コーチン作出物語」（マイタウン刊）を上梓されたときも、本は入手したがすぐに開くことはなかった。やがて『鸚鵡籠中記』を読むようになって、朝日文左衛門の同僚に「海部《かいふ》伝右衛門」のいることを知った。文左衛門の「親友」たちからは外れるが、それでも日記に海部の名は、一〇回ほど出てくる。併せて入谷氏の本を熟読し、海部氏のことを、これまでよりずっと身近に感じることができた。

【海部家系図】①

…親政（久兵衛）―正次（左近右衛門）―正直（幸之進）―貞政（久兵衛）―有方（久兵衛・三平）―之方（長次郎）
　　　　　　　　　　　　　　　　　└正親（定右衛門）―武政（与左衛門）―政辰…断絶
　　　　　　　　　　　　　　　　　　　　　　　　　　├政義（伝右衛門）―政元（伝右衛門）―政幸（左近右衛門）
　　　　　　　　　　　　　　　　　　　　　　　　　　└保正（左近右衛門）―政高（七兵衛）―市九郎（七兵衛）

◆日記に登場する「海部家」

海部は「あま」と読むことが多い。愛知県にもかつて一二町村からなる海部郡《あまぐん》があったが、町村合併が進んで、今は大治《おおはる》町、蟹江《かにえ》町、飛島《とびしま》村だけが郡域に残った。海部《かいふ》氏の出身もこの海部《あま》郡のどこかと考えていたが、家譜によると「阿州の海部《かいふ》・那賀《なか》二郡に居住す」とあり、阿波徳島の海部郡《かいふぐん》との係わりから海部を名乗ったらしい。四国で長年対立していた長曾我部《ちょうそかべ》に海部一族が滅ぼされたとき、摂津に在陣していた海部久兵衛親政だけが死を免れ、のちに長曾我部元親に許されて、海部一郡の領主に復した。しかし主家の長曾我部は秀吉の四国征伐に敗れて没落し、やがて海部親政も領地を失った。

親政を継いだ左近右衛門正次《まさつぐ》は、阿波の新領主蜂須賀《はちすか》家政の治世下で弓馬砲術の業《わざ》を買われ招請されたが、病と称して仕えなかったという。その長子幸之進正直《まさなお》は、蜂須賀の小姓となったが病のため浪人し、元禄一四年に亡くなっている。この長子の家系は江戸時代を通じ代々久兵衛或いは久蔵を名乗り、明治になって名古屋写真館の草分けとなり、のち一宮に転出後、総理大臣の海部俊樹を出した。

正直の弟定右衛門正親《まさちか》は、寛文四年（一六六四）三五歳のとき、尾張の光友に鉄砲打として採用され、宝永七年（一七一〇）八一歳で亡くなった。この家系は、長男源左衛門武政《たけまさ》、三男伝右衛門政義《まさよし》、四男左近右衛門保正《やすまさ》の三流に分かれ、のちに三男伝右衛門の家系から名古屋コーチンの生みの親「海部荘平・正秀」兄弟が出た。長男の源左衛門武政は、朝日文左衛門の日記に一度だけ登場する。

○宝永七年（一七一〇）十一月晦日《みそか》　海部源左衛門御下屋敷奉行。

海部源左衛門は藩主光友が元禄六年に隠居したときに「お付き」となり、御勝手目付・五十人目付などを務めたあと光友が亡くなってから表に復帰し、やがて宝永七年に御下屋敷《おしたやしき》の奉行に任じられた。

御下屋敷は、もと東区葵町《あおいまち》一帯を占める阿部河内守正致《まさのり》の上屋敷であったが、跡を継いだ伊勢守正治《まさはる》が延宝四年（一六七六）冬に発狂して領知八千石を没収され、そのときこの屋敷地も上地《あげち》となった。以後この地は町人に開放されていたが、延宝七年（一六七九）光友が六万四千坪を囲い、別荘を築いた。光友の没後は様々な形で利用され、享保九年（一七二四）には江戸から帰国した本寿院（吉通の生母）の蟄居地となり、享保一六年（一七三一）、宗春《むねはる》が市中の盆踊りをここで催して本寿院を慰めたが、宝暦四年（一七五四）には、宗春自身の蟄居屋敷となった。いまのNTT葵ビルから名古屋文化短大・葵小学校、代官町の無量寿院にかけての地である。

海部家の話に戻ろう。正親の長男源左衛門の家系は、子供の代で絶えている（系図参照）。次男の政通《まさみち》は御歩行《かち》役を務めていたが元禄八年に亡くなり（系図は略）、同じ年、三男伝右衛門政義《まさよし》が百石の御城代組同心として採用された。朝日文左衛門より一年後の採用だが、双方の父親の生没年から推して、年齢は海部伝右衛門が上かと思われる。

日記に採用時の記事が載る。

○元禄八年（一六九五）十一月十四日　御鉄砲打海部定右衛門世悴《せがれ》同伝右衛門、城代組に仰せ付く。平岩伝太夫跡知行屋敷下さる。

父定右衛門は海部流の砲術家であり、その技術は伝右衛門に伝えられていたが、ここでは御城代組同心としての採用である。同心たちの中には砲術だけではなく、弓術や剣術に優れた者たちもいる。海部伝右衛門は、採用と同時に平岩伝太夫の跡屋敷が与えられた。

平岩伝太夫（伝六）は、万治三年（一六六〇）に父角太夫を相続して御城代組同心となっていたが、元禄八年に「常々行跡宜《よろ》しからず候段、お耳に達し、御国御領分中并《なら》びに江戸・京都を塞《ふさ》ぎ、改易申しつけ候」との処分が下された。不行跡の中身は不明だが、改易とともに国外追放となり、空いた同心枠に海部伝右衛門が採用され、跡屋敷も貰うことができた。

正徳四年の「尾府名古屋図」、元文三年の「名古屋図」には、善光寺筋と坂下筋の間、撞木町《しゅもくちょう》筋に北面して「海部伝右衛門」の住居表示が確認できる。以後この住まいは、海部流砲術家の屋敷として、明治に至るまで伝右衛門直系の子供らに受け継がれていくのである。

海部屋敷は、朝日文左衛門と実家の渡辺源右衛門の家のほぼ中間に位置する。文左衛門は三日と空けず伯父源右衛門を訪ねているが、その道順の一例として主税《ちから》筋を西の坂下筋まで行き、南へ折れて次の撞木町筋を西へ進み、善光寺筋を再び南へ折れて渡辺家に到る。その距離ざっと七〇〇メートル余で、途中撞木町筋の海部家の門前を通る。

文左衛門はいっとき鉄砲に夢中になる

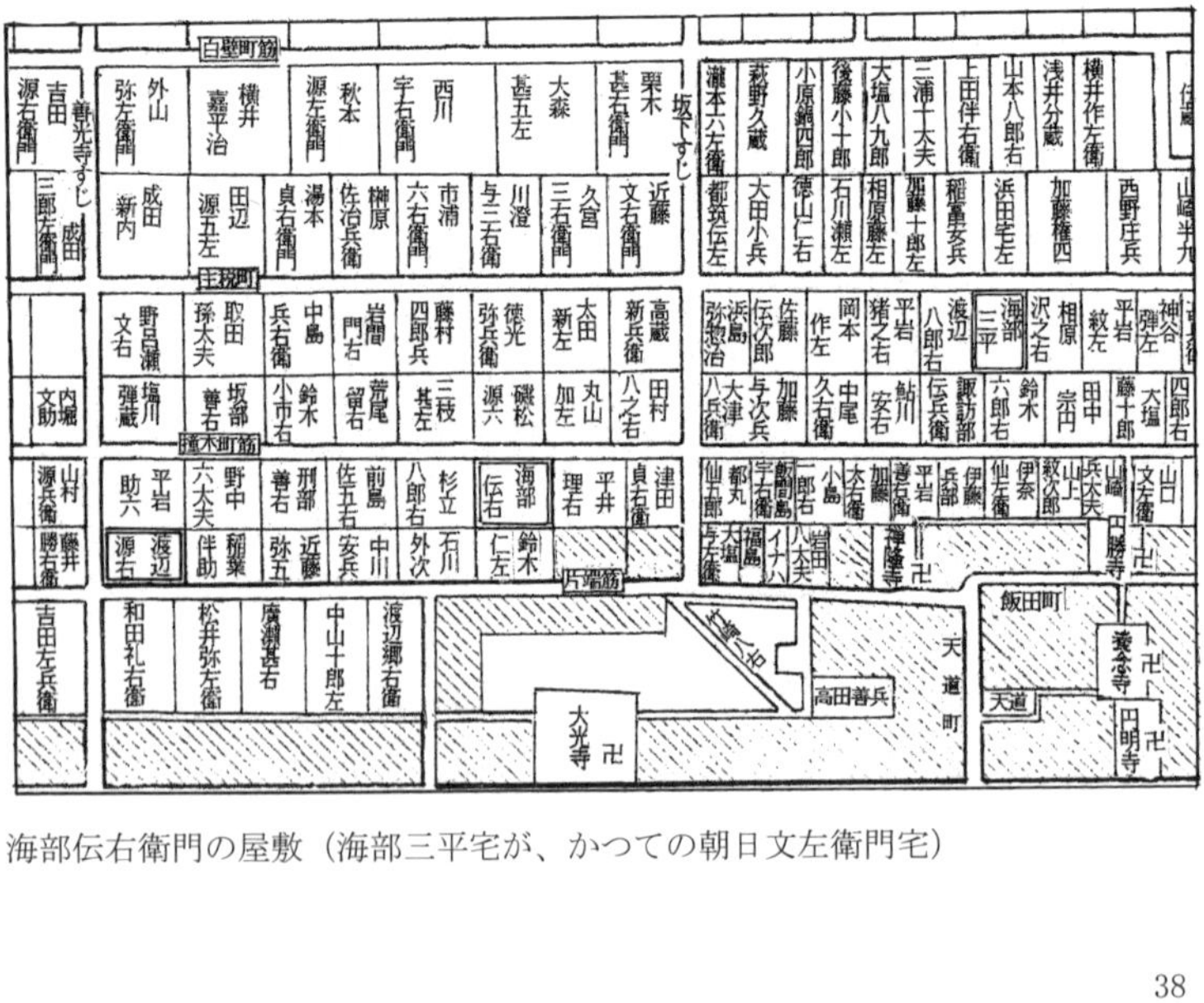

海部伝右衛門の屋敷（海部三平宅が、かつての朝日文左衛門宅）

が、海部家の影響ではない。彼が家督相続するのは元禄七年の暮れ、その年の夏に行われた矢田河原の惣《そう》打ち（藩主催の砲術訓練）を見物し、鉄砲の虜になったらしい。二日間行われた惣打ちは、火縄小銃の射撃である小目当《こみあて》（距離一五間）、抱《かか》え大筒《おおづつ》の町打《まちうち》（一町以上）、台車を用いた仏狼機《ふらんき》（子母砲）、一〇町以上飛ばす棒火矢《ぼうひや》（ロケット式）など藩をあげての訓練で、彼は友達と二人で朝から夕方まで見物した。二人の御城代も砲術に嵌《はま》っていて連日交代で出張ってきている。その影響か、城代組の小頭も「鉄砲を打てば機嫌甚だし」といった有様、つまり御城代組同心の間で、鉄砲打ちが大流行していたのである。この時期海部伝右衛門が採用になったのも、そうした背景があったからだろう。

文左衛門はその一〇日後にはじめて大叔父の渡辺平兵衛家の射場（角場）で射撃を体験し、その一か月後に稲富流砲術家の水野作兵衛に入門した。海部が採用される四か月ほど前である。地図で調べると作兵衛の屋敷は栄四丁目、中区役所の二本裏手の筋で、武平通りに西面して所在する。

熱しやすく冷めやすい文左衛門は、元禄九年をピークに鉄砲への関心は薄らいでいく。逆にその頃から、海部伝右衛門は砲術家として活発に動きはじめる。

○元禄十年七月廿日　海部伝右衛門御鉄砲を拝借し、矢田河原にて今日之を打つ。彦兵・同左門出て之を見る。小頭弁に仲満七、八人出る。予も日の出に行く。未少過ぎに帰る。伝右衛門十町・八町・四町。弐百目・百目にて互いに之を抱え、また十五間を右の筒にて頬付け。

海部流砲術の真価を披露するため、海部伝右衛門は藩所有の鉄砲を借り出し矢田川の河原で海部流の砲術を披露した。御城代の冨永彦兵衛・左門親子（養子・堀田治右衛門男）が視察するというので、御城代組小頭はじめ同心七、八名が参加し、文左衛門も日の出過ぎの六時頃から夕刻まで手伝った。伝右衛門は十町以下、八町、四町の近町《ちかまち》（距離十町以下の大筒）を試射し、頬付けによる小銃の試技も行った。七月二〇日前後は「惣打ち」の時期だが、藩をあげての惣打ちは藩主在国の年（つまり隔年）に行われ、元禄一〇年は惣打年から外れる。そこで藩主に代わり御城代が視察するなか、海部流の試技だけが大々的に行われたのであろう。

朝日家と海部家との間に、家人の往き来はない。それでも七月の試射を手伝ったことで、多少の親交が生まれたのだろう。筆をよくする文左衛門に、伝右衛門が鉄砲の図面作成を依頼した。快諾した文左衛門は海部家を訪れ、終わってから夕飯をごちそうになっている。
○元禄十年十月十一日　予、海部伝右衛門に頼まれ、鉄砲の図を認《したた》む。夕飯を喫す。
海部流砲術のお披露目があって、少しずつ弟子たちも増えてきた。せめて屋敷内で小銃の指導はしたい。伝右衛門は御城代に射場《しゃじょう》（角場《かくば》）の設置を願い出て、許可が下りた。
○元禄十三年六月十三日　海部伝右衛門内、鉄砲場願い叶う。
○元禄十三年七月三日　冨永彦兵衛、申刻《さるのこく》、海部伝右衛門宅へ行き、鉄砲を見る。
角場が出来上がったのか、御城代の彦兵衛が視察に訪れた。伝右衛門は丁重にもてなし、海部家に先祖から伝わる大筒などをご覧にいれた。

ところがここまで順調に進んできた砲術師範としての仕事に、思いがけず悲劇が訪れる。九歳の実子の痛ましい事故である。

○宝永二年六月廿日　未刻、海部伝右衛門座敷に鉄砲の筒薬（一貫匁ばかりと云う）もろふた二つに入れ置き、しんざしにかためて伝右衛門他出す。惣領勘太郎（九歳）ひそかに来りて火を付く。忽ち発して顔および胸のあたり焼け爛れし、障子等半ば燃え　けれども、ほかへは火付かざるなり。火事とて火消し役人夥しく来る（広井辺りも来る）。予、見廻いに行く。勘太郎勝手にて叫ぶ声座敷へ徹す。二十二日夜、ついに死す（目付衆へは煙硝の粉六、七合ありと申す）。伝右衛門、遠慮申しつけらる（逼塞なり）。盆前に事済み罷り出づ。

先の御城代来訪から五年後の出来事である。この日の午後二時過ぎに伝右衛門は外出するが、その際、鉄砲に使う火薬（玉薬）を二つのもろ蓋《ぶた》（浅い木製の角箱）にいれ置いた。そこへ九歳になる長子の勘太郎がやってきて火を付けた。火薬は忽ち爆発して勘太郎の顔や胸が焼け爛《ただ》れ、部屋の障子も燃えたが、幸いそれ以上は燃え広がらず鎮火した。爆発音と煙で多くの火消や役人が集まった。文左衛門も見舞いに訪れたが、台所で勘太郎の泣き叫ぶ声が、座敷まで聞こえる。二日後に勘太郎は亡くなり、伝右衛門には逼塞《ひっそく》の処分が下ったが、お盆前には解け、お城警備の仕事に復した。

海部の家系図に、この勘太郎は省かれている。小学校二、三年の年齢だが、もう少し幼ければ火をつける知恵もなかったろう。夏の昼下がり、いったい何処に火種があったのか。火薬を扱う家であれば、こうした事故を防ぐ手立てはしていたはずで、不思議である。

次に伝右衛門の弟左近右衛門保正《やすまさ》が、やはり一度だけ日記に登場する。

○宝永七年二月廿三日　御目見ヶ五人御弓の衆仰付。村田加平治長屋・海部武平治野村…

武平治は左近右衛門保正のことで、通称として定右衛門を称したこともある。系図には、「宝永七年二月廿三日に御弓役として召出され、俸を賜う」とある。その後寛保《かんぽう》三年（一七四三）に鉄砲打ちを仰せつかっている。この子孫は代々七兵衛を名乗り、御城代組同心を務めた。三代のちの七兵衛市郎に男子がいなかったため、娘「そで」に婿入したのが伝右衛門政貞の子正秀（壮平弟）で、明治になって壮平・正秀兄弟が養鶏に乗り出すのである。

源左衛門、伝右衛門、左近右衛門らの父親海部定右衛門は、当時としてはずいぶん長寿で、宝永七年に八一歳で亡くなっている。

○宝永七年八月廿九日　海部定右衛門死、やしき上がる。

○宝永七年十二月廿五日　海部定右衛門やしき、御鉄砲打鈴木彦六に下さる。

「やしき上がる」とは屋敷を藩へ返上する意味で、四か月後に同じ鉄砲打ちの鈴木彦六へ下された。それから四年後の正徳四年『尾府名古屋図』で、海部伝右衛門の名前が棒線で消されているが（上図右下）、まだ新しい住人名は記入されていない。元文三年の図には、鈴木彦六の名がはっきり記されている。場所は建中寺の南東、東矢場の一角で、いまの豊前西《とよまえにし》交差点と筒井三丁目交差点の間、およその見当としては、豊前バス停辺りである。

　矢場といえば大須の矢場町が有名だが、建中寺近くにも矢場があった。これらの矢場には、明暦年に三十三間堂の外廊を模した指矢堂が作られた。当時他藩と競い合っていた三十三間堂の通し矢を奨励するためで、間もなく星野勘左衛門が日本一になるが、こうした奨励策の

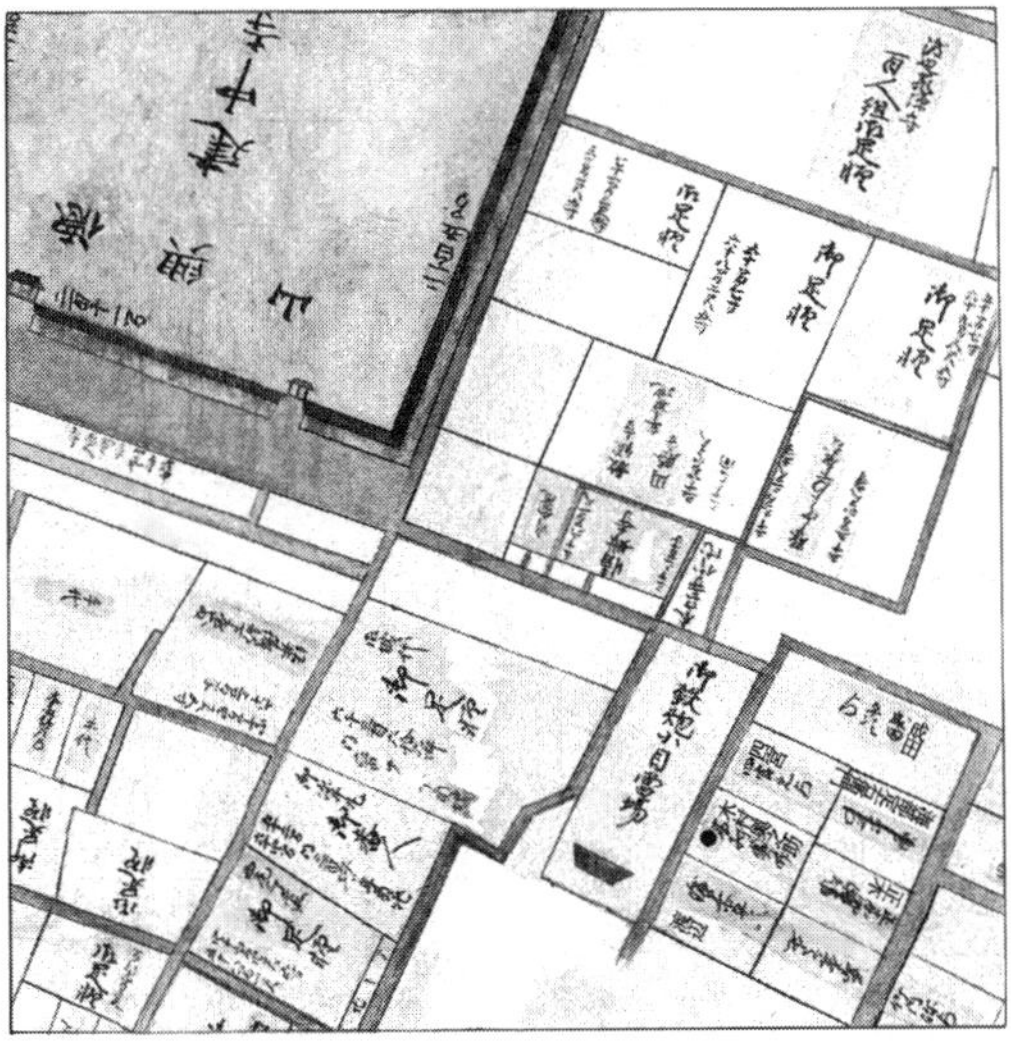

正徳４年尾府名古屋図のなかの「海部伝右衛門の屋敷」

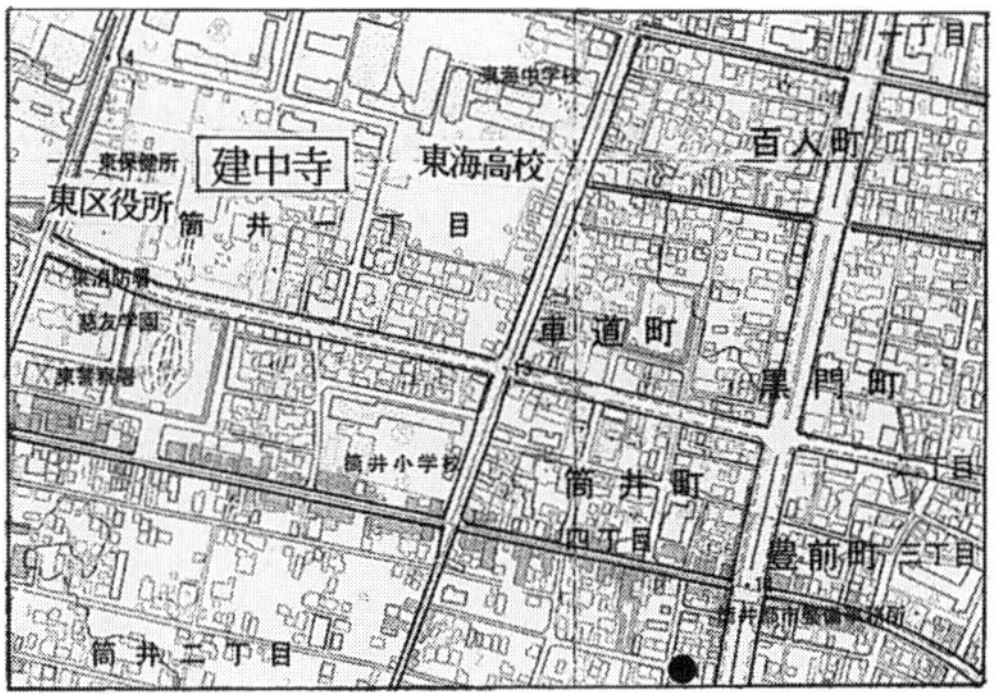

現在の市街地（正徳図中の幕末まで続く木村奥之助住居●印を定点とした）

お蔭かも知れない。やがて通し矢が廃《すた》れ鉄砲が盛んになると、矢場に代わって「鉄砲小目当場（のち鉄砲一町場）」が出来、海部家をはじめ四宮、木村、正木、山名など多くの砲術師がここに居を構えた。

【海部家系図】②

之方（長次郎）―芳方（鍋九郎）―豊吉（久兵衛）―久蔵
政幸（左近右衛門）―政久（伝右衛門）―政貞（左近右衛門、平井家より）
次郎八―者流《はる》
政貞＝者流
　すま（昭和三没八二）
　壮平（明治二八没四八）
　正秀（大正一〇没六九）
久蔵＝すま
　松江
　幸之進―誠也
　政次郎
壮平＝すみ（岡田金十郎娘・昭和六没七五）
（加藤隆助）―ふさ
誠也＝ふさ
　俊樹
市九郎（七兵衛）―市郎（七兵衛）―そで（大正八没六二）
正秀＝そで

◆海部家の子孫たち

一方、海部定右衛門の兄正直が元禄一四年に没したあと、長子久兵衛貞政は四代吉通に一〇〇石取り御城代組同心として召出された。その子九兵衛有方は「三平」を名乗り、寛保

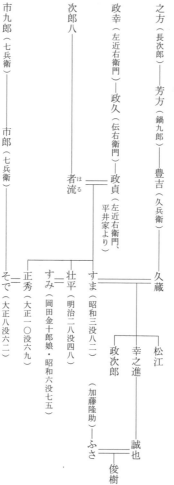

元年（一七四一）に組の小頭に就いている（ここまでは系図①に記載）。

朝日文左衛門の屋敷があったのは名古屋市東区主税町《ちからまち》四の七三で、今ここには「食事処太閤本店」が建っている。『万治年間之名古屋図』（名古屋城振興協会）では、屋敷地に父朝日定右衛門の名が記され、正徳四年の『尾府名古屋図』（蓬左文庫）では、朝日文左衛門の名が記されている。

朝日文左衛門は享保三年（一七一八）九月に数えの四五歳で亡くなり、男の子に恵まれなかったため、養子の善之右衛門（竹腰家来古田弥右衛門の子）が継いだ。しかし病のため封地を没収されて二人扶持の支給となり、八年後の享保一一年に亡くなる。さらにそのあと忠蔵（娘「こん」の子）が養子となるが、御目見の頃までになぜか朝日家をはなれ、林姓を名乗った。ここに朝日家は絶家となり、その時期は享保末年頃と推定されている（林董一『鸚鵡籠中記』諸本成立考参照）。

朝日家の屋敷がいつ返上されたのか正確にはわからないが、元文三年『名古屋図』には、朝日文左衛門屋敷跡に「海部三平」の名前が見られる。両どなりの渡辺・相原家、向かいの加藤・石川家など親友たちの家はそのままなのに、朝日家だけが消えた。新しくこの家の住人となった「海部三平」は、海部長

太閤飯店（朝日家の屋敷跡）

次郎之方《これかた》の父「久次郎有方《ありかた》」の通称である。以後子孫たちの住まいはずっと変わらず、幕末の弘化四年図（一八四七）には「海部九兵衛」の名が見られ、明治三年図（一八七〇）には「海部久蔵」の名が記されている。

この久蔵の家に、鉄砲打ち「伝右衛門（左近右衛門）」家から長女の「すま（一四歳）」が嫁入りしたのは幕末の安政六年（一八五九）のこと、「すま」の一歳年下に壮平、六歳下に正秀兄弟がいる。下の弟正秀は、「海部七兵衛市郎」家に養子に出され、やがて娘の「そで」と結婚することになるが（以上系図②参照）、その家は三蔵《みつくら》通りと桑名町通りの交差点の南西角、いまの白川公園のすぐ北にあたる。なお「すま」「壮平」「正秀」の父「伝右衛門政貞」は、海部伝右衛門の東隣の「平井理右衛門」家から入った養子で、妻は大叔父「次郎八」の娘「者流《はる》」である。

◆海部家と小牧市池之内

海部一族のうち七兵衛を名乗るのは、政高（元文元年・一七三六）、市九郎（享和二年・一八〇二・八〇石）、市郎（安政二年・一八五五・八〇石）の三人である。尾張藩の農政官として知られる樋口好古《こうこ》がまとめた『尾張徇行記』（寛延三年・一七五〇〜文政九年・一八二六）に、給人「海部七兵衛」として記載されるのは、年代的に政高か市九郎であろう。その給地は「春日井郡味岡《あじおか》庄池之内《いけのうち》村・一七石（二巻）」「味岡庄林村・二七石（二巻）」「田中庄田中村・十石（二巻）」「味岡庄二重堀《ふたえぼり》村・二十六石（二巻）」で、合計すると家格と同じ八〇石になる。七兵衛家を継いだ海部正秀は、この四か村に分かれた給地の知行主である。

ちなみに正秀の兄壮平が継いだ海部左近右衛門家は「中庄《なかのしょう》野崎村・四九石五斗（三巻）」「国府庄《こうのしょう》大塚村・一〇石（三巻）」「則武庄《のりたけしょう》長良村・六〇石五斗（一巻）」の三か村計一二〇石を給地としており、かつて朝日文左衛門の給地だった稲沢市「野崎村」と中川区「長良村」が含まれている。

姉の「すま」が嫁いだ海部久兵衛（鍋九郎）家は、「中庄野崎村・三四石五斗（三巻）」「日置庄日比津村・一〇石（一巻）」「御器所村・四四石六斗四升五合（一巻）」を給地としている。

もう一つ忘れてならないのが同じ撞木町《しゅもくちょう》筋にあった平井家で、海部伝右衛門の東隣であり、すま、荘平、正秀の父親政貞は、この平井家から海部家の養子に入っている。平井家の給地もまた味岡庄池之内村にあり、『徇行記』には「平井六右衛門・二十六石六斗二升」と記載されている。

※明治初年の平井家は理右衛門（信太郎）、一二〇石・大御番組・一等兵隊。

海部家、平井家の給地を調べたのは、両家が明治になって小牧の池之内に移住したからである。藩士には知行取《ちぎょうどり》と切米取《きりまいどり》があり、御目見以上は知行取であることが多い。海部家、平井家は共に御城代組同心であり、いうまでもなく御目見以上の家格で知行地を持つ。

最後の殿様と呼ばれた徳川義親《よしちか》氏は『尾張藩石高考《こくだかこう》』（一九五九年）の中で「知行取と切米取とでは格が違う。領知権が有るか無いかである。切米一俵（三斗五升入）は、知行高《たか》の一石に換算される（三割五分の税収）ので、高百石と切米百俵では実収は同じだが、格は同じではない。知行所の支配権を有するか否かによる」と述べられている。
池之内村は概高《ならしだか》およそ七〇〇石の村で、そのほとんどが藩士二二家の給地である。二二家のうちの海部家は一七石の知行地を、平井家は二六石余の知行地を持つ。知行地の農民を屋敷の下男や下女に雇うこともある。また秋には年貢の率を決めるため農村を訪れ、坪刈りして出来高を調べる（検見《けみ》）。そのときは大抵庄屋の家でご馳走になる。例を挙げよう。

元禄六年九月廿五日
〇曇、時々少雨。名古屋にては雨束篠《しのつくあめ》。余津島へ参る。それより野崎へ行く。殊の外草臥《くたびれ》、神谷弾之右衛門百姓処にて支度し、良須臾《ややしゅゆ》休息し臥す。
汁（大こん・すばしり）、鱠、ふな、煮物（牛蒡・いも・大こん）、二之汁（ふな・牛蒡）、鮒焼《ふなやき》浸《びたし》

前々日二三日に「長良村の検見あり。免四ツ九分」とあり、前日の二四日も「野崎村へ検見に行く。免四ツ」とある。両村の検見の結果、今年の長良村は免（税率）が四割九分、野崎村は四割に決まったというのである。その流れで、二五日給地をもつ仲間が津島へ詣で、帰宅途中に野崎村へ寄って食事を振舞われた。文左衛門をいれて一四人の料理だから大変である。腕の良い神谷が料理を仕切ったらしい。百姓といってもおそらく庄屋クラスの家だろう。

大根とボラの幼魚鯐《すばしり》の汁とフナの鱠、ゴボウ・サトイモ・ダイコンの煮物に、フナと牛蒡《ごぼう》の二の汁、フナの煮びたしの二品が加わるが、いずれも農村で自給できる材料である。農家へ押しかけるばかりではない。元禄一四年の正月二日に「百姓八人朝食を喫せしむ。汁(大こん・干えび・小貝・とうふ)、鱠(大こん・たつくり)、鯉魚(かすいり〳〵)引物(嶋えび)」とあり、文左衛門の家では、毎年正月に知行地の百姓を呼んで振舞うのが恒例になっているらしい。日頃から知行地の百姓との間には、こうした交流があり、これが海部家の池之内村移住にもつながったのであろう。

その移住地で、のちに養鶏をはじめ、苦労のすえに「名古屋コーチン」を作出する。いまその地は果樹園と一部住宅地になっており、名古屋コーチン発祥地の説明版が置かれている。池之内の南端、上末・古雅と接する辺りで、近くに上水道管理センターがある。

◆御一新

慶応四年(一八六八)九月八日、「明治」に改元し、一世一元の制が定められた。翌明治二年三月、海部左近右衛門政貞は隠居願を出し、同時に嫡子荘平(二二歳)の家督相続を願い出た。五月に相続が認められ、一二〇石大御番役(城中・市中の見回り役)に任じられた。九月に新たな辞令が出て「一等兵隊」に任じられた。

明治四年、士族を捨て帰田を決意した荘平は一等兵隊の辞職願を出し、春日井郡池之内村に移住を決めて、元庄屋から屋敷地六畝（一八〇坪）と三反余（約千坪）の田畑を購入した。従兄弟の平井理右衛門信太郎、姉の「すま」の家族を含めた三家族二五人は、この年の暮れまでに池之内村に引っ越した。

三家族が新天地ではじめた仕事は、雑貨屋の営業と農業であった。雑貨屋は明治六年に開店、その直後に荘平は名古屋の池田町（中区栄四丁目池田公園辺）から「すみ」を嫁に迎えた。士族の岡田金十郎の次女で一七歳の少女だった。心身ともに新しい船出であったが、士族の商法の例にもれず雑貨商の経営は難航し、六年後の明治一二年にはついに店をたたんだ。海部久蔵家と平井家は名古屋に帰り、久蔵は父の跡をついで大須門前町に住んだ。その息子幸之進は、姉が嫁いだ大須写真館の中村牧陽の弟子となり、牧陽の跡を継いでやがて写真界を代表する人物となる。その孫が海部俊樹である。

海部養鶏場跡地（前方の家から手前側が敷地）

◆養鶏と名古屋コーチンの作出《さくしゅつ》

一方、海部市郎家の養子となった弟の正秀は、兄たちが移住した明治四年はまだ一九歳だったが、市郎の娘「そで」と結婚しすでに一女をもうけていた。

家は桑名町通と三ツ蔵通が交差する角、いまの名古屋市科学館のすぐ北である。

彼は自宅でニワトリを飼っていた。養鶏というには大げさすぎるが、何十羽かいたのだろう。彼の指南役は八尾鉞太郎《やおえつたろう》という二五〇石の御馬廻で、家は白壁町筋と善光寺筋が交差する角（現、清水口交差点の西南）にあり、海部家の実家から近かった。幕末に藩士の間でニワトリを飼うのが流行し、とくに八尾家と近松家の養鶏は知られていたという。八尾家の本流は医者で、家譜には「三百石を賜り光友に附属した」とある。朝日文左衛門の日記にも「八尾賢叔」の名で何度も登場する。この賢叔の二男が六郎兵衛で、鉞太郎はその子孫にあたる。

正秀は失敗を重ねながらも、三〇〇羽を育てるまでになり、兄にも養鶏の利を説いた。

兄荘平は雑貨商の経営が思わしくないなか、弟の斡旋で少しずつ鶏を飼いはじめ、明治一一年には百羽を超すまでになっていた。雑貨屋をたたんでからは養鶏一本にしぼり、好況の波にも助けられて明治一三年には莫大な利益をあげたという。雑貨商の失敗で背負い込んだ巨額の借金も完済出来、翌一四、一五年と養鶏事業は順調に拡大したが、その絶頂期に鶏コレラが流行し、鶏は全滅する。一挙に奈落の底だが、これが一つの転機になったという。

弟の正秀は上竪杉町《かみたてすぎのちょう》（現、市政資料館・ウィル愛知東側）で士族仲間と養鶏場を経営し、新しい品種の輸入に携わっていたが、失意に沈む荘平のもとへ「バフ（黄褐色）コーチン（中国原産鶏の一品種）」を持ち込み、再起を促した。従来の鶏はせいぜい二・五キロほどだが、バフコーチンはその倍近い大きさだった。正秀が集めてきた一羽の雄と五羽の雌、それに従来の地鶏三〇羽が新しく作り直した鶏舎に入り、荘平の再挑戦（鶏の交配）がはじまった。

翌明治一六年の暮、繰り返される交配なか、バフコーチンと地鶏との中間の大きさで、バフとは違う薄い黄色の雛が一〇〇羽ほど生まれたという。その色合いから人々は「ウスゲ」と呼んだ。このウスゲは別名は「海部鶏」と呼ばれ、育てやすく卵をたくさん産む。明治一八年、このウスゲが一大ブームになるが、実はこれから海部兄弟の本当の苦労がはじまる。交配による優生と劣性の繰り返しのなか、なかなか優良種が安定しない。こののち続くウスゲ改良の軌跡は気が遠くなるほどの忍耐の連続だが、その詳細は本題からはずれる。

明治二三年、海部のウスゲに対し関西方面で「名古屋コーチン」の呼称がはじまる。

明治二八年、海部荘平が四八歳で過労死。

明治三八年、日本家禽協会が「名古屋コーチン」を実用鶏種第一号に認定。

大正時代、改良の進んだ「名古屋コーチン」が「名古屋種」と呼ばれるようになる。しかしこれ以後通称としての「名古屋コーチン」の名は日本中に広く知られ、地元愛知では鶏といえば名古屋コーチン、子供のころの記憶にもしっかり焼き付いている。

名古屋コーチンの雌（稲垣種鶏場提供）

右記、年表の抜書きを以て、項の結びとするが、詳しく知りたい方には入谷哲夫氏の『名古屋コーチン作出物語』（マイタウン刊行）をおすすめする。筆者も鶏についての多くの知識を、本書より得た。なお名古屋コーチン（雌鶏）の写真は、春日井市桃山町の稲垣種鶏場から提供していただいた。海部精神を今に継ぐ養鶏家として知られている方である。

第二章　文左衛門の正月料理

元禄六年（一六九三）年正月九日の料理

『日記』に記載された二〇〇をこえる料理メニューには、ルールに則《のっと》った書き方もあれば、ごく簡単な料理メモ的なものもある。以下、比較的詳しく記載された正月料理を二例ほど挙げ、料理名の解説をしておく。

汁（鱈）　鱠（大根おろし）　交香の物（あさづけ）　煮物（かんぴょう・山のいも・くずし・牛蒡）

熬物《いりもの》（菜・鳩）　酒の肴・白魚　熬物（鳩の焼鳥）　さより・蒲焼。

『日記』の正月九日の記事に「年頭の振舞いに、双親と予と丸山加左衛門処へ行く」とあり、母方の実家渡辺家の大叔父覚右衛門、伯父源右衛門と七内、叔父の弾七ほか七人の、いわば身内の新年宴会であった。宴会のあと「宝引《ほうびき》」に興じ、母は数万円負けたと記している。

宝引は束ねたヒモを引き、その端《はし》にはアタリ・ハズレを示す印《しる》しがついている。賭博にも使われ、仕組みが単純なだけに熱くなる。大負けした母はよほど悔しかったとみえ、五日後に同じメンバーを自宅に招き、再挑戦している。

それはともかく、江原恵氏はこの丸山家の正月料理を紹介しながら、会席料理との類似を、次のように指摘されている（『江戸料理史・考』）。

〇初めに汁・鱠・煮物・焼物・香の物を並べた銘々膳で出て、まずめしを一口食べてから改めて酒の肴が出て、いよいよ本番の酒盛りに入る、という方式であった。宴会の際の定石化したこの慣習は、茶の湯の「会席」の伝統を継承した流儀であった。これは茶の湯の饗応の型が、一般の酒宴にまで及んでいたことの例証であろう。茶の湯の会席の伝統とは、茶の湯の席に出される「一汁三菜」の「懐石料理」を指す。

※「懐石」に当初から「会席」の字が当てられたため、江戸後期の宴会料理「会席」と混同される。

名古屋の藩医であり茶人でもあった遠藤元閑《げんかん》は、元禄九年（一六九六）に、茶の湯料理の心得と献立・料理の作り方をまとめた『茶湯《ちゃのゆ》献立指南』を刊行した。『日記』の記事より数年後だが、そこには千利休以来の伝統に則った「会席料理（懐石料理）」が紹介されている。

『茶湯献立指南』正月四日せち茶之湯献立

○煎鳥（鴨・せり・柚の丸輪）　汁（くしこ・大こん・小しいたけ・里いも・よめな）　焼物（鯛せぎり・かけ汁）

中酒　吸物（くじら・くくたち）　食《めし》　香の物　肴（なま貝・やきずるめ）　指身（鯉の子付・平作り・糸作り）

茶菓子（きんとん餅・にしめ川たけ）　以下略。

※煎鳥《いりどり》は、鴨を皮、身の順に煎り、セリを入れ、出汁《だし》、溜りで煮る。あつめ汁は、赤白あわせ味噌に出汁《だし》を加え、串海鼠《くしこ》、大根、牛蒡《ごぼう》、椎茸、里芋、嫁菜《よめな》を入れ煮る。焼物の鯛は、ヒレを付けたまま輪切り（背切《せきり》）して焼く。くくたち（茎立《くきたち》）は蕪菜《かぶらな》の茎。鯉の子付《こづけ》は、三枚におろした鯉の身を薄くへいで皮を除き、酒で煎った子を塗《まぶ》す。きんとん餅はうるち米の餅の中に赤餡《あかあん》を入れ、上を白餡で包む。川茸《かわたけ》は、淡水産の水前寺海苔《すいぜんじのり》などの別名。

江原氏は、『茶湯献立指南』の正月の献立を『鸚鵡籠中記』のそれと比較しながら、「両者の書出しの順番、つまり献立の基本形は同じである」とされ、元禄頃の武士の家庭には、茶の湯料理の基本である「一汁三菜」の献立が、常識として及んでいたとされる。

一、汁　吸物・椀物・集め汁など
一、生　鱠《なます》・刺身・お造りなど。
一、焼物　炙焼《あぶりやき》・焼魚など。
一、煮物　炊合《たきあわせ》など。他に香の物。

『日記』に正月の献立を書き留めたのは、数えで二〇歳になったばかりの若者である。三月《みつき》後に結婚を控えているとはいえ、会席膳の在り方がすでに「常識」として身についていることに驚く。一五、六歳で元服し大人たちの仲間入りをし、宴席などに出る機会が増えたのだろう。父の重村は故実に詳しい学者であり、母の実家渡辺家には、大叔父をはじめたくさんの叔父たちがいて学ぶ機会には恵まれていた。とはいえ、文左衛門が生来の「食いしん坊」でなければ、なかなか身につくものではない。

本膳料理（『素人包丁』より）

会席料理

会席料理は一朝一夕に出来上がったものではなく、会席以前は豪華で、形式的で、面倒な手続きの「式正《しきしょう》料理」があった。室町時代に完成した「賓客を接待する正式な料理」である。まずセレモニーの開始を告げる「式三献」にはじまり、「七の膳」あるいはそれ以上の数の膳が、客の前を埋め尽くす。主君や将軍の御成りともなるとさらにケタ違いの膳立てとなり、永禄四年（一五六一）に三好義長が自邸に将軍義輝を招いた宴では、式三献にはじまり、能楽を催しながら計一七献、開始から二日間にも及び、接待役はともかく、招かれた側も疲労困憊したことが想像される。しかし華美や贅沢も行き着く処まで行けば、今度は簡略へと向かう。豪華さの裏の空虚さに気づき、内容の充実に向かうのである。

江戸時代になると、まず形式めいた「式三献」が切り離されて結婚式などの三々九度に形を変え、そのあとにつづく本膳（一の膳）を中心とした「本膳料理」が、日本料理として成立する。その基本は本膳（一の膳）の一汁三菜であり、これに二の膳、三の膳を加え、二汁五菜、あるいは二汁七菜といった献立に整えられる。（熊倉功夫、『日本の食文化』参照）

この本膳料理を簡略化したものが茶の湯の「懐石

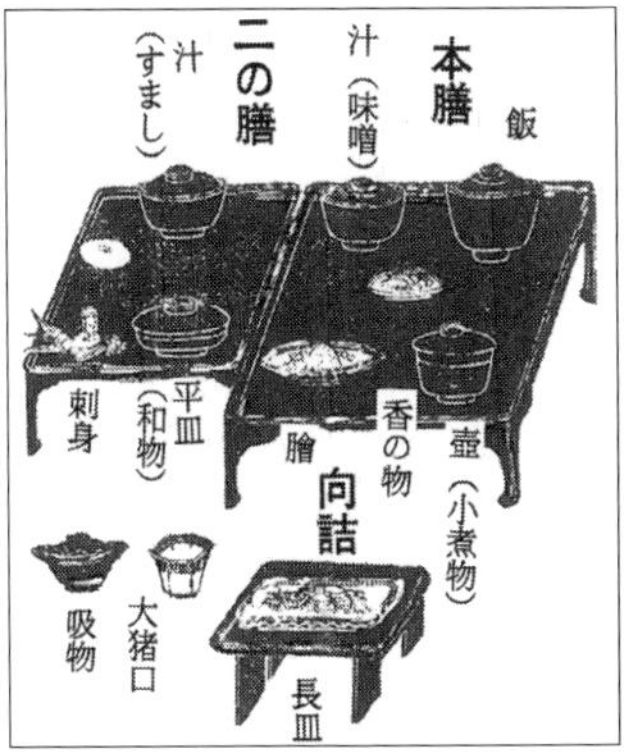

本膳料理（『料理早指南』より）

料理」だが、のちに句会の後などに催される「会席料理」も絡んできて、筆者のような素人には理解がむつかしい。ここでは本膳の簡単なものを会席とし、歴史的な経緯については深入りしない。茶会の懐石は会席と書かれることが多く、余計に話をわかりにくくしている。

そこでわかりやすくするため今の料理との関係でいえば、会席は突出し（関東では通し物）からはじまって順に一品ずつ出され、最後にご飯とみそ汁が出てくる。これに対し、はじめから目の前に二つも三つも膳の並ぶのが、本膳料理ということらしい。もっとも酒飲みにとっては、最後は酔っぱらい訳がわからなくなるのだから、どちらでも同じようなものである。

横道にそれたが、元禄六年の正月料理に戻る。場所は伯父源右衛門の従兄弟丸山加左衛門の家で、親戚一同がお呼ばれした宴であり、料理の品数も決して多いとは言えない。順に見ていこう。

鱈（タラ）汁

最初の汁物に「タラ汁」が出た。

『料理物語』に「鱈汁は昆布出汁《こんぶだし》にて、すまし良し」とあり、塩・醤油仕立ての澄まし汁にすることが多いが、味噌仕立てもあるとしている。丸山家の場合、どちらか不明である。

タラといえば一般にマダラ（真鱈）を指すが、タラコ（鱈子《たらこ》、紅葉子《もみじこ》・明太子《めんたいこ》とも）を採るのはスケトウダラ（スケソウダラ）で、身は蒲鉾や竹輪の原料になる。スケトウダラの名前の由来は諸説あり、佐渡のことを記した本では、佐渡の名産ゆえ「佐（スケ）渡（ト）」に因むといい、またタラ漁は人手がかかるので、「助っ人ダラ」と呼ばれたとも、これは末広氏が紹介している。

マダラはスケトウダラより一回り大きく、なかに一メートルを超えるものもある。深い海の底近くに棲み、特徴的な下あごのヒゲで海底の餌を探す。このタラを捕るために考案されたのが「底引き網漁法」で、のちの漁業に大きな影響を与えた。

マダラの旬である産卵期は一二月から三月で、雪の降りはじめるころからタラ漁ははじまる。魚偏に雪と書いてタラと読ませるのもそのためで、毎年冬に宮中へ献上され、女房詞でタラを「ゆきのまな（雪の真魚）」と呼ぶ。身も白く雪を思わせるが、『本朝食鑑』には「初雪のあとに捕れる魚ゆえ、雪に従う」とされている。

タラの頭部を大写しした写真を見たことがあるが、ギョロリとした目で睨みつけ、なかなかの面構えである。いかにも大食漢らしい大きな口で「鱈腹《たらふく》食う」から、腹は膨らんでいる。末広氏がタラの胃を調べたら、カニが

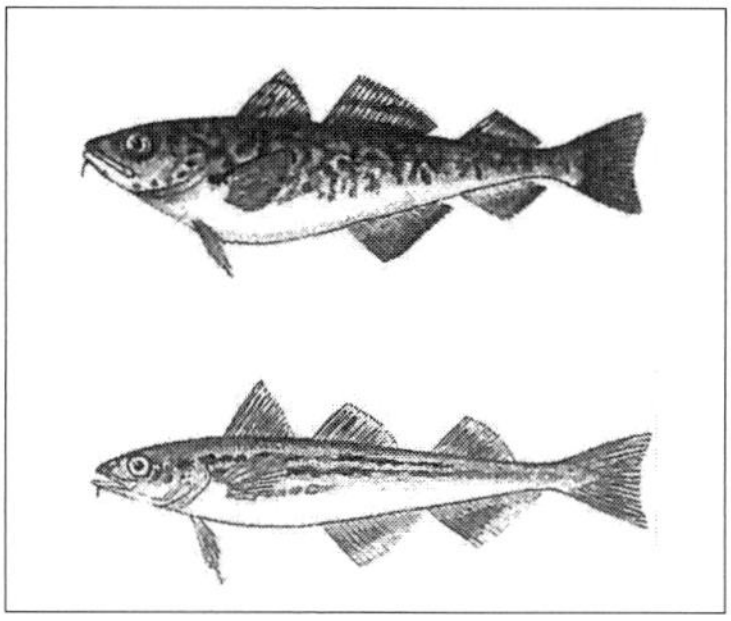

タラ（上）とスケトウダラ（下）（『日本語大辞典』より）

五、六匹、貝が二、三〇、魚の骨が幾つか見つかったという。ホッケ、カレイ、カニ、エビ、タコ、ヤドカリからイソギンチャクにいたるまで、一〇〇種類は見つかるらしい。そのタラの肉は真っ白で、切っても血が出ない。これを武士階級が喜んだ。「多良」と目出度い字をあてて縁起をかつぎ、正月料理にはピッタリの魚になる。文左衛門も正月に「多良福」食べて、今年一年を乗り切るというわけである。筆者も冬の鍋物に、スーパーで毎日のように切り身を買って帰る。

鱠（ナマス）

鱠《なます》の項には「大根おろし」としか記されていない。つまり「おろし和《あ》え」だが、肝心の魚あるいは鳥の名がわからない。江原氏は『料理物語』におろし和えのナマスとして、「焼骨なます」があるとされている。これは魚の中骨や薄身（魚の腹の肉の薄い部分）を焼いて身をむしり取り、田つくり、木くらげなどを加え、おろしで和えるものだが、だからといって「焼骨なます」と決めつけるわけにもいかない。新鮮なタラならナマスでも刺身でも食べられる。多めに買い求めたタラを、汁とナマスの両方に使った可能性もある。

香の物

記事には「交《ま》ぜ香の物　あさづけ」とある。

香の物は漬物の別称で、乾し大根を塩、糠《ぬか》で漬けたものを関西では香の物、江戸では沢庵漬という。干さずに生のダイコンやナス、ウリを塩、糠に漬けたものを関西では浅漬といい、江戸では糠《ぬか》みそ漬けという（『守貞謾稿』）。「交《ま》ぜ」とあるので、一般の香の物と浅漬けとを交ぜ盛りしたのであろう。香の物については、くわしく後述したい。

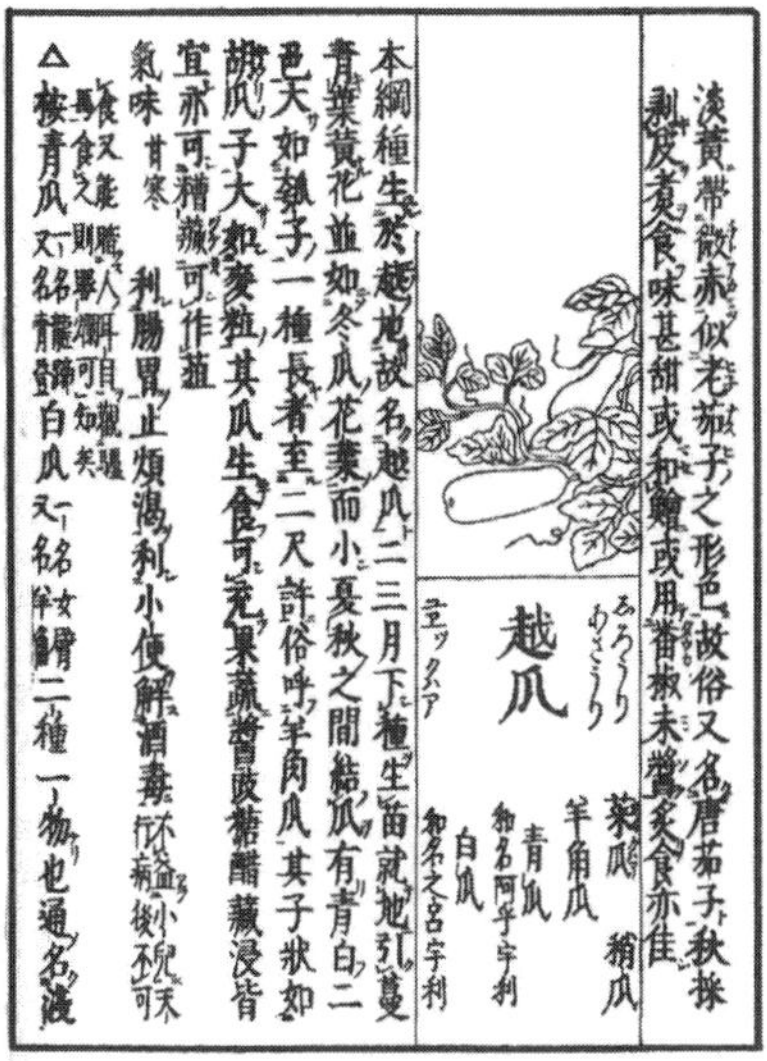

シロウリ（『和漢三才図会』より）

煮物

次の煮物は、干瓢《かんぴょう》と山芋、くずし、牛蒡の四品を煮付けているが、うまいダシを出す「くずし」の素材、つまり魚肉の種類がわからない。澄まし汁に入れるときは、タイ、ヒラメ、スズキ、キスなど高級な白身魚をすり身とするが、惣菜用にはアジ、サバ、イワシ、ナマズなどを用いる。ここでは後者の魚のうちのどれかであろうか。すり身に鶏卵、片栗粉を混ぜ、箸で適当に摘まみ入れることから「つみいれ」「つみれ」と呼ばれた。

ここまで書いたとき、魚を使わない「くずし」もあるのか不安になりいろいろの書にあたってみた。『たべもの起源事典』の「つみれ」の項に種々の魚のつみれを並べたあと「芋・豆腐・野菜のつみれもある」と記されていた。山芋をおろして一口大を熱湯にくぐらせ、山芋の団子にしたのかも知れない。しかしその場合は「山のいものくずし」と書いて貰わないと困る。

熬物（イリモノ）

次の熬物《いりもの》（煎物）は、魚や鳥を汁気を少なくして煮たもので、『料理秘伝書』には「煎酒《い》にて仕立てたるもの」とある。素材は鳩だが、すぐ後ろにも熬物（鳩の焼鳥）と出ている。熬ると焼《や》くの違いだが、詳しくはわからない。鳩の種類については、江原氏が「土くれ鳩か、さもなければ山鳩」と記されているが、縄文の昔から列島にいたのは森林性のヤマバト（山鳩）で、江戸時代にはキジバト（雉鳩）、アオバト（青鳩）と呼ばれた。

一方、飛鳥時代のころに移入された種類がカワラバト（河原鳩）で、多く寺院の堂塔に住みついたことから、室町時代にトウバト（塔鳩）、安土桃山時代にドウバト（堂鳩）と呼ばれた。その後、飼育と野生化を繰り返しながら江戸時代にはドバト、ツチクレバト（土鳩、土塊鳩）と呼ばれ、いまに至っている。

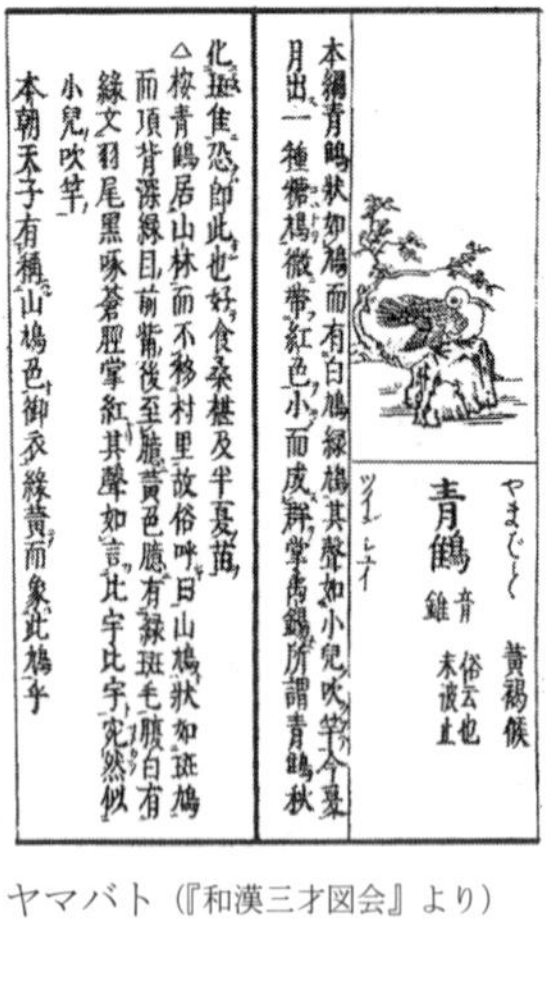
青鵻 やまばと 黄褐侯
鵻 音 隹 俗云也末波止
本綱青鵻状如鳩而有白鵻緑鵻其聲如小兒吹竽今夏秋
月出一種帯鵻微帯紅色小而成群掌禹錫所謂青鵻
化䳁隹恐即此也好食桑椹及半夏苗
△按青鵻居山林而不移村里故俗呼曰山鳩状如斑鳩
而頂背深緑目前喉後至膺黄色膺有緑斑毛腹白有
緑文羽尾黒喙蒼脛掌紅其聲如言比宇比宇宛然似
小兒吹竽
本朝天子有稱山鳩色御衣緑黄而象此鳩乎

ヤマバト（『和漢三才図会』より）

在来種の山鳩は狩猟の対象だが、公園や神社の境内に屯《たむろ》するドバトは野鳥であり、たとえ糞の被害があっても勝手に取り除けない。文左衛門の正月の食卓にのぼったのは、ドバトかヤマバトのどちらかだが、常識的にはヤマバトと考えるべきだろう。

酒肴としての白魚（シラウオ）

次に酒の肴として「シラウオ（白魚）」が出された。

白魚は、江戸時代に家康が好んだ魚として知られ、末広氏の『事典』に次の解説が載る。

○慶長一八年（一六一三）の冬、佃島の漁師が隅田川で漁をしていると今までに見たこともない白色の魚がたくさん網にかかった。何という魚だろうと漁師たちが首をかしげるなか、摂州（兵庫県）生まれの漁師がいて、これは三河に産するシラウオかも知れない、シラウオならその頭に徳川将軍家の葵の紋がついているはずという。調べてみるとその通りなので早速将軍家に届けた。家康は、生まれ故郷の三河のシラスが江戸でも獲れるとは吉兆であると喜び、佃島の漁師たちは大いに面目をほどこしたという。

シラウオの頭の「葵の紋云々」は脳髄が透き通って見えるためである。毎年一月一七日の家康の月命日に、「御神酒《おみき》流し」と称し、佃島の住吉神社の神主たちが舟に乗り込みお神酒を川に流す行事が行われたという。

※家康の祥月《しょうつき》命日は四月一七日

シラウオは全長一〇センチ前後の無色透明の魚だが、死ぬと白くなることからシラウオという。地方名としてはアマサギ（富山）、シラス（石川）、シロウオ（新宮）などがあり、むかしは全国各地で多く獲れ、また好まれたのだろう。料理は酢じょうゆで生食するほか玉子とじや汁の実に使う。文左衛門の食膳へ出されたのは、「酒の肴」とあり或いは「酢の物」だったかもしれない。

『日記』に出てきたシラウオは、近場の庄内川河口あたりで獲れたものだろう。特産品として知られたのは衣浦湾のシラウオで、一月から二月にかけ湾から境川にかけての汽水域でよく獲れた。産卵のため遡上してくるためで、東岸側の刈谷藩では、目刺しにしたシラウオを毎年将軍家に献上したという。しかし河口と沿岸の埋め立てが進み、現在はまったく獲れなくなった。これは東京の佃島も同じである。シラウオは別に春告魚《はるつげうお》ともいい春の季語だが、関連する季語「しらお、白魚舟《しらおぶね》、白魚汁《しらおじる》」が歳時記に載る。

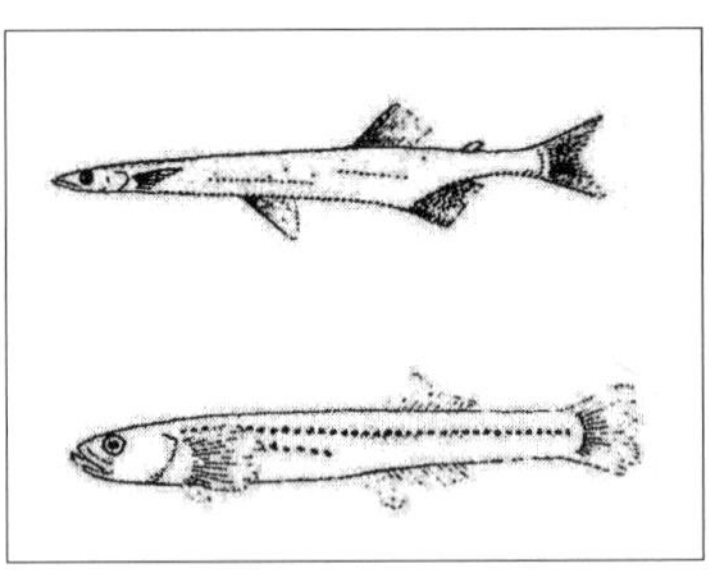
シラウオ（上）とシロウオ（下）（『日本語大辞典』より）

記憶にのこるのは、芭蕉の『野ざらし紀行』にある「明《あけ》ぼのや白魚しろきこと一寸」の句で、一寸（三センチ）と未だ小さいことから、冬の句としてよいらしい。同行した大垣の俳人谷木因《ぼくいん》の『桜下文集《おうかぶんしゅう》』には、初案の「雪薄し白魚《しらうお》しろきこと一寸《いっすん》」とあり、上《かみ》の五文字が異なる。成案では「明ぼの」に変わるわけだが、各務支考の『笈《おい》日記』に、「浜の地蔵に詣《もう》して、雪薄し白魚しろき事一寸、此の五文字口惜《くちお》しとて、後には明ぼのとともきこえ侍りし」

とあり、服部土芳《どほう》の『三冊子《さんぞうし》』にも「この句、はじめ、雪薄し、と五文字あるよし、無念の事也といえり」と記されている。

ちょうど芭蕉の句碑を探して自転車で回っていたとき、白魚の句碑が浜の地蔵堂にあると聞き、揖斐川の右岸堤防を河口へ向かって漕いだ。漕ぎながら「雪うすし…、明けぼのや…」と何度も口ずさみ、その違いを「無念の事」と感じる芭蕉の感性を、それなりに理解しようとした。長良大橋の少し南に再建された「浜の地蔵堂」があり、その傍らに「一寸の白魚」にはおよそ似つかわしくない、立派な句碑が建てられていた。

※シラウオ（白魚）はサケ目シラウオ科、全長一〇センチで透明。間違いやすいのがシロウオ（素魚）でスズキ目ハゼ科、全長六センチで半透明。

鰻（ウナギ）の蒲焼

最後の料理に蒲焼が出された。『守貞謾稿』は次のように記す。

○古《いにしえ》は鰻蒲焼という名あるは、鰻を筒切りにして串にさし焼きしなり。形、蒲穂《がまのほ》に似たるゆえの名なり。

むかしはウナギを割かず丸のまま一〇センチ大に切り、タテに串を打ち丸焼きにしたので水辺に生える「蒲《がま》の穂」にそっくり、そのため蒲焼の名が生まれた、とある。この蒲の穂は種の集合体で、はじけると夥しい数の種子をつけた綿毛が飛び散る。

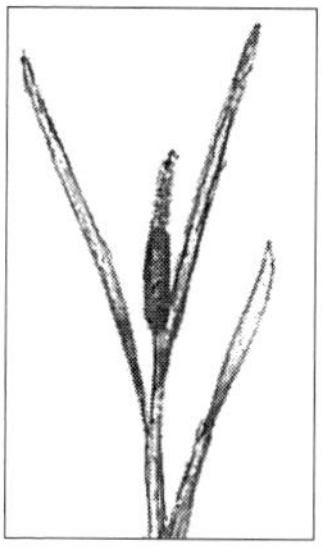
ガマ（『広辞苑』より）

ただし蒲焼料理は、ウナギだけとは限らない。『料理早指南』には「椛《かば》やき　うなぎ・はも・さより・沖さより・ふかなどの類、長く切り小ぐしにさして焼く事なり」と記されている。つまりウナギ以外のサヨリでも、蒲焼にするらしい。そこで改めて日記の「かばやき」記事を確かめると、名古屋叢書の翻刻本は「熬物《いりもの》、鳩の焼鳥、さより、かばやき」とし、大塚学氏の摘録本にも「熬物・鳩の焼鳥・さより・かばやき」とあるが、江原氏の料理本には「熬物、鳩の焼鳥。さより蒲焼」とある。江原氏は「サヨリの蒲焼」と理解され、他の二書はそれぞれ別個の料理に扱われている。どちらが妥当かは、原本にあたり句読点を確かめる以外ないが、まだ原本にはあたっていない。

鰻（ウナギ）の筒切りと開き

そこで一つ気になるのは、鰻の蒲焼が「筒切り」から今の「開き」に変わった時期である。解説書には「馥焼《かばやき》　中分（中ぐらい）の鰻鱺《まんれい》を用いて、裂きて腸を去り、切りて四、五段と為《か》し、串を貫く」（正徳三年刊「和漢三才図会」寺島良安）、「開きは元禄の終わりから正徳にかけて（末広恭雄）」、「元禄中期になると関西で腹を開いた開き焼が創作される」（岡田哲）、「裂いた蒲焼は、十七世紀後半から十八世紀前半に始まったものではあるまいか」（川那部浩哉）とあり、転換点が、ちょうど朝日文左衛門が生きた時代に重なる。素材がサヨリかウナギかはさておき、「筒切りか開きか」その料理法が気になる。そんな折、日記に別の蒲焼の記事を見つけた。

○宝永五年（一七〇八）十二月十四日　卯《う》の刻、八郎右・丹左とともに熱田へ行く。瀬左は駕籠にて行く。予と八郎右は社参す。粟田福大夫《あわたふくだゆう》に金を借りる事頼むとて、辰半前に着せしに、福大夫早朝より名古屋へ上納金包むために出ると云々。之に仍《よ》って口上書指し置き、茶や新六にてかばやき（予、廿五串食）、酒・うどん・かきの吸物・白魚の酢《す》びて（魚を酢に浸す）等給《た》ぶ。

今の暦では、翌年の一月二四日になる。朝の六時半頃、朝日家西隣りの渡辺八郎右衛門、向かいに住む石川瀬左衛門、渡辺の義弟（妹の夫）蘿木《つたぎ》丹左衛門の四人で熱田へ出かけた。主税町《ちからまち》から南へ直線距離で六キロ、おそらく二里近くあるだろう。瀬左衛門は駕籠を頼み、残る三人は熱田社まで歩いた。文左衛門と八郎右はその足でお参りを済ませ、皆が粟田家に集まったのが午前九時、用件は粟田福大夫に金の用立てを申し入れるためで、どうやら準公務だったらしい。当事者が誰とは書かれてないが、おそらく四谷屋敷の定詰《じょうづめ》足軽頭（三〇〇石）の役職にあった蘿木丹左衛門であろう。

粟田家は熱田宮の禰宜《ねぎ》職にある。筆頭が大宮司《だいぐうじ》（千秋《せんしゅう》家）、次が権《ごん》宮司（祝師《ほうりし》田島家、惣検校《そうけんぎょう》馬場家）、次が大内人《おおうちんど》（大喜《だいき》家）、次が禰宜（粟田家、林家、長岡家、大原家、磯部家等）で、なかでも粟田福大夫家は、惣検校の代官、つまり熱田宮の総務部長「馬場家」の代理職である。時に金を用立てる仕事もしていたのであろう。この時上納金の事でお城へ出向いていたのも、そのためだろう。

そこで要件を書置き、時間をつぶすため宮の前の新六茶屋へ入り、早めの昼食をとった。このとき文左衛門は、ウナギの蒲焼二五串を食ったとある。酒を飲みながら、うどんやカキの吸物も食べている。ほかの食いものはどうでも良いが、蒲焼の二五串が問題だ。いまの開きなら二五串食べることはあり得ない。しかし『和漢三才図会』の解説では「開いたあと四、五切れにして串にさす」とあるから、五匹で二五串になる。筒のぶつ切りの串刺でもそんな数だろう。どちらにしても五匹程度にはなり、文左衛門の健啖ぶりに驚くほかないが、記事自体はウナギの調理法の決め手にならない。やはり今後の検討課題である。

『守貞謾稿』（巻之五生業）は、「筒切りのかたちが蒲の穂に似る」と「蒲焼」の説明をしたあと、ウナギを切り裂くようになってからの調理法を、次のように記す。

○京坂は、背より裂きて中骨を去り、首尾のまま鉄串三、五本を横に刺し、醤油に諸白酒を加えたるをつけて之を焼く。その後首尾を去り、また串も抜き去り、良きほどに斬《きり》て大平椀《おおひらわん》（二の膳で煮物を盛る平たい大きな椀）に納《い》れ出す。鰻蒲焼、小一器銀二匁、中三匁。

○江戸は、腹より裂きて中骨および首尾を去り、能《よ》きほどに斬《きり》て小竹串を一斬二本ずつ横に貫き、醤油に味醂酒を加え、之を付けて焼き、磁器の平皿を以て之を出す。一皿価二百文とす。必ず山薮（山椒？）を添えたり。

開いて焼く蒲焼の「京坂と江戸の違い」について、上方《かみがた》は背開きし、頭と尾を付けたまま鉄串に刺し、醤油に清酒を混ぜたタレをつけて焼く。値段は一三〇文から二〇〇文。

一方の江戸は、腹開きし頭と尾を取ってから適当な大きさに切り、竹串を二本刺し醤油に味醂を混ぜたタレで焼く。値段は二〇〇文。

この説明はどうもおかしい。ふつう「江戸の背切り、京坂の腹開き」とされているのに、上方が背、江戸が腹と逆になっており、さらに江戸で白焼きした後の「蒸す」工程が抜け落ちている。ところが同書を読み進んで行くと、次の行商を扱った「巻之六・鰻蒲焼売り」に、「また京坂は鰻を腹を裂き、江戸は背を裂くなり」とある。同じ本の前後で、正反対のことが書かれているのである。

おそらく前の方の記述は、著者喜田川守貞のミスであろう。岡田哲氏は「寛政年間頃に、関東では背開きに変わった」と解説する（『たべもの起源事典』）。元禄期に上方で始まった腹開きが江戸にも伝わり、その後江戸後期に至って腹から背切りに変わった。理由は「武士の切腹を連想しての縁起担ぎ」による、という。

しかしたとえそうだとしても「上方は、背切りから始まった」と記すのはまずい。やはりうっかり江戸と上方を逆に書いてしまったのだろう。すぐ後ろで正しく記述しており、少し前のミスに気づいても良さそうに思うが、そこが「ミス」たる所以である。

ところがこうした事情を、まったく意に介さない見解もある。「単に道具の違いによる」とする志の島忠氏の見解である。

○関東は武家の地ゆえ「武士は腹を切らぬもの」だから「背開き」、一方関西は商家が多く「商人は腹を切るもの」ゆえ「腹開き」などと、こじつけめいた説もありますが、実際のところは、鰻を開く時に使う包丁の違いによるものです。関西の裂き包丁は「小出刃《でば》」で、これは腹を裂くのに適しています。これに対して関東で使われる裂き包丁は「切り出し」。これでは腹は切りづらく、必然的に背開きになった、というのが本当の理由です。(『にほん料理名ものしり事典』)

ここまでくると、これはもう料理人の世界の話であって、素人は意見を挟めない。

土用の丑

巷間、もうひとつ話題となるのが「土用の丑の日にウナギを食べる話」である。土用は立春、立夏、立秋、立冬の前十八日間を指すが、今はとくに立夏前の十八日間をいう。土用とは「土の働き」の意味で、この間は土の「性《しょう》」が強いので土いじりを避ける。つまりウナギとは何の関係もない話だ。

江戸時代にエレキテル機械を考案した平賀源内《ひらがげんない》(一七二九〜七九)が、知り合いのウナギ屋に、「来客が夏枯れて困った」と相談され、「本日土用の丑の日」と大書してこれ

鰻蒲焼売(『守貞漫稿』より)

を店頭に貼り出させたところ、客が大勢集まったという。平賀源内ではなく大田蜀山人《しょくさんじん》（一七四九〜一八二三）が、「土用うなぎは夏痩せに効あり」という広告を考えてやったという説もある。

もう一つは、神田の鰻屋「春木屋善兵衛」の所へ、さる殿様から大量のかば焼きの予約注文が入り、一日では作れないというので予め三日間焼き続け、それぞれ日付を書いて土瓶に入れ床下に保存した。納品当日に開けてみると、真ん中の土用の丑の日に焼いたものだけが傷んでいなかったという話。宮川曼魚の『深川のうなぎ』にある説を、末広恭雄氏が紹介している。

その末広氏が、ウナギの血にイクシオトキシンという毒素が含まれていて、目に入ると結膜炎をおこし、傷口に付くと赤く腫れ上がると書いていた。ただし熱にあうと無害になるというから、かば焼きを食べるぶんには大丈夫らしい。胃液でも分解されるが、直接体に入ると危ないから調理人はキズに要注意である。

もうひとつウナギと梅干の食い合わせも、幼いころよく聞かされたが、これは間違った言い伝えらしい。出所ははっきりしないが、梅と銀杏《ぎんなん》を取りちがえて伝えたともいう。しかし銀杏がなぜ食い合わせになるのか、よくわからない。ある本に梅干しは消化を助けるから、大いに食い合わせてくださいとあった。

ウナギが捌《さば》かれ焼きあがるまでの手順は、今も記憶に焼き付いている。子供のころ、土用の丑の日に毎年近所の魚屋でウナギを焼いてもらった。あらかじめ注文してあったが、客が多いときは、自分の順番がきて焼きあがるまでの間、店先に立ってじっと眺めていた。ただの魚屋さんだが、いつもその巧みな手さばきに見とれた。その頃は土用と土曜の区別がつかず、今日は土曜日でないのにと何度も思ったが、なぜか理由を聞くこともなかった。
ウナギを食べるといえば、蒲焼以外あまり思い浮かばないが、江戸時代はほかにもウナギを食べる方法がいろいろあったらしい。

宇治丸（ウジマル）

『料理物語』に鰻の料理法として「膾《なます》、刺身、すし、かば焼、こくしょう、杉焼、山椒みそ焼……」などを記している。「ウナギの膾や刺身」はまるで想像もつかないし、想像したくもない。しかし丹念に読んでいくと終わりの「指身の部」に「うなぎ　白やきにして青酢《あおず》にてよし」とあり、少しほっとした。先の末広氏の話にも「ウナギの生血は毒」とあり、やはり火は通したのだろう。

※青酢　からし菜・蓼・ほうれん草を擂り、酢と合せる。

しかし「白焼き」といえば、割いて焼くイメージである。ウナギを割く料理法は宝永か正徳、あるいは享保以降のはずで、『料理物語』の刊行は寛永二〇年（一六四三）だから、年代的に合わない。ここにいう白焼きとは、何もつけずに焼く意味で、やはり筒のまま焼いたのだろうか。

このことにこだわるのは、「ウナギを割く調理法」が本当に江戸後期まで行われなかったのか、いささか不思議に思うからである。ウナギは筒切りにして焼くことが主流で、それを蒲焼と称したとしても、果たして割くことを誰も思いつかなかったのか。これはウナギの膾や刺身だけでなく、その次の「ウナギのすし」についてもいえることである。

中世史がご専門の保立道久《ほたてみちひさ》氏は、以前「東海学シンポジウム」にお招きし、「祇園御霊会と災害」について興味深い講演を拝聴したことがある。ずいぶん幅広い研究をされている先生で、先ごろも鎌倉中期の古文書に「鱣鮨」の言葉が出てくることに注目され、「これは鰻の鮨《すし》のことで、割いたウナギを使った可能性がある」と指摘された。ウナギの鮨のことを古くは「宇治丸」といい、その数える単位は「筋《すじ》」である。一筋、二筋と数える「宇治丸」は、もともと長いまま割いて白焼きにし、「押し鮨」としたのではないか、保立氏は、そう考えられたのである。仮にその考えが成り立つなら、ウナギを割く調理法は鎌倉期までさかのぼることになり、江戸中期以降という説に一石を投じることになる。

一方、一六世紀後半に遡る『大草家料理書』には、「宇治丸かばやきの事　丸にあぶりて、後に切る也。醤油と酒を交えて付ける也　又山椒味噌付けて出しても吉也」とある。つまり切った後に炙るのではなく、やはり定説のように「丸のまま炙った後に切る」とする資料である。こうした根強い「丸切りの蒲焼説」にどう切り込んでいくのか、保立氏の研究に注目したい。

『嬉遊笑覧』の巻十に、「宇治丸　宇治丸は鰻鱺《まんれい》の鮓《すし》にて、古く名高きものなり」とある。古く京都宇治川産のウナギは、質の良さから「宇治麻呂《まろ》」と呼ばれ、ウナギの代名詞となり、やがてウナギ鮓《すし》のことを「宇治丸」というようになった、というのである。

すし博士の篠田統《おさむ》氏は、「瀬田ウナギで作った有名な馴れずしのことを、宇治丸という」と書かれている。馴れずしであれば、ぶつ切りにしたウナギを塩を加えた酒に一晩漬け、その後ご飯と塩で漬け込んだものだろう。フナずしと同じだ。しかしこのウナギの馴れずしは、食った人はおろか見た人もいないという。篠田氏は「今日全く伝が絶えたようで、ウナギずしを作る漁夫は一人もいないらしい」とつけ加えられている。（岩波現代文庫『すしの本』）。

以上、元禄六年正月九日の料理について、筆者が知らなかった材料や、気になった個所を調べて書き留《と》めた。

瀬田のウナギ捕り（『日本山海名物図会』より）

元禄七年正月二六日の料理

次にもうひとつ、翌元禄七年の正月料理を取り上げたい。

○廿六日、晴れ、今日、朝倉才兵・同忠兵・津金佐右を呼ぶ。勝手へ渡辺覚右衛門・源右衛門・弾七来る。

汁（ふな・あらめ）　鱠《なます》（いり酒あえ・わさび・たつくり・なよし・くり・はじかみ）　焼物（雉子・塩鰯）

香の物　煮物（かまぼこ・くわい・とうちさ）　酒の肴・雁なべやき　芥子酢（おこ・むきみ）

酢鰷《はえ》（覚右より来る）　麸煮〆　芹焼　吸物（塩いわし・ふき）　取肴。酒数刻。

文左衛門宅へ集まったのは、義父の朝倉忠兵衛、彼の兄で前年に京都買物奉行に任じられた才兵衛、それに忠兵衛と親しい津金佐右《すけう》。佐右は藩士系図には津金助右衛門とあり、津金武右衛門（三〇〇石、足軽頭・槍奉行）の弟十左衛門（二〇〇石、渡辺飛騨同心）の二男で、当時は御弓役だった。忠兵衛とは「弓つながり」であろう。

加えて文左衛門側親戚の大叔父渡辺覚右衛門、伯父の源右衛門、同じく弾七の三人が参加している。この集まりは正月の宴会には違いないが、前日に殿様から拝領した「雁」があり、そのお披露目と賞味の会でもあった。

○廿五日　黄昏《たそがれ》、忠兵衛処より、大蔵様よりご拝領の雁一羽予に送る。これ明日の料理にせんためなり。

大蔵は二代藩主光友の十男「友著《ともあき》」(一六七八〜一七〇二)のこと、当時は「友親《ともちか》」と称していた。なお光友は、前年嫡子綱誠《つななり》に家督を譲り大殿とよばれていた。友親は川田久保家の初代藩主だが、なぜ忠兵衛が雁を拝領できたのか、書かれていない。

『本朝食鑑』に「近世、江都の官鴈(幕府専用の狩猟地か)で始めてとった鴈は初鴈という。まず禁内に献上し、次に公侯百官に品階に従って賜る。公侯はこれを拝賜して大饗宴を設けるが、これを《鴈の披《ひらき》》という」とある。幕府から尾張徳川家に下賜され、さらに一族に分けられ、友親から朝倉忠兵衛が拝領したのであろう。この初雁を文左衛門たちが「饗宴」を開いて、喰らうわけである。

雁(ガン・カリ)のなべやき

拝領の雁は「なべやき(鍋焼)にして食べた」とある。いま「鍋焼」といえば、一人前ずつ鍋で煮る「鍋焼うどん」しか思いつかない。試しに注文してみると、味噌煮込うどんが醤油味に変わっただけのもので、なぜ「鍋焼」というのかわからない。

『料理物語』に、「なべやき　味噌汁にて鍋にてそのまま煮申し候。たい・ぼら・こち、何《いず》れにても取合せ候」とある。別な料理書には「うす醤油にて煮る」とあるので、江戸時代は味噌、醤油のどちらも使ったらしい。そしてどちらも「煮る」とある。現在は、鍋で煮ながら食べる料理は「鍋物」と総称されている。文左衛門の食卓に出たというこの「雁の鍋焼」が、どうにもイメージできない。

たとえば「鋤焼《すきやき》」というお馴染みの料理がある。鳥獣魚肉を熱した鉄板や鉄鍋にのせて焼く料理である。『料理談合集』（『料理早指南』四編、醍醐山人・文化元年）に「鴈・鴨・カモシカの類を作り、豆油《たまり》に浸《つ》け置き古く使いたるカラスキを火の上に焼き、鋤の上に右の肉類を焼くなり」とある。明治以降は野鳥の肉のほかに牛肉が加わり、「鴨《かも》スキ」「牛《ぎゅう》スキ」「鶏《とり》スキ」「魚《うお》スキ」など材料名で呼ばれるようになる。ところが「牛スキ」のほかに「牛鍋《ぎゅうなべ》」が加わって、話がややこしくなった。

「鋤焼《すきやき》」は江戸時代からある「焼く料理」だが、「牛鍋」は割下《わりした》を先に入れ「煮る料理」で明治以降のもの、このため今も「スキヤキ」というと、それぞれの家で、スキ焼系か牛鍋系かで入れる順序など流儀が異なり、鍋奉行が「わが家こそ本格本流」と主張することになる。文左衛門の正月料理「雁の鍋焼」は、このスキヤキの「焼くか煮るか」の話に類似している。

ところで「雁はどんな鳥か」と聞かれたら、「カモ科の水鳥で、カモより大きくハクチョウより小さい鳥」と答えるのがよいらしい。雁、鴨、白鳥、すべてカモ科の鳥なのである。

雁はたくさんの種類があり、日本にはマガン（真雁）が最も多く飛来し、それにヒシクイ（菱食）やカリガネ（雁金）などが混じる。ロシア、カナダが繁殖地で、北海道石狩平野の宮島沼《みやじまぬま》や宮城県登米《とめ》市新田《にった》の伊豆沼《いずぬま》、内沼《うちぬま》に冬鳥としてやってくる。狩猟の対象だったため一時は七千羽にまで減少、一九七一年以降は狩猟を禁止したため、ようやく一〇万羽近くまで回復したという。したがって雁の肉を食べたという人は、少ないはずである。なおガチョウ（鵞鳥）は、ハイイロガンを原種とする家禽《かきん》で、ガァーガァーの鳴き声からついた名前らしい。フランス料理に欠かせないフォアグラ（太った肝臓）は鵞鳥《がちょう》や家鴨《あひる》を使うが、鵞鳥のほうが少し値段が高い。

親しまれた雁

雁は大むかしから親しまれ、愛されてきた渡り鳥であり、古典にも数多く登場する。『枕草子』の冒頭で四季の風景を愛《め》でる記述のなかで、秋の夕暮れにカラスが寝所《ねどころ》へ帰り急ぐ有様を「あわれなり」と述べたあと、「まいて（まして）雁《かり》などのつらねたるが、いとちいさくみゆるはいとおかし」と結んでいる。

『徒然草』十九段では「折節《おりふし》の移り変わるこそ、ものごとにあわれなれ」（季節の移り変わりは、何事につけても味わい深い）とし、「ようよう夜寒になるほど、雁《かり》鳴きてくる比《ころ》、萩の下葉色づくほど、早稲田《わさだ》刈り干すなど、とり集めたる事は、秋のみぞ多かる」と述べ、雁が鳴きながら渡ってくる景色を、数多い秋の趣のひとつに挙げている。

また百十八段「鯉の話」では、天皇が入浴される「御湯殿《みゆどの》」近くの詰所（高位の女官たちが詰め、調理場などもある）に「雁」が置かれているのを見た元太政大臣の西園寺実兼《さねかね》は、娘の中宮禧子《きし》に「雉《きじ》や松茸の食材ならともかく、（下品な）雁が置かれているのはどういうことか」と散々小言を言った、とある。上品か下品かはともかく、貴族たちは雁を好んで食べていたのである。

日本だけではない、唐代の白居易《はくきょい》（七七二～八四六）もまた、雁をテーマに詩を書いた。

元和一〇年（八一五）、白居易は越権行為を咎められ、江州（江西省九江市）へ流された。八月に長安を出発し一〇月に江州に着いたが、その年の冬、「旅鴈《りょがん》を放つ」を詠んだ。例年にない九江の寒さに長江も氷に閉ざされ、渡りの鴈は餌もなく、飛び立つ力も失せ容易に童《わらべ》の網に捕まった。童は鴈を市で売り、私はこれを買い求め、逃がしてやった。

「鴈よ鴈よ、汝飛びて何処《いずこ》に向かうか」

「西北へは向かうなよ、淮西《わいせい》には賊がいて討伐軍と激しく戦っている。お前は巻き込まれ、射落とされ、喰われてしまうぞ」と。弱者への憐みをうたった詩である。

紀元前の書『淮南子《えなんじ》』に「かの雁は風に順って飛んで気力を愛しみ、葦を啣《ふく》んで翻《ひるがえ》って矰繳《いぐるみ》の害に備え……」（雁は海を渡るとき葦を咥え、疲れたら海面に浮かべ休む）とあり、「葦《あし》を啣《ふく》む雁」という説話を生んで「用意周到」の譬えになった。
※「矰」「繳」はともに「いぐるみ」で、「糸や網をつけた矢」つまり「鳥獣を絡め捕る糸弓」、この一節は『淮南子』第一九「脩務訓（学を修め事を務むべきを述べたもの）」から。訳書は小野機太郎。大正一四年刊。
『淮南子』を読んだ日本の教養人が、大衆にこの話を説いて聞かせた。聞いた衆はいたく感動しつつも、「水鳥なら海水に浮かぶだろうに」と思う一方で、「海面に浮かべた細い葦に果たして止まれるか」と考え悩み、葦よりも小枝がよいことに気付いて、話は広がる。

青森県龍飛岬《たっぴみさき》南の外《そと》ヶ浜には毎年秋に雁が渡来し、此処で羽を休め、咥《くわ》えていた一尺程の木の枝を捨て、さらに南方へと飛び去る。春になり北へ帰るとき、再び捨て置いた枝を一本ずつ咥え北海をめざすが、その数は来たときより少なく、帰れなかった雁の数だけ木の枝が残る。そこで浜の人は残った小枝を集め、それを薪として風呂を焚き、行脚の僧や旅人に入浴をすすめ、以て帰らぬ雁たちへの供養とした。これを俗に「外ヶ浜の雁風呂《がんぶろ》」という。

小枝をくわえて飛ぶ雁の想像図

八代将軍吉宗は、薬の国産化をめざし本草学者の阿部将翁《あべしょうおう》（照任《てるとう》とも、?〜一七五三）、松井重康らに、全国の薬物調査を命じた（採薬使）。享保の初めころの話である。幕府主導の大規模な調査により薬物以外にも収穫があり、釜石の仙人峠では磁鉄鉱を発見し、釜石鉱山が開かれたという。また踏査の折に各地に残る伝承も採集され、外ヶ浜の「雁風呂」伝説も『採薬使記』に記録された。

※『採薬使記《さいやくしき》』阿部将翁、松井重康、一七五八年。

「雁風呂《がんぶろ》」は春の季語として「雁供養《かりくよう》」と共に歳時記に載る。高浜虚子の句に「雁風呂や海荒るゝ日は　焚かぬなり」がある。この「雁風呂、雁供養」の季語について、筆者が尊敬する民俗学者の野本寛一氏が、次のような感想を述べておられる。

○人のおよばぬ果てしない空間を、季節を定めて去来する雁どもを主人公とし、本州の陸地の果ての海岸を舞台として、この国の人びとのやさしいまなざしと豊かな思いをまとって生まれた貴重な伝説であり、季語である。

この感想にはじまり、氏の考察は長野県飯田市や新潟県津南町《つなんまち》に残る塩風呂、奈良市の柚子風呂に及ぶ。そして雁風呂の季節は冬との訣別のときであり、禊ぎ・再生としての「風呂の民俗」は、今後の大きな研究課題とされている（『季節の民俗誌』）。

この雁風呂の話は、昭和四九年のある洋酒メーカーのコマーシャルにも使われたという。残念ながら記憶にないが、こうした様々な媒体によって、民話は時代を超え伝えられてきた。落語もその一つである。序《ついで》なので紹介しておく。

講談の「水戸黄門漫遊記」がはじまりとも伝えられるが、明治に円朝と競った談洲楼燕枝《えんし》が高座で語り、上方噺《かみがたばなし》として二代目桂三木助が演じたという。さらに三木助から東京落語の六代目三遊亭圓生に伝えられ、話の最後に「雁金《かりがね》と借金を掛ける」オチが付いた。

水戸のご老公一行が東海道をのぼり、途中遠州掛川宿の料理屋で昼食をとった。ふと目についた屏風絵は土佐光信の筆、しばし見惚《みと》れるが何かおかしい。松に鶴、葦に雁が約束事なのに松に雁が描かれ、その下にうず高く小枝が積んである。そこへ入ってきた商人風の主従、すぐに光信の「雁風呂」と見抜き、これがわかる人は少なかろうと歎じる。これを聞いた黄門様は絵解きを依頼する。男は「場所は函館の浜辺の一木《ひとき》の松、雁が小枝を咥えて……」と雁風呂の話を語って聞かせる。すっかり感心した黄門様は自らの素性を明かし、相手の名を聞く。恐縮した商人は大坂の二代目淀屋辰五郎と名乗り、初代は驕奢《きょうしゃ》が過ぎお咎めを受けて家財没収のうえ所払いになったが、柳沢吉保様に三千両の貸しがあり、その返却をお願いに行くところと告げた。そこでご老公は、この者に返してやるよう柳沢に宛て一筆したためた。あとで従者曰く「絵解きで三千両貰えるとは……」、主人「雁金《かりがね》の講釈をしたんや」。

田作り（タックリ）

関西では「たつくり」、関東では「たづくり」と濁る、田作りと書き、語源は「田を作る肥料に用いた」から、とある。その肥料なみの料理が、正月の祝肴《いわいざかな》に欠かせない。

小さな片口鰯《かたくちいわし》を素干ししたのを炒《い》って、醤油、砂糖、味醂を煮つめ、甘辛くした汁をからめて、照りを加える。重箱の一隅には必ず置かれる。ごまめ（伍真米）ともいい、京都御所が衰微した時代、お頭付きの一尾の魚として「ごまめ」が元旦の膳に供されたのが、のちに民間で「正月にごまめ（たつくり）」の慣例になったという。

この「たつくり」は、江戸時代に田夫《でんぶ》（のちに田麩《でんぶ》とも）にも使われた。いまは鯛や鱈などの白身魚を茹でてすり鉢で擂り、甘辛く炒り煮したものが一般的だが、江戸時代はたくさんの材料を細かく切り、かつお節、酒、醤油で炒り煮したものが主流で、そのうち高級なものをとくに「都春錦《としゅんきん》」と呼んだ。

『伝演味玄集《でんえんみげんしゅう》』（諸星吮潮斎・一七四五）に「見わたせば柳桜《やなぎさくら》をこきまぜて、と云う心にて都春錦と云うなるべし。田作りを入れて鰹節・黒豆・梅干など取交《とりま》じえたるは、田夫と云う」とある。

この珍しい料理名の「都春錦」が元禄八年の師走、朝日家の食卓にのぼった。招かれたのは母方の実家渡辺家の親類だが、肝心の当主源右衛門は風邪で来なかった。久兵衛だけは同心仲間の先輩で、相原久兵衛のこと。宴会の趣旨はいまひとつはっきりしないが、この年初から文左衛門のお城勤めがはじまり、お慶が子供を産み、九月に「予、大屋《おおおく》へ移る」とあるので、文左衛門が名実ともに「朝日家当主となった祝い」と思われる。

○元禄八年十二月八日　夜、予がところへ平兵・久兵・弾七・武兵・七内・加左を振舞う。源右は風邪を引き来ず。平兵より鮒一五枚来る。

吸物（鮒・あらめ）・煮物（干し鮭・ねぶか・大こん）・焼物（大嶋えび・嶋いわし）・香の物。肴・熬物（鴨・菜）・都春錦、焼き蛤、田楽、芥子酢魚。菓子蜜柑。

※荒布（アラメ）、長い茎の先に多数の葉がついた海藻で、大きなハタキの形。刻んで乾燥したものはヒジキに似る。炒め物、煮つけ、味噌汁の具。鮒を焼きアラメで甘露煮にしたものは絶品とある。

※根深（ネブカ）　ネギの白いところが多い種類。※大嶋えび　大型のイセエビ。※嶋いわしは不詳。

※芥子酢（カラシズ）　溶きガラシに三杯酢又は二杯酢を混ぜたもの。※蜜柑（ミカン）は後述する。

名古屋の中級武士の家庭で、二十歳《はたち》過ぎの青年が都春錦の料理名を知っていたことに驚く。

『古今和歌集』の素性《そせい》法師の歌「見わたせば　柳桜をこきまぜて　都ぞ春の　錦なりける」に因んだ料理だ。秋の燃える錦に比べ、春の萌えいづる緑がどの程度華やかか覚束ないが、こきまぜる材料は豊富で、『伝演味玄集』は「かまぼこ・くしこ・貝類・あわび・鯛・鱈《たら》・鰈《がれい》・蛸《たこ》・白魚・めざし・河豚《ふぐ》の皮・鮭・烏賊《いか》・鯣《するめ》・鰹・ワカサギ・田作り・麸・柚子《ゆず》皮・陳皮《ちんぴ》・慈姑《くわい》・長芋・昆布・胡桃《くるみ》・杏仁・梅・木耳《きくらげ》・栗・牛蒡・椎茸・松露《しょうろ》・薇《ぜんまい》・黒豆・枝豆・ささげ・川茸《かわたけ》・山椒・生姜《しょうが》・その他種々あるべし。夫々《それぞれ》を醤油・溜り・酒、砂糖などをいれ銘々に煮あげ、一つに交ぜるべし」とある。すべてを使うはずはなく、「七種から十五種用い、切形細かなるよし」とする。朝日家の場合、何種類を交ぜたか不明だが、天明期（一七八〇年代）以降の料理書にはすでに名前が載らないという。なにしろ、名前も中身も大袈裟すぎる。

似たもので生き残ったのが小煮物の「田夫《でんぶ》煮」だが、昨今は白身魚を擂り、醤油、砂糖、酒で味付けし弱火で炒りあげた「田麩《でんぶ》」となり、すし用に食紅で色付けをする。

名吉（ナヨシ・ミョウキチ）

辞書では、「鯔」の字を「ボラ」と読ませ、「ナヨシ」を古訓としている。

魚の事典には「出世名／ハク→オボコ（江鮒）・スバシリ（六〜九センチ）→イナ（二〇センチ超）→ボラ（三〇センチ以上）→トド（八、九〇センチ）」とし、ナヨシの名は出てこない（魚の博物事典、魚と貝の事典）。

ナヨシは古い言葉とあるが、『鸚鵡籠中記』にはスバシリ（鯐）やナヨシ（名吉）がしばしば使われている。『古語辞典』は、ナヨシをイナの別名としたうえで、『土佐日記』の次の一文を引いている（読みやすくするため、すべて仮名書きの原文を、漢字まじり文に変えた）。

○今日は都のみぞ思いやらるる。小家《こへ》の門《かど》の注連縄《しりくべなわ》の名吉《なよし》の頭《かしら》、柊《ひいらぎ》ら、いかにぞ。

※今日は都のことばかり思い出される。あの小家の門のしめ縄につけた鯔《なよし》の頭や柊など、どんな様子だろう。

承平四年（九三四）一二月二八日に高知の浦戸を船出した紀貫之は、隣の大湊で正月を挟んで十日間風待ちをする。そのなかの元日の記事で、都の正月に思いを馳せる場面である。都の家々では、注連飾りにイワシの頭ではなくボラの頭を飾ったことがわかる。

『語源大辞典』には「な-よし／ボラの幼魚で全長三〇センチぐらいのものをいう。いな。」とし、「イナ（否）に通じるのを忌《い》んで反語の

ボラ（『和漢三才図会』より）

美称を用いたか。成長して名が変わる出世魚なので《名吉《なよ》し》とした」などの説が紹介されていた。なお「みょうきち」とも読ませる。

これらを併せ見ると、ナヨシはボラの一成長段階の名ではなく、ボラ、イナの別名（異名）で、とくに平安以降江戸時代までは、ボラよりナヨシの呼称が一般的に使われた、ということになる。それを証明してくれるのが『本朝食鑑』の次の説明である。

鯔をナヨシと読ませる

『本朝食鑑』に鯔の解説が二度出てくる。海魚の「鱗部」と、もう一つ川魚の「鱗介部」である。前者は「鯔（那与志《なよし》と訓《よ》む）」とあり、後者は「鯔《なよし》」とルビを振る。要するに『本朝食鑑』では、海魚としての「鯔」、川魚としての「鯔」をどちらも「なよし」と読ませているのである。

海の鯔の項で『日本書紀』の海幸・山幸の話に触れ、釣針を飲んだ魚は赤女《あかめ》すなわちタイとされているが、第二書中の別伝および第四書では赤女ではなく口女《くちめ》、すなわちイナ・ナヨシになっていることを指摘する。興味をひくのはその続きで、海神が罰として、イナに今後餌を食べることを禁止し、天孫の膳には加えないとしたことである。本当に天皇の食卓に出されなかったかは不明だが、将軍家の大奥では献立にのせない魚とされていたらしい。餌を食べることを禁じたほうの話は、本当に何も食べなければ死んでしまう。

『本朝食鑑』の解説に「性《うまれつき》喜んで泥は食うが、まだ餌を貪り食うということは聞かない。

そのため釣ることはできない」とある。確かにボラは餌に食いつきにくく、釣りはむつかしい。そのことを言っているのである。しかしそれがまた釣り名人のプライドを擽《くすぐ》るとみえ、玄人好みの釣りとしていまも続いている。雑食性で、海底の小動物や有機物、藻類などを泥と一緒に食べるから、胃の末端の幽門部が発達し、そろばん玉そっくりの固い「へそ」が出来た。不要な泥を体外へ出すための器官で、この塩焼きは珍味として喜ばれる。

『本朝食鑑』は川の鯔《なよし》についても面白い話を載せている。イナの子を鯐《すばしり》といい、イナやスバシリを捕るには、仲春（陰暦二月）のころ高台に見張りを置き、群れを見つけたら漁師に知らせる。漁師は舟を出し魚の大群を迎えうつが、網は打たず、群れの中にとどまって魚が跳ね、舟に飛び込むのを待つ。舟が魚で一杯になって帰るとき、今度は逆に魚群に触らぬよう注意する。下手をするとさらに飛び込んできて、舟が沈むからである。志摩の鳥羽の江でナヨシを捕るのはこのやり方だと書いてある。

また、海西《さいごく》の人は、「獺《かわうそ》は、老鯔《ぼら》が化したものである」という。真偽のほどはわからないが、カワウソはボラを喜んで食べるから、老ボラがカワウソだというのは理屈に合わないと、これは筆者人見必大《ひつだい》の見解である。

食通がボラから連想するのは「卵巣」を原料にした「カラスミ」で

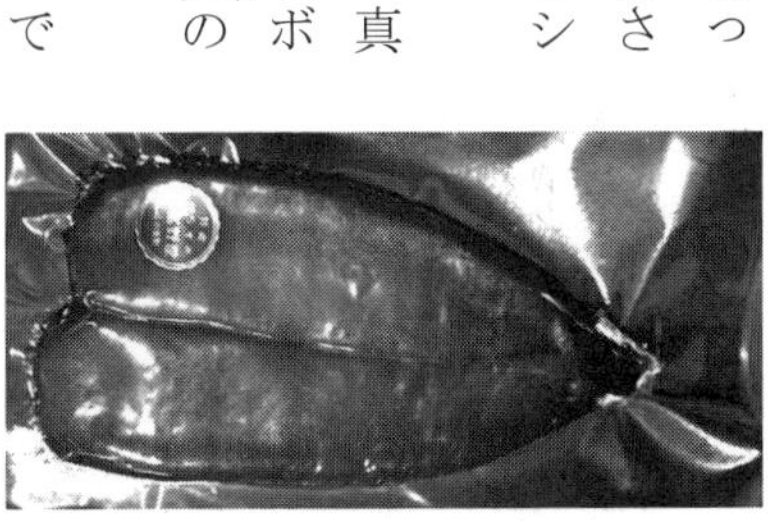

店頭のカラスミ

あろう。越前のウニや三河のコノワタとともに天下の三珍とされている。日本独自のものと思いがちだが、ボラは世界中に分布する魚で、カラスミはギリシャ、トルコで考案されたらしい。中国経由で四〇〇年前に伝来し、長崎県野母崎《のもざき》地方の名産となった。これを食べた秀吉が、献上した長崎奉行に名を尋ねたところ、代官は中国の墨に似ていることから咄嗟に「唐墨《からすみ》」と答え、それが名前になったという。良質のカラスミ生産にはトド級のボラが必要なため、非常に高価である。

ボラの卵巣を数日塩漬にし、一昼夜水に浸して塩気を抜き、次に板のあいだに挟んで軽い重石をかけて水気を取りながら成形し、一〇日ぐらい天日乾燥させる。手順を書けばそれだけのことだが、重石のかけ方や干し方にも微妙な加減が必要で、上等のものはびっくりするほど高い。

鯔（イナ）まんじゅう

まんじゅうといってもお菓子ではない。ボラの幼魚イナの腹にいろいろな具材を詰め、焼いた料理だ。この料理を知ったのは、小島政二郎《まさじろう》の『食いしん坊2』（朝日文庫）を読んだからで、「うまいもの」の随筆なら、まずこのひとに敵う人はいない。名古屋出身の宮田重雄、寺田栄一、杉本健吉ら文人、画家と親しく、しばしば名古屋を訪れている。

〇得仙というのは、老舗《しにせ》の得月で修業した仙吉とか、仙之助とかいう人なのだろう。得月というのは、寺田栄一の生家で、戦争前までは名古屋第一のうまい物屋だった。船入《ふないり》町《ちょう》（現名駅五丁目）にあり、名古屋の町家《ちょうか》の代表的な建て物の一つとして、戦後わざわざ見に行ったことがあった。名古屋名物の「イナ・マンジュウ」というものを、この家で今度初めて食べた。イナの腹の中に、いろんなものを調合した味噌を詰めて焼いたもので、うまい物ではないが、東京の者には珍しかった。

小島がイナまんじゅうを食べた得仙はいまも名駅五丁目にあり、鮟鱇鍋《あんこうなべ》の名店として知られる。食べた人は必ず翌年の予約をして帰るので、新規の予約はまず無理だという。そんな高級店が戦後間もないころは、庶民的なイナまんじゅうを出していたらしい。

イナまんじゅうは、エラの部分から細身の包丁か専用の器具を入れて、中骨と臓物を抜き出し、代わりに八丁味噌で和えた銀杏や生姜を入れ、炭火で焼く。尾張の水郷地帯のハレの料理として知られている。この技術が結構むつかしく、自家製が無理な家は料理屋に頼む。名古屋名物とされているので、一時期得仙でも頼まれれば作ったのだろう。この得仙の主人筋にあたるのが得月楼で、そこの若旦那が寺田栄一（一九〇四～七二）だった。

得月楼は文政年間に創業した老舗で、明治一七年に一度建て替えられた。戦争中に廃業し、空襲は免れたが戦後になっても再開することなく、鶏料理の「鳥久《とりきゅう》」に譲渡された。その鳥久が二〇一四年に店じまいしたとき、名古屋市のほうで建物を保存する話が持ち上がったが、そうこうする内に肝心の建物が火事で焼失した。暫くして納屋橋を通りかかったとき、下流右岸の川沿いの家並みに、一か所歯抜けになった場所が見えた。むかしの得月楼跡かと、暫《しば》し歩を止めて眺め入った。

得月楼は一時文人墨客の集まるサロンとして機能したらしい。寺田自身粋な文人で、小山内薫と知り合い、俳句を久保田万太郎に学んでいる。戦後はラジオドラマの演出を手掛けたという。小島政二郎の随筆に繰り返し登場し、名古屋の「うまいもん」探索の指南役だったらしい。むかしはこういうお金持ちの文化人が何人かいた。

小島は「うまい物ではないが珍しかった」と書いているがその通りで、筆者が食べたイナまんじゅうもはじめて経験する複雑な味で、もともと赤味噌が好きだからよいが、赤味噌に馴染みのない人もいるから、皆がみな好きだとは限らない。焼いてすぐなら、味噌の香ばしさが感じられるだろう。

ある会合で試食するため一〇尾ほど頼んだのだが、受け取りの当日焼き立てを一尾食べさせてもらった。背びれを取り、そこから箸を入れて開く。八丁味噌で和えた「銀杏、干しシイタケ、生しいたけ、生姜、木耳、麻の実」などの餡の味が強く、魚の味は余りしない。酒の肴によいし、炊き立てのご飯にも合いそうだ。

筆者が食べたイナまんじゅうは知多東浦町の吉野屋さんで作ってもらったもので、以前は衣浦湾や境川で捕れたイナを使ったのだろうが、いまは知多半島の先のほうの、大井漁港の漁師さんに頼んで捕ってもらうそうだ。もともとの本場は海部郡方面で、蟹江の人などは昔話にイナが川から飛び出て、道で跳ねていたなどと語ってくれる。本場だけあって蟹江には「いなまん」という名の料理屋さんもある。

『鸚鵡籠中記』に、釣りや投網《とあみ》の話がたくさん出てくる。文左衛門が庄内川や堀川で多くとったのはスバシリである。また食卓にもスバシリやナヨシやボラが多くのった。料理はほとんどナマスかサシミかスシで、イナまんじゅうは一度も出てこない。あれだけの食いしん坊だから、おそらく元禄のころはまだなかったのだろう。たしかに料理本には明治あたりからという解説が多い。しかし、こんな証言をみつけた。

イナマンジュウ

吉川誠次氏は、自著で郷里の飯田の村の記録に「イナまんじゅう」が出てくると書かれている。元文四年（一七三九）大洪水で天竜川の川筋が変わり、村境について紛争が起きた。お上に訴えると尾張から役人が大挙して検地のためやってきた。その時の接待料理に、イナまんじゅうが入っていたという（『続日本・食の歴史地図』生活人新書・二〇〇三年）。

これを作るにはイナが捕れなければダメで、ダムがない当時は飯田辺までイナが遡上していたことになる。しかもハレの時の料理としてある程度定着していたとなれば、元禄ぐらいにはじまっていたと考えてもおかしくない。今後イナまんじゅうの新しい資料が出てくるかも知れない。

栗生姜（クリショウガ）

『日記』に出てくるナマス料理には、添え物として栗《くり》と生姜《しょうが》（薑）が出てくる。何度もこの組み合わせで出てくるから、当時かなり流行したらしい。渋皮を剥《む》いた栗を板状にうすく切り、さらに重ねてタテ切りにし「針栗《はりぐり》」とする。この針栗と針生姜を混ぜ合わせて「栗《くり》生姜《しょうが》」とし、ナマスの添え物とする。元禄のころに大いに流行したという。やがてナマスが単に「酢の物」ふうの料理になるにつれ忘れ去られ、天保のころには作られなくなった（『食生活事典』）。

栗には固い鬼皮《おにかわ》と中の薄い渋皮《しぶかわ》があり、どちらも剥きにくい。そこで天日に干し、軽く臼で搗《つ》き、殻と渋皮を取り去る。これが「かち栗」で、「搗」は「かつ」と読み、「勝」に通じ目出度い。正月の料理にもってこいである。

ショウガは「生姜」と書くが、本来は「生薑」である。現代中国では「薑」の簡体字に同じ音の「姜（きょう・美女の意）」を使い、日本もこれに倣った。音読みで「生薑《しょうきょう》」だが、その発音が訛《なま》って「ショウガ」になったらしい。

ハジカミは元々「山椒の開裂した実（ハジケ・ミ）」の意で、山椒を指したが、ショウガも指すようになったと云われる。そのためハジカミに当てる漢字は、「椒」「薑」の二つがある。

慈姑（クワイ）

正月料理のクワイは、サトイモの小芋を六角形に剥いた形で、必ず頭に芽を残す。漢名の「慈姑」を日本でもそのまま用い、中国伝来の水生多年草である。慈姑は「じこ」と読み、文字通り「やさしいしゅうとめ」だが、その由来について『本草綱目』（李時珍・一五九六）は、「慈姑は一つの根に毎年十二の子を生じ、慈姑が諸子たちに乳を与えるに似る」とする。「くわい」の音は、葉と葉柄の形から「鍬芋《くわいも》」と呼び、それが略されたとする。「塊茎《かいけい》（イモ）のヒスイ色が美しい」とする解説書があるが、「くわゐの子の　藍色《あゐいろ》あたま　哀《かな》しも」（室生犀星）の句も詠まれている。子孫繁栄という意味や、勢いよく発芽することが正月の目出度さにぴったりで、おせちに欠かせない一品である。

『本朝食鑑』は「慈姑　於毛多加《おもだか》と称す。根を白久和井《しろくわい》という」と記し、「烏芋　黒久《くろひさし》和恵《くわえ》と訓《よ》む。和名では久和井《くわい》」と記す。『食

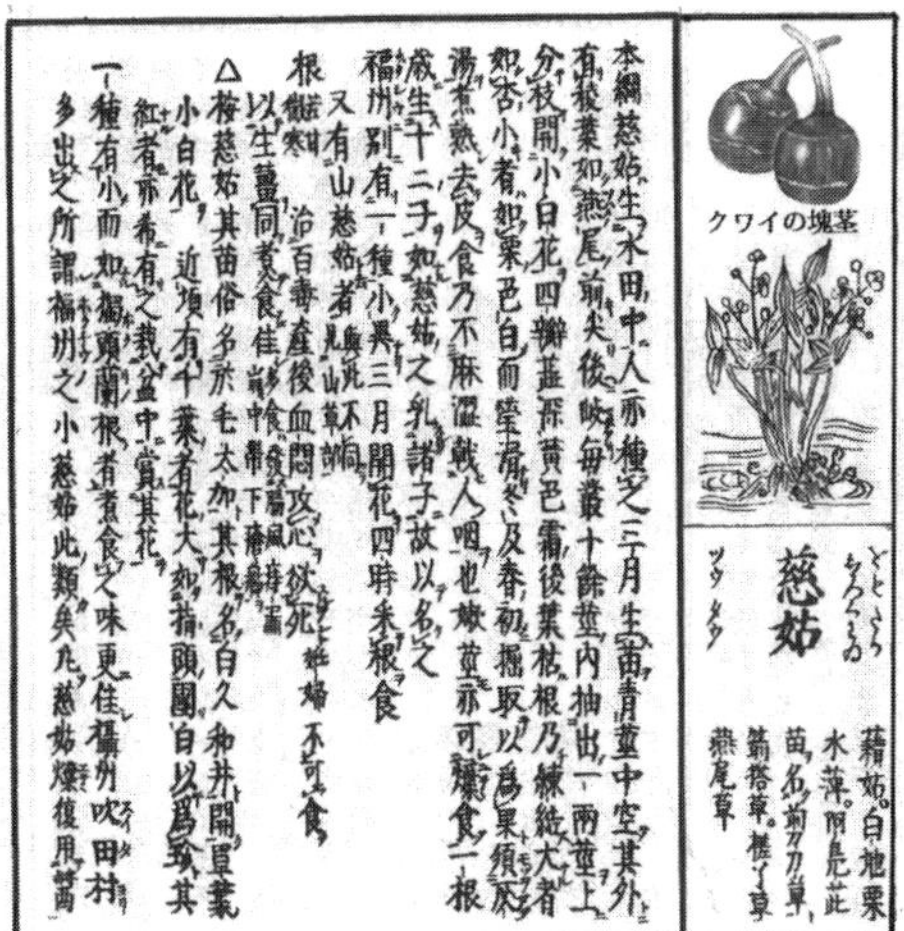

本綱慈姑生水田中人亦種之三月生苗青莖中空其外
有稜葉如燕尾前尖後岐毎叢十餘莖内抽出一兩莖上
分枝開小白花四瓣蘂深黄色霜後葉枯根乃練結大者
如杏小者如栗色白而瑩滑冬及春初掘取以為果須灰
湯煮熟去皮食乃不麻澀戟人咽也嫩莖亦可煠食一根
歳生十二子如慈姑之乳諸子故以名之
福州別有一種小異三月開花四時采根食
又有山慈姑者
根 治百毒産後血悶攻心欲死 不可食
以生薑同煮食佳
△按慈姑其苗俗名於毛太加其根名白久和井開白花叢
小白花近頃有千葉者花大如指頭闊白以為翫其
紅者希有之栽盆中賞其花
一種有小而如獨頭蘭根者煮食之味更佳攝州吹田村
多出之所謂福州之小慈姑此類矣

クワイ（『和漢三才図会』より）

生活事典』は「クワイに慈姑と烏芋の二種があり、全く別の植物で、前者は一六世紀終わりごろ朝鮮から移入、後者は平安時代からあり、料理書で両者が混用されているが、江戸時代になってから烏芋はクログワイと呼ばれるようになった」と記している。

萵苣（チサ）、唐萵苣（トウチサ）

野菜の「チサ」「トウチサ」も文左衛門の食卓に、繰り返し出てくる。元禄時代だけで十数回を数えるが、「チサ」と「トウチサ」はまったく異なる種類だ。

チサは「キク科」、ヨーロッパの原産で「チシャ」ともいう。トウチサは「アカザ科」の二年草で「フダンソウ（不断草）」の名で知られる。

チサに当てる漢字は「萵苣」「苣」があり、切り口から乳汁に似た白い汁が出ることから古く「乳草《ちちぐさ》」といい、訛って「チサ」になったという。地中海域から世界に広がった野菜だが、いま「チサ（チシャ）をよく食べますか」と訊《き》かれ、即答できる人はほとんどいないだろう。

和名の「チサ」は、英名の「レタス」のことである。レタスは食卓に欠かせない野菜だが、質問に答えられないのは、奈良時代に伝わり、江戸時代まで盛んに食べられていた「チサ」が、いま「チサ」の名で店頭に並ばないからであろう。昔から有るのは「掻きチサ（レタス）」で、成長するに従い、下葉から順に掻き取って使うから、茎の下の部分が残る。文左衛門たちが食べた「チサ」がこれで、苦みがあって御浸《おひた》しや味噌和えにして食べる。いま焼肉がブームで、焼き肉店で肉を巻く野菜の「サンチュ」といったほうが、通りがよいだろう。韓国名の「サンチュ」は、もちろんサラダとしても利用されている。

いまスーパーの主役は、球体の「玉レタス（玉チサ）」で、長野県が全国の三分の一を生産している。これを改良して玉にならない「サニーレタス（葉チサ）」が作られ、これも見かけるようになった。葉の先が少し赤くなり、縮れた感じの葉で、玉のレタスに比べ栄養価が何倍も高いそうだ。

一方、トウチサ（唐萵苣）は、不断草《ふだんそう》の名で知られる。暑さ寒さに強く、一年中葉を掻きとって利用できる。中国を経て一七世紀、ちょうど江戸の初めに伝来した。同じころに伝来したホウレンソウに似るが、栄養価はこちらのほうが高い。文左衛門の食卓には、先のチサとならんでトウチサも多くのぼる。

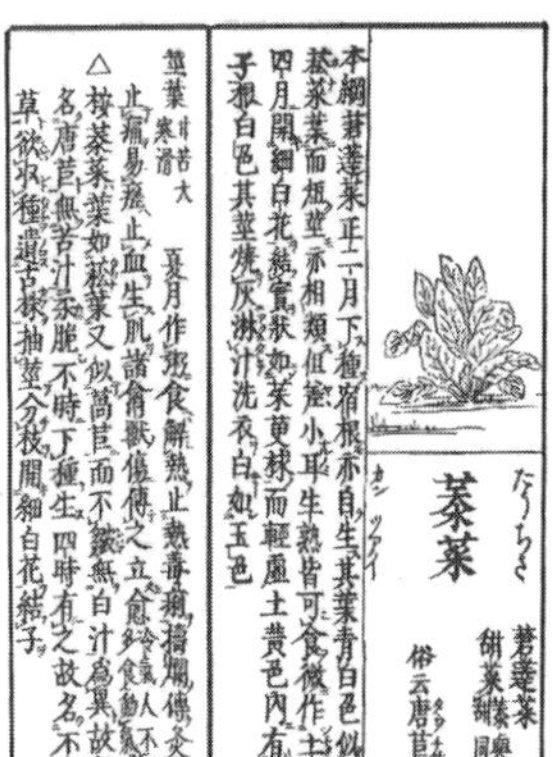

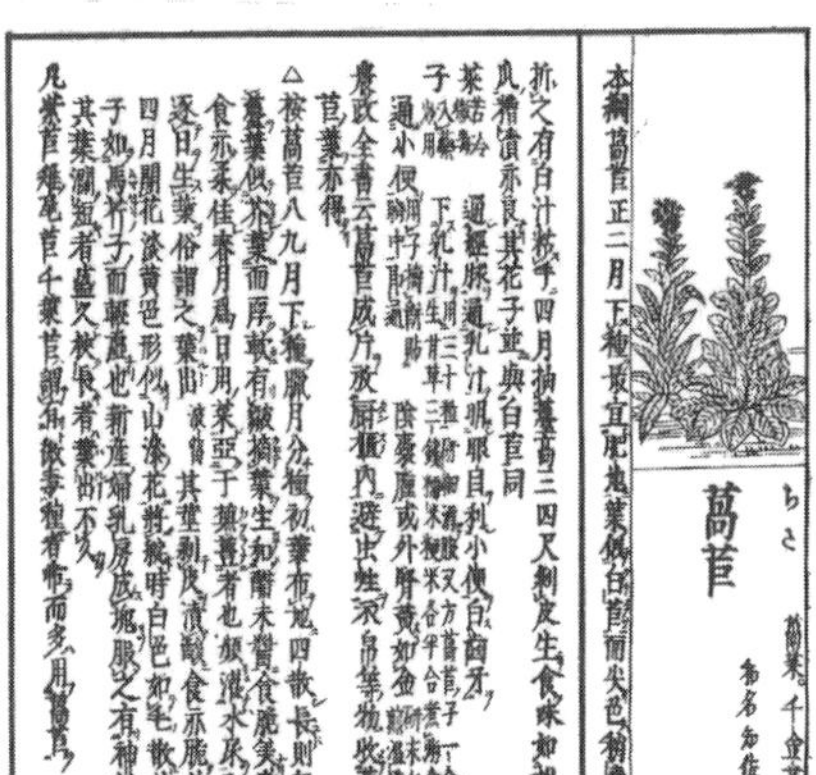

チサとトウチサ（『和漢三才図会』より）

蕗（フキ）

フキは初夏が旬なので、吸物の具として使われたのは、蕗の薹《とう》であろう。これなら朝日家の庭でも採れたろう。料理は元禄七年の正月二六日、新暦の二月一八日にあたる。

フキノトウは春先に出るフキの花蕾《からい》で、カリウム、鉄、亜鉛などのミネラルが豊富に含まれている。生のまま刻んで、汁に浮かべるとよい。タラの芽などとほぼ同じ時期に、店頭に並ぶ。毎年この時期に天ぷらにし、季節の巡りを実感する人も多いだろう。

芹焼（セリヤキ）

セリは、早春第一の香味として、春の七草の筆頭に挙げられている。そのセリを焼石の上に置き、上に覆《おお》いをして蒸し焼きにし、醤油をかけて食うのを「芹焼《せりやき》」というと、これは『料理網目調味抄《もうもくちょうみしょう》』（嘯石軒《しょうせきけん》宗堅・一七三〇年刊）に出ている。すこぶる原始的な調理法である。江原氏は「セリの根を、油で炒りつけてから、煮たもの」とする。

『食生活事典』は、芹焼は、はじめは『調味抄』が云うようにセリの石焼きであったが、のちに鍋の中で酒で炒める料理となり、最後には『料理秘伝記』にあるように「湯煮して醤油を加え、浸し物とする」料理になったと、いう。「石焼↓酒で炒める↓浸し物」と変化したというのである。江原氏はそのうちの後半をとって、「炒めて浸し物にした」と解釈されているようだ。

また鴨の味によく調和することから、これを煮合わせて「鴨芹《かもせり》」といい、カモ雑煮、カモ雑炊のあしらいとして、セットとして用いられている。

鮓鮴（スシハエ）

酸《す》っぱいから「すし」、というのが語源らしいが、いま私たちが食べているのは、酢《す》を加えて手早く作る「早《はや》ズシ」、握りも散らしも巻きずしもすべて早ズシである。それに対し魚にご飯を一緒に漬け込み、自然発酵で生じた乳酸によって長く貯蔵した魚を「馴《な》れズシ」と呼び、滋賀県のフナズシは代表例である。その手前が「生成《なまなれ》」で、ようやくご飯は酸っぱくなったが、魚はまだ生々しい、この段階で食べるナマナレが、室町時代からはじまったという（篠田統）。ナマナレが次第に幅を利かせてくると、昔ながらの長期保存を目的としたナレズシは「ホンナレ」と呼ばれるようになる。いまホンナレを作っているのは滋賀のフナズシくらいで、貴重である。

このフナズシはとにかく有名なので、一度食べてみたいと思い京都の錦市場で買い求めた。店の人はすぐに素人と見破ったらしく、「一年物にしておきなさい」と助言してくれた。それ

フナズシ

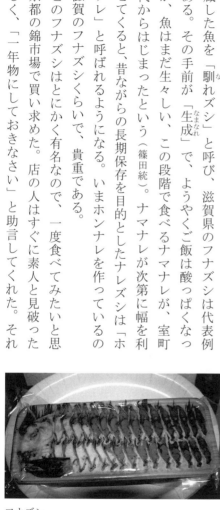

を職場に持ち込んで皆で恐る恐る試食してみた。こちらは決死の覚悟だから一切れ二切れは何とか食べたが、ほぼ限界である。ところが初めてなのに、平気で食べる人がいる。その一方、匂いをかいだだけで逃げ出す人もいる。平気な人は、食べているうちに旨さがわかり、そのうち病み付きになるのだろう。クサヤの話に似ている。

ハエズシは小魚のハエのナマナレで、宴に出席した渡辺覚右衛門の差し入れである。ハエの正式名はオイカワ（追河）で、川の中を互いに追いつ追われつ泳ぐ様《さま》からという説がある。地方名は「ハヤ、ハエ、シラハエ、ヤマベ」など一三〇ほどあり、その多さは、メダカに次ぐらしい。それだけポピュラーな魚だということ、子供のころ裏の小川で「シラハエ」と呼んで捕った記憶がある。コイ科の淡水魚で、北海道と沖縄を除く各地の川に分布する。成魚の雄は一五センチ、雌は一〇センチほど、『本草綱目』に「すしに作ると非常に美味」とある。鰷《はえ》のナマナレは、おそらく晩秋あたりに捕ったものを塩漬けにし、師走のころに洗って、大振りのものなら腹を割き、冷めたご飯を詰め重石を置いて漬け込んだのだろう。岐阜のアユズシでは重石をしたあと水を張って、外気と遮断するという。ハエはとくに「寒バエ」が美味しいとされ、年中とれるという（日比野光敏）。

ところで文左衛門の『日記』では、すしを「鮓」と表記し、時々「鮨」の字も使う。当て字の「寿司」の字も江戸時代からといわれるが、文左衛門のころはまだ使っていない。

中国で紀元前五〜三世紀ころは、「鮨《き》」は魚の塩漬、つまり「シオカラ」を意味し、「鮓《さ》」

は魚を塩と米で漬けた物、つまり「スシ」のことで両者ははっきり区別されていた。ところが三国時代になって、魏の張揖《ゆう》が編んだ辞書『広雅《こうが》』に、「鮨《き》は鮓《さ》なり」と記され、これ以後シオカラとスシがごっちゃになってしまったという（篠田統）。これがそのまま日本にも伝わり、「鮨」と「鮓」の字が混用されたという。確認してみよう。

一〇世紀に編まれた『延喜式』には諸国の貢納品目すべてが記載されているが、調の付加税として「雑魚鮨《ざこずし》（伊勢・尾張・備前・阿波国）、年魚《あゆ》鮨（美濃・播磨・阿波・筑後・肥後・豊前・豊後国）、鮒《ふな》鮨（美濃・筑前・筑後国）、鰒《あわび》鮨（若狭・阿波・筑前・肥前国）が記載され、「すし」の漢字には「鮨」が当てられている。しかしそれより若干古い『養老令』の官撰注釈書『令義解』（八三三年成立）の賦役令（諸国の貢献物を記す）には、「もし雑物を輸す者は……鮑十八斤。堅魚三十五斤……鰒鮨《あわびずし》二斗。貽貝鮨《いがいずし》三斗」とあり、ここまでは鮨に統一されているように思うが、つづく「雑鮨五斗」の後ろに、「鮨また鮓という」と注記がされている。さらにそれより古い木簡史料でも、「若狭　多比鮓」（平城京跡出土）「筑前　鮒鮨」（長屋王邸宅跡出土）の例があり、古代の日本でも「鮨」と「鮓」が混用され、これが現在にまで続いているらしい。

古い時代のスシの話はさておき、いま好きな物はと尋ねると子供までが「トロ」と答える時代、一体いつからこんなに変な国になったかというと、専門家の多くは戦後の食糧統制が原因と答える。戦後食糧難の時代に飲食業は姿を消したが、東京のすし組合が「一合のコメと握りずし十個の引き替えは委託加工業」として、事実上すし屋だけが生き延び、江戸の郷士料理に過ぎない握りずしが、全国を制覇し寿司の代名詞となった（日比野光敏）。子供のころ年に何回か、散らしずしとのり巻きが食卓を飾った。見ただけで特別な気分になったが、今は滅多に作らないし、売っているちらし寿司は具が豪華になり別物である。巻きずしに至っては、恵方巻とかいう訳のわからないものが流行っている。

江戸時代もメシに酢をまぜる早ズシが、一九世紀はじめの享和頃に生まれ、『守貞謾稿』の時代（幕末）にはすでに握りずしも大いに売られていた。

○鮨売り　三都とも自店あるいは屋体見世《ママ》にて之を売ることあり。唯、京坂に巡り売る者無く、江戸にても或いは重ね筥《はこ》に納めて之を担ぎ、或いは御膳篭等を担ぎ得るものあり……江戸にてももとは京坂のごとく筥鮨、近年は之をやめて握りずしのみ。握り飯の上に鶏卵焼き、アワビ、マグロサシミ、エビのソボロ、小鯛、コハダ、白魚、タコなどを専らとす。皆、各一種を握り、飯上に置く。巻鮨を海苔巻という。干瓢のみを入れる。

○鮨一つ価四文より五、六十文に至る。天保府命の時、貴価の鮨を売る者二百余人を捕えて手鎖《てぐさり》にす。その後皆四文、八文のみ。府命弛みて近年二、三十文の鮨を製する者あり。

江戸もはじめのころ「京坂のごとく筥鮨」とあるのは、型に入れた押しズシだったという意味で、その後文政初年（一八二〇年代）、両国の「華屋《はなや》与兵衛」が「握り」をはじめた、というのが定説になっている。四文から八文なら一〇〇円か二〇〇円で良心的だが、五〇文では一〇〇〇円を超える。天保の改革時に高値で売る怪しからん鮨屋が二〇〇人逮捕され、手鎖の刑に処せられた。安政のころ江戸の近海でマグロが捕れすぎ、これをズケにし徳用品として売り出したため、明治以降は下魚のマグロが次第に食べられるようになり、冷凍技術の進歩もあって高級魚化していく。さらに今は鮨の世界も大きく変化し、子供がトロ云々の話につながる。

すし博士の篠田統氏が、いくつか参考になることを書き残されている。ツウぶった客が握るそばから間髪をいれず口に入れるのは、「あれは屋台のふうを、すし店に持ち込んだ」誤りで、本当は魚と飯の馴れる間が必要なこと、握りを手でつまむのが粋というが不衛生な話で、箸で食べればよいこと、久保田万太郎は赤貝を喉に詰まらせて死んだが、昔は粘るものは必ず酢で洗った。新鮮さを求めすぎるとこうした悲劇が起きる。今の鮨は飯が少なすぎるから、口の中が生臭くなる。昔は「握り五貫と巻き二つで十分腹がはった」、などなど。

日比野光敏氏もつけ醤油をスシダネにつけるか飯につけるかは滑稽な議論で、第一むかしはスシダネに下味がついているから、醤油などつけなかったし醤油皿がない場合もあった。今はタネに塩気がなくなったので醤油皿を置くので、どちら側につけるかは、推して知るべし、と解説されている。

芥子酢（カラシズ）

カラシは「辛子」「芥子」と書くが、「芥子」は「ケシ」とも読むので要注意である。正月二六日の料理「芥子酢（おこ・むきみこ）」については、江原氏が「おごのりとむきみ（ハマグリかアサリかは不明）のからし酢」とされており、殺菌力のある「からし」で問題ないと考えていた。

しかし、『図説江戸時代食生活辞典』に「からしに芥子の字を用いるが、後世ケシ（罌粟）が渡来して以来芥子はケシの意味に用いられたため、どちらか判断に苦しむことが多い。しかし江戸時代の料理書で芥子と書いたのは、ほとんどケシである」とし、つづけてカラシ溜りの使用例として『鸚鵡籠中記』の京都での接待記事「二階座敷にて夕飯、種々尽美。丸婦油あげにして巾着の如し、煎酒をかけて喫す。丸山とうふ、からしだまりかけ食す」を引いている（宝永七・三・一七）。日記の原文では漢字でなく仮名で「からし」としているため、辛子・芥子の区別はわからない。しかし本山荻舟は『飲食事典』で「芥子・芥子漬け・芥子菜」など「からし」の漢字にすべて「芥子」を当てており、ケシ酢の場合は「罌粟酢」とし、「ケシの実を炒ってスリバチに取り、よくすりつぶしたところへ味醂酢をまぜてドロドロにすり伸ばしたのを、裏漉しにか

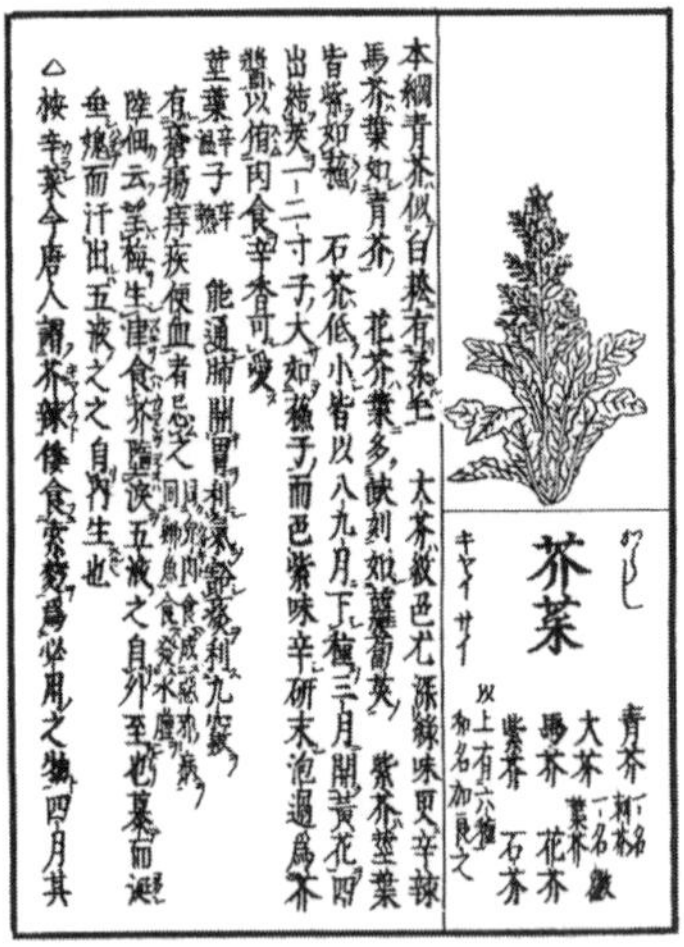

カラシ（『和漢三才図会』）より

けて注ぎかける」と説明している。また文左衛門の日記にケシの実の記事はみかけないので、ここでは文左衛門の食卓にのぼった「芥子酢（おこ・むきみ）」は「からしず」のこととする。

この酢の物は、定番のオゴノリに貝のむき身を加え、芥子酢で和えたものである。貝の名は書かれていないが、おそらくハマグリであろう。

カラシは芥子菜《からしな》の種を粉末にしたもので、深い器にカラシの粉を入れ、辛みを引き出すため少し砂糖を加えて熱湯をいれかき混ぜる。これを伏せておくと辛くなる。むかしはこういう作り方をしていた。子供のころの記憶にも残っている。

一九七〇年に、ヱスビー食品から家庭用のチューブ入り練りガラシが発売された。本来の和がらしよりマイルドで辛み成分も安定したものだが、扱いが簡便なこともあって広く普及し、今はほとんどの人がこちらの味に慣れてしまった。

カラシに二杯酢か三杯酢を混ぜたものが、芥子酢である。二杯酢は酢カップ一に塩小匙二、または醤油大匙三。三杯酢は、二杯酢に砂糖大匙六を加える。

鰯・鰮（イワシ）

普通にイワシといえばマイワシを指す。ほかにウルメイワシ、カタクチイワシがよく知られている。文左衛門の正月の食卓に、塩焼きと吸物の具として出てくる。汁の具はツミレにしたのかも知れない。イワシの由来は、「弱し」とも「卑し」とも言われていて、正月料理に似つかわしくないように思うが、『土佐日記』には、正月の門前にヒイラギの葉とナヨシの頭を飾り魔除けとする風習が書かれていた。ナヨシが今はイワシに変わったが、あるいは、はじめからイワシも使われていたのかも知れない。平安時代、卑しい魚とされながら、貴族の妻たちも鰯を好んで食べた。室町時代の御伽草子《おとぎぞうし》『猿源氏草紙』にこんな話が載っている。

鰯売《いわしりう》の猿源氏《さるげんじ》が京《みやこ》随一の傾城《けいせい》「蛍火《けいか》」に一目ぼれし、義父の海老名南阿弥《なあみ》の助けで宇都宮弾正なる大名に化け、一夜を共にする。ところが酔った猿源氏が寝言に「阿漕《あこぎ》が浦の猿源氏が鰯、買おうエイ」と日頃の売口上《うりこうじょう》を口走ってしまう。騙されたと知った蛍火が、猿源氏を問い詰め、それに対し言い訳をつづけるなかに、和泉式部がイワシを好んだ話が出てくる。

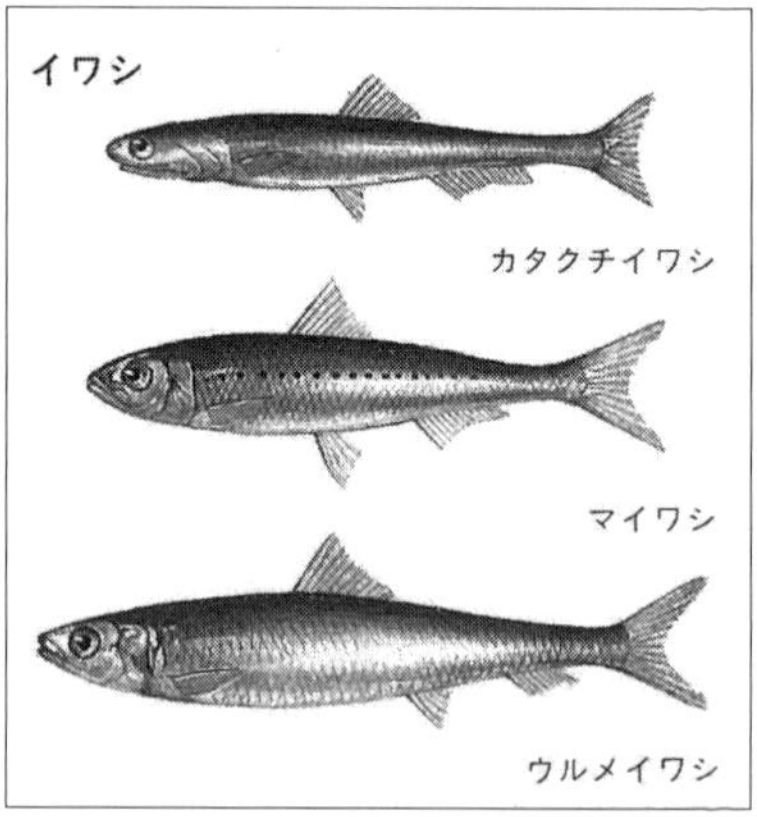

3種のイワシ（『日本大百科全書』より）

○和泉式部《いずみしきぶ》鰯《いわし》を食い給う処へ（夫の藤原）保昌来《きた》りければ、式部恥ずかしく思いて慌ただしく鰯を隠し給えば、保昌見て鰯とは思い寄らず道命《どうめい》法師よりの（恋）文を隠し給うと心得て、「何を深く隠させ給うぞや、心もとなし」とて強《あなが》ちに問いければ、「日の本にいわわれ給う石清水《いわしみず》、詣《まい》らぬ人はあらじとぞ思う」とながめ給えば、保昌聞き給いて色を直《なお》して言いけるは、「肌《はだえ》を温《あたた》め、ことに女の顔色を増す、薬魚なれば、用い給いしを咎めしことよ」とて、それよりしてなおなお浅からず契りしとなり。

和泉式部がイワシを食べている処へひょっこり夫の藤原保昌が帰ってきた。慌てて後ろへ隠すのをみて保昌は道命法師からの恋文と邪推し「見せよ」という。咄嗟に式部は「日本で大切に祀られている石清水に、参詣しない人はいないでしょう」と歌で返した。「いわしみず」をイワシに掛け、「こんな美味しい魚を食べない人はいない」と返したわけで、事情を察した保昌の機嫌がたちまち直ったという話。こんな歌があったことを考えていたので、つい鰯のことが口をついて出てし

鰯 俗字 いわし 鰮

和名以和之 性柔弱故俗字從弱訓與和之乃相通

閩書云鰮似馬鮫而小有鱗大者僅三四寸

△按鰮俗云鰯四方皆有之形似小鯷而圓其鱗細易脱背蒼黒腹黄白而脂多小者一二寸大者五六寸群行至時海波稍赤漁人預知下網采之鯨好吃鰯爲所逐者數万爲群浪如棧取之作膾可煮可炙又取脂爲燈油

鰛 用一二寸許小鰯爲鰛造法鮮鰯一升不洗塩三合和三月而後以石壓之或同茄子生薑穂蓼番椒等漬亦佳

五万米鰛 漁家海邊石上或簀上

干鰯 小鰮也阿波之産爲上野之耐久無脂臭和諸物煮食亦佳常爲嘉祝之供與鮑膠手並用

干鰯 與五万米同乾時不撰地不論大小數方攪乾盛筵運送市中用爲田畠培糞諸國多出房州最多豫州宇和島常州水戸之産爲上肥前松浦丹後由良之産頭畧大稱亦得名炙食脂氣酸烈以駿良爲食用瘡疥痔瘡人忌之産婦小兒不可食其味美煮頭

凡鯨與鰯本朝海中寶也其利用不可計

潤眼鰯 うるめいわし 俗云宇留女 正字未詳

△按潤眼鰯狀似鰯而圓長背蒼黒色眼大潤漁人作煮炙食無脂腥氣味美官家亦賞之久見風日肉硬味變澀或以鰯僞之者味遙劣以眼大小可別矣阿州之産爲上

イワシ（『和漢三才図会』より）

まったと、寝言の言い訳にしたのである。

この歌はすでに「八幡愚童訓」に掲載されているらしく、それを御伽草子作者が、掛詞《かけことば》の歌として巧みに取り入れたのである。津の国学者谷川士清《ことすが》の著した国語辞典『和訓栞《わくんのしおり》』では、和泉式部ではなく「紫式部と夫の宣孝との話」とされ、歌も「日の本にはやらせ給う……」と少し異なるという。ただし掲載箇所がわからず、いま一生懸命に探している。

蛍火と猿源氏（『御伽草子』より）

第三章　文左衛門の結婚式と披露宴の料理

結婚前後の話

元禄六年（一六九三）四月二一日、朝日文左衛門は、御弓奉行朝倉忠兵衛の娘お慶《けい》と結婚した。文左衛門は数えの二〇歳、お慶の年齢はわからない。結婚の四日後に二代藩主光友（六九歳）は隠居し、嫡子綱誠《つななり》（四二歳）が新藩主となった。文左衛門の結婚生活は、藩の若返りとともにはじまったのである。文左衛門の結婚前後一か月の生活を、日記から見ておこう。

三月一日　真福寺へ行き、おどり操《あやつ》りを見る。見物少なし。

　三日　真福寺へ行き、おどり操りを見る。七ッ寺にて奈良茶五杯給《た》ぶ。

　十日　亥《い》の刻（午後一〇時）、余、勢州に詣ず。明け方佐屋に着く。今朝より左眼不快。

十六日　四日市より桑名へ、七里渡しで熱田へ、黄昏《たそがれ》過ぎに自宅へ。

廿七日　御城代沢井三左衛門に、伊勢参りの報告。

朝日文左衛門が芝居の世界にはまり込んだのは、元禄四年（一六九一）閏八月二日に大須境内の操《あやつ》り芝居を見て以降である。以来、死の前年享保二年（一七一七）まで、芝居見物は一四三回を記録している。当時の芝居とは人形浄瑠璃のことで、若宮八幡宮や大須真福寺の境内で盛んに小屋掛けの興行が行われた。真福寺のときは、となりの七ッ寺境内の茶店で奈良茶を食べ、亭主から編笠を借りて芝居小屋入りする、これがお決まりのコースであった。

たとえば元禄七年二月晦日の芝居見物では、次のような段取りになる。

○加藤平左・関円右と談義《だんぎ》参りとて袴を着し出づ。ちょと法花寺《ほっけじ》に徘徊し、直《ただ》ちにたんぼ道を行き、真福寺へ行く。ひとまず様子を窺い、七ッ寺の茶屋に入る。なら茶三杯給《た》ぶ。
安兵衛に編み笠三蓋借り、また真福寺へ行き、操りを一きり見て帰る。

「説法拝聴」と殊勝な理由で家を出た手前、一応法花寺に向かう。法花寺は東寺町《ひがしてらまち》の南外《はず》れにある日蓮宗のお寺で、文左衛門の家から南へ一キロ余りの処にある（葵町西交差点スグ）。三人は法花寺のあたりをウロウロしてアリバイ作りをし、田舎道を南西方向にとり大須へ向かった。直線距離でゆうに二キロ以上ある。芝居小屋が建つ大須観音の真福寺へは直行せず、南隣の七ッ寺の境内へ、馴染みの安兵衛茶屋で奈良茶を三杯食べ、編み笠を借り、いよいよ真福寺境内の芝居小屋へ入るのである。

奈良茶を「食べる」とは変な表現だが、奈良茶は奈良の東大寺、興福寺の僧舎で作られた薬膳のことで「茶を煎じ、濃い初煎はとっておき、薄い再煎茶に塩少々を入れコメを煮る。炒豆《いりまめ》を

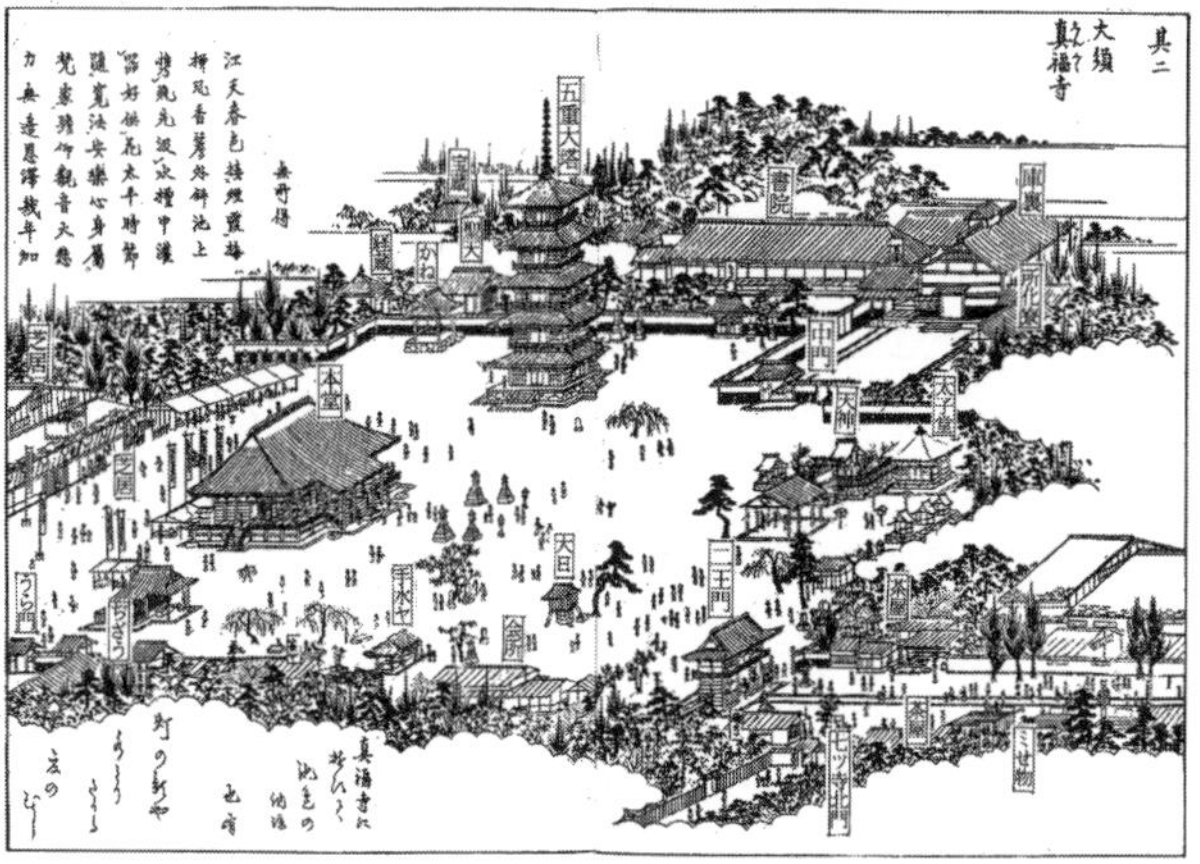

大須観音（真福寺）全景（『尾張名所図会』より）

入れてもよい。飯が熟してから濃い初煎茶に浸して食べる」（『本朝食鑑』一六九七）とある。

江戸で明暦の大火（一六五七）ののち浅草の待乳山《まっちやま》聖天宮門前《もんぜん》の茶店で、豆腐汁、煮豆などを添えて売り出し、たいそう繁盛した（『事跡合考』）。元禄期には名古屋でも流行《はや》り、いまの喫茶店の「軽食」感覚で食べられたのだろう。文左衛門も好物だったらしく、三月三日の芝居見物では、五杯食べている。茶漬けの五杯は、もはや軽食ではない。

次の一〇日から一六日までの「お伊勢参り」は、文左衛門にとっての最初の大旅行である。天照大神への結婚の報告を兼ねたものかも知れない。眼の痛みで内宮《ないくう》行きを端折《はしょ》ったのが悔やまれる。眼病の種類は書かれていないが、よほど痛かったのかメモ魔のはずなのに道中記録がほとんどない。往きが三里の渡し、帰りが七里の渡しなのはわかるが、帰宅後の御城代への報告も、一〇日後である。それにしても『日記』の記事から、ひと月後に結婚する雰囲気がまるで伝わってこないのは何故だろう。四月に入り、いよいよ二〇日後に式が迫る。

四月一日　暮より都筑理右衛門処へ行く。理右衛門勢州より帰り、酒むかいなり。

十二日　加藤平左を呼び、余が部屋の腰張りを頼む。

十七日　御祭礼見物。七人で鵝目《がもく》二百四十一文ずつ出し、伝馬町少し下西側、柄巻屋みかみ左平処を金一分にて借りる。

十八日　祭礼見物に行く。人数、昨日の如し。

十九日　今宵、朝倉忠兵衛処より娘の道具を越す。親類来たり賀し、僮僕《とうぼく》酒闌なり。

渡辺覚右衛門・同平兵衛・同源右衛門・同弾七・同武兵衛・おいと・貞三・源之助・おりと・忠兵方より来る者三十九人、内外の人数して酒一斗を呑む。

都筑理右衛門は、御城代組同心の都筑助六の末弟である。このとき助六は五九歳だから、末弟の理右衛門も五〇歳前後で、文左衛門よりかなり年上のはずである。文左衛門たちより少し遅れて伊勢参りに出かけたらしく、無事を祝う「酒むかい」の宴が開かれた。

『広辞苑』に「遠い旅（京都では伊勢参り）から帰る者を村境（逢坂の関）に出迎え、酒宴をすることを酒迎《さかむか》え（坂迎へ・境迎へ）と云う」とある。いまは聞かない言葉だが、広辞苑にあるくらいだから、何処かで続いている風習かも知れない。

都筑家は波乱に富んだ一族で、助六の弟新五左衛門が遠山五郎兵衛に切り殺されたため、その弟勘七と半七は仇討のため尾州を離れて上方へ赴き、末弟理右衛門だけが家に残った。この事件は『編年大略』によると、寛文六年（一六六六）年一一月に、相応寺筋で御供番遠山五郎兵衛が当時御歩行頭《おかちがしら》だった都筑新五左衛門を待伏せ、斬殺してそのまま立退き、摂津の尼ケ崎領主青山因幡守に仕えて、郭内に匿われた。用心が厳重なため都筑兄弟は仇討を果たせず、やがて遠山は病没した、という。二人の弟は、ほとんど人生を棒に振ったのである。

助六の長子伝左衛門は元禄一五年に家督を継ぎ御城代組同心となるが、遠縁にあたる岩下又左衛門が乱心して逃走したため、二年間その探索に明け暮れる。叔父の理右衛門も探索に動員され、その途中農家で病没した。『日記』の理右衛門はこの人物である。

次の四月一二日「加藤に腰張り云々」は、唯一結婚の準備をうかがわせる記事で、新婚生活のために、前年部屋を増築した記事につながる。

○十一月十七日、余が部屋の礎を築く。○十九日、余が部屋の棟上げなり。親類来り賀す。
○十二月廿三日、余が部屋を立つる事を、三左衛門に達せんために、親、相原久兵に述ぶ。

とあり、昨年暮れに文左衛門の新居が建て増しされた。その新しい部屋の壁や建具の腰張りを、細工に器用な加藤平左衛門に頼んだのである。

次は祭りの記事である。毎年四月一五日からはじまる東照宮祭で、名古屋祭《まつり》とも呼ばれる。そのクライマックスは、一七日の神輿《みこし》の御旅所《おたびしょ》（若宮八幡宮）への渡御と、翌一八日の東照宮への還御《かんぎょ》、いまの暦で五月二一、二二日になる。この神輿の列に、城下の町々の出し物が加わる。

碁盤割の一〇の町が「からくり人形」の車楽《だし》を設《しつら》え、その他の各町も若者たちがテーマごとの変装（唐人、普化僧《ふけそう》、鹿狩勢子《せこ》、鵜飼など）をして、行列に供奉する。これが「警固《けいご》」と呼ばれる仮装行列で、総勢四〇〇〇余人にもなるという。この日のために行列の通る町筋は掃き清められて塵ひとつなく、道の両側にはびっしりと竹矢来が組まれ、祭り関係者以外は誰一人通らない。見物客は両側の店を桟敷として借り切り、竹矢来越しに、弁当を食べながら終日見物する。金がない人は、通行止めされた交差点筋に茣蓙《ござ》を敷き、そこに座って見物する。

※掲載図は七間町の橋弁慶車で、弁慶の長刀を掻い潜って牛若丸が橋の欄干に飛び乗る様を操りで見せる。

他の町の車にくらべ一回り大きく、重量も多い。
総高二丈二尺（六・六メートル）、四五人で曳く。

この祭りが明けた四月一九日夜、いよいよ朝倉家から嫁入り道具が運ばれてきた。忠兵衛方から来たのは四〇人近いというから、運ばれてきた道具も相当な数であろう。これが夫婦のため新築した部屋を飾ることになる。文字通り「ご新造さま」なのである。この夥しい数の道具や持参金は、離婚となったら妻の方に返却しなければならない。そのため道具の受取証を作成することもあったらしい。たとえば、日記にこんな記事が出てくる。

○加藤平左衛門、妻を離別す。今宵道具を返す。客人作《さく》、平左衛門と通じ新婦を甚だ麁相《そそう》にして去らしむと。彼《か》の作は親平左衛門使いし女にて、年長、皃不好《かおよからず》、金子は二年の内に返す筈なり。世人多所笑

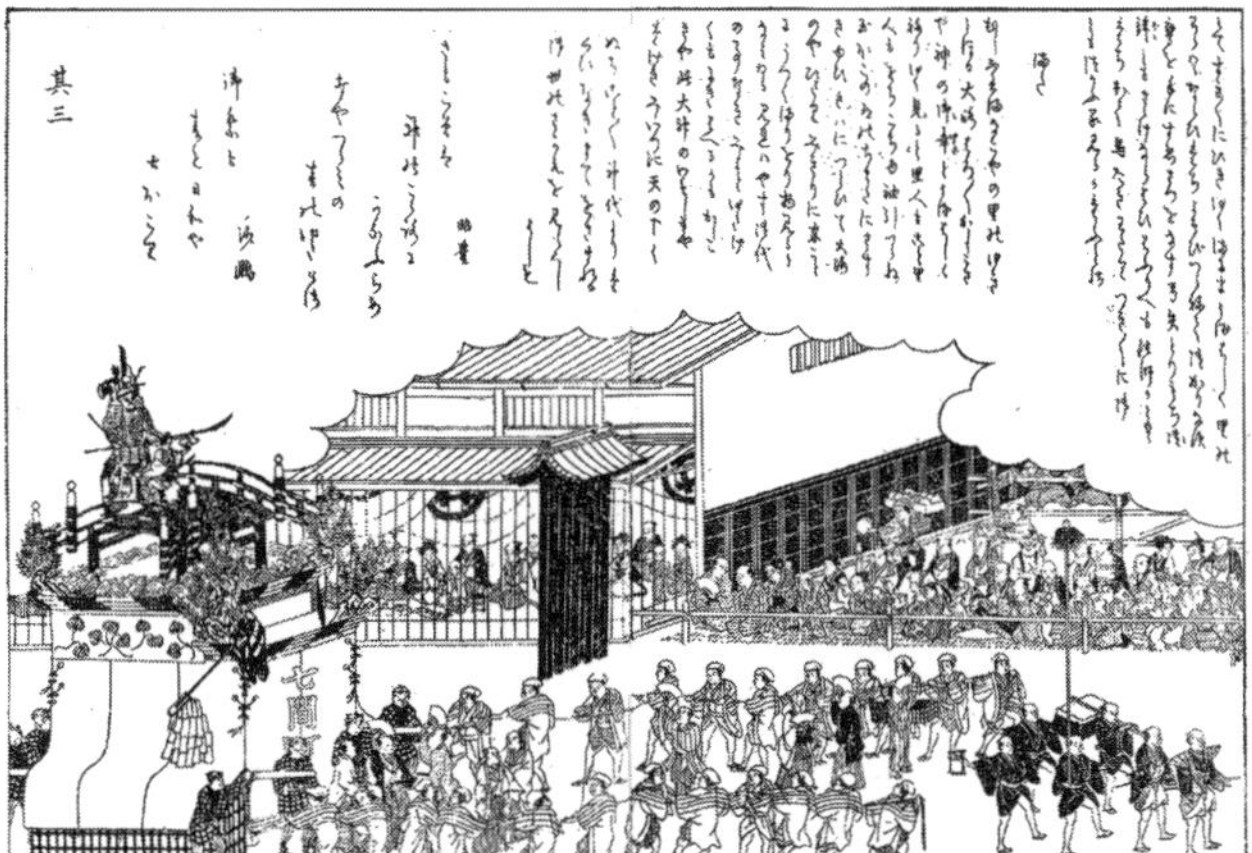

東照宮祭り　七間町の橘弁慶車（『尾張名所図会』より）

也。（元禄六・二・二二）

文左衛門の向かいに住む加藤平左衛門は、幼馴染であり、ともに芝居好き、賭け事好きの悪友でもある。だから評にも遠慮がない。

平左衛門が結婚したのは前年一二月で、「五日、加藤平左衛門処へ稲葉多左衛門より娘入りの道具来る。長持二つづら」「六日加藤平左方《かた》へ女来る」とある。それから四か月も経たずに「妻の離別」にいたる。おそらく妻の方が腹を立て、出て行ったのだろう。理由がよくない。平左は、父の代から住み込んでいる下女の作《さく》を妾にしていて、作は事あるごとに新妻を粗末に扱った。作は平左よりも年上で、顔も不味いらしい。世間の笑いものである。嫁入り道具は直ぐに返したが、持参金は二年がかりで返す予定という。しかしもっとひどい例もある。

鈴木水之助というやはり文左衛門の友人だが、「今日、鈴木水之助、女房を離別す。当二月十九日に呼び、僅か四十二日」（元禄六・四・二）とある。二月一九日の欄には確かに「同夜、鈴木水之助、武井作右衛門処より娘を迎う」とある。文左衛門が結婚する直前の話だが、加藤平左衛門といい鈴木水之助といい、何とも危《あや》うい友人たちである。

水之助には、さらに後日談がある。十年後の、元禄一六年二月二六日の記事である。

○頃日、鈴木水之介乞食となり、当地へ来る。坂下万右衛門処にて、多葉粉之粉を乞う。万右衛門じかに見得ずして、後ろざまにツカミ遣わす。小間物屋三右衛門ところにても湯を乞う。これも見得ずして後ろざまに遣わす。

鈴木水之介の危うさは、本物だった。妾に狂いお勤めをしくじって追放になり、十年後のある日ふらりと名古屋に立ち戻った。同僚の坂下の処を訪れ煙草をねだったが、坂下は元同僚の姿を直視できず、刻み煙草を一掴み、後ろ向きに渡した。つぎに小間物屋の三右衛門を訪ね、白湯を乞うたが、やはり三右衛門も直視できなかった。

○濃州こうずち妾しげ親あり。金之れ有る内は水之介茲《ここ》に居《おり》しが、金なくさせて追い出し此の如し。予、十日ばかり後に枝木町（橦木町）および武兵（平）町にて之を見る。破れ莚《むしろ》を着、長髪坊主にて痩せて骨立ち、色甚だ黒く、顔色はむかしの水之介なり。四十日ばかりにて、藤塚町にて死すと云々。

妾の「しげ」を美濃上有知《こうずち》村に訪ねたが女はおらず、親のもとに居候させてもらったが、それも金がある間だけで、金を巻き上げられたあとは追い出され名古屋に舞い戻ったらしい。破れ蓆で体を被い髪は伸び放題、痩せて頬骨ばかりが目立ち色も真っ黒だが、顔つきは昔の水之介、文左衛門も撞木町（現、橦木町）、武平町でちらりと見かけた。四〇日ばかり経って、藤塚町で死んでいたそうだ。その水之介と、一時期文左衛門は付き合いがあった。

結婚当日の話

日本の結婚式は、平安のむかしから夜行われるものであった。したがって、花嫁の出立は夕刻になる。
○四月廿一日　酉の半刻《はんとき》、忠兵衛の娘の駕物《のりもの》来る。挑燈《ちょうちん》星の如くに耀き、人跡絡繹《じんせきらくえき》たり。彦坂平太夫馬上にて来る。渡辺平兵衛、門へ出て対顔す。部屋にて待女郎《まちじょうろう》おいと娘と余三人並び居て引渡《ひきわたし》。雑煮・吸物・酒事終わりて、余、源右衛門と共に駕籠に乗し（忠兵方より来る上下扇を用ゆ。鐙をつかする）戌の半時前に忠兵処へ至る。
○玄関に野崎五郎左衛門・前田伝蔵居《きょ》す。座敷へ出たる人々には、彦坂平太夫・松井重兵衛・同惣左衛門・山田勘右衛門・永田平三郎・渡辺源五右衛門……以下略。
○勝手に通り座す組、忠兵衛夫婦・平太夫・源右衛門。余引渡、雑煮・吸物・盃。平太夫引出物《ひきでもの》刀を取次ぐ。十兵内儀・惣佐内儀立ち出で対面す。忠兵門より雨降りだす。かばやき町にて四つ鐘を聞く。少しほど経て忠兵来る。部屋にて引渡。雑煮・吸物・酒。
四月二一日（新暦五月二五日）酉の半刻（夕方七時）、朝倉忠兵衛の娘「けい」を乗せた駕籠が到着、高張提灯が掲げられ、門前の通りの主税筋《ちからすじ》は普段とちがう賑わいである。提灯が星の如く輝くとか、人跡絡繹（人、馬、車の往来が絶え間ない）の表現は聊《いささ》か大袈裟すぎるが、文左衛門の気持ちの高ぶりが表われているのだろう。

まず仲人《なこうど》の彦坂平太夫（三〇〇石・御鉄砲頭）が馬で乗りつけ、門へ出迎えた文左衛門の大叔父渡辺平兵衛（三〇〇石・弓頭）と対面、互いに挨拶の口上を述べる。以下『徳川盛世録』の記事を参考に、祝言の進行を再現してみよう。

花嫁「けいい」の駕籠はそのまま門のなかまで乗り入れ、待上臈《まちじょうろう》（待女郎とも、式の進行役の女性）の「おいと」に手を引かれ祝言の間に入る。座って待つうちに花婿の朝日文左衛門が現われ、いよいよ祝言の盃事《さかずきごと》「式三献《しきさんこん》」が行われる。床を背にした待上臈、その左手に婿、右手に嫁が向かい合って座り、間に蓬莱を模した台が据えられる。三人のほかに酌人《しゃくにん》の女性が何人か登場するが、両家の親族は参加しない。

まず待上臈が、二人に「引渡《ひきわたし》」をすすめる。引渡は、勝栗《かちぐり》、昆布《こんぶ》、打鮑《うちあわび》（のし鮑）を、小さな折敷《おしき》に並べ置いた三方《さんぼう》である。この引渡は縁起のもので、受け取って据えて置くが食べたりはしない。これとは別に婿の前に、三つ盃（大中小と重ねた盃）を載せた三方が置かれ、酌人二人が、雄蝶《おちょう》飾りの長柄《ながえ》の銚子《ちょうし》、雌蝶飾りの提子《ひさげ》を持って控える。

最初、婿の小の盃に銚子から酒が注がれ、婿は三度飲む。提子から銚子に酒を足す。婿はもう一杯飲んで盃を三方へ戻し、三方は新婦の方へ運ばれて、新婦は二番目の盃で三度飲む。ここで雑煮の膳が運ばれ、それぞれ口をつけ、再び新婦は二

江戸時代の婚姻式（『類聚婚礼式』より）

番目の盃で三度飲み、その盃は婿の側に運ばれ、婿も三度飲む。このあと吸物の膳が運ばれ、それぞれ口をつける。婿は三番目の盃で三度飲み、同じ盃で新婦も三度飲む。これで三々九度の盃事が終わる。

いまの三々九度は小盃で婿が一度、嫁が一度、再び婿が一度飲み、次に中杯で嫁が一度、婿が一度、嫁が一度飲む。最後に大盃で婿が一度、嫁が一度、婿が一度で、すべてが終わる。

両者を比較すると、小・中・大盃と進むのは同じだが、昔は三度続けて飲んでいる点や、間で雑煮や吸物の膳が入る点が異なる。さらに小盃は婿だけが飲み、嫁は中盃からである。婿が最初に小の盃で四度飲むのが気になるが、『徳川盛世録』原文には「婿、上の（小）盃にて三度飲む。時に加えの役の女、銚子に酒を加うる。また婿一献飲む」とあり、確かに小盃で四度飲んでいる。ただし別な史料では、婿・嫁の前には初めから三膳が置かれ、二人が盃を交わすことはせず、提子《ひさげ》から銚子に酒を足すこともない、とある。時期、流儀による違いもあったのだろう。

三々九度の語源も、伊勢貞頼の『宗五大草紙《そうごおおぞうし》』では「盃に銚子の口を二度そそとあて、三度目に入《いる》る也。盃三ながら此の分、三々九度と云う心也」と記し、三度目に注ぐ所作を三度繰り返すから三三九度というのだと、別な由来を説いている。

ともかくこれで盃事が終わり、つづいて両親との対面の儀式に移る。花嫁は待上臈が同じ家の中で新郎の親族に引合わせるが、新郎の文左衛門は花嫁の朝倉家を訪れることになる。

【彦坂・松井・朝倉・朝日家関係図】

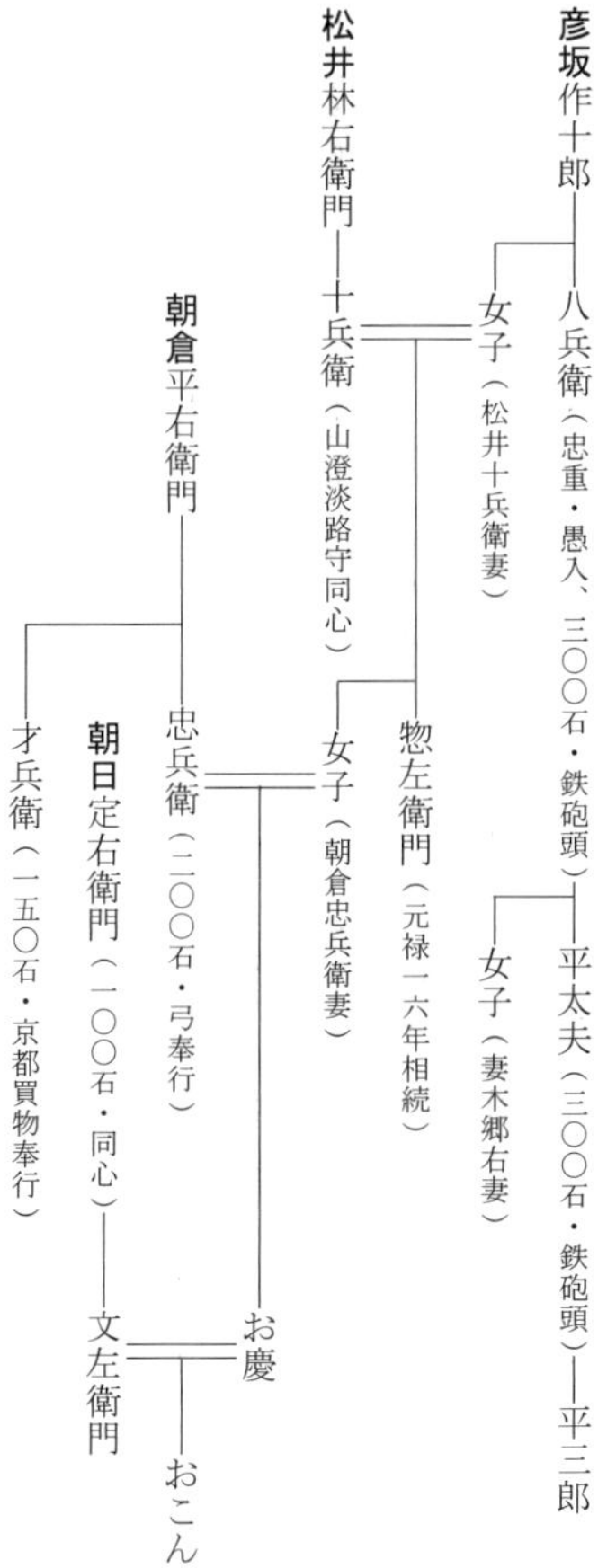

朝倉家へ向かう文左衛門の付添いは、伯父の渡辺源右衛門（母の兄）。二人は駕籠で向かい、着いたのが戌の半時前（夜九時ころ）。玄関に野崎五郎左衛門、前田伝蔵が出迎えた。この二人は忠兵衛の弓の弟子らしい。座敷には仲人の彦坂平太夫、忠兵衛の義父松井重兵衛（十兵衛）と息子の惣左衛門はじめその縁者が居並ぶ。松井重兵衛は彦坂兵太夫の義理の叔父でもある（関係図参照）。

朝倉家との正式な対面は、勝手間で行われた。ここでは仲人の彦坂平太夫が仕切り、伯父の源右衛門が立会う。朝倉忠兵衛夫妻の正面に朝日文左衛門が座り、引渡《ひきわたし》にはじまる盃事の儀式を繰返し、そのあと平太夫を介し、引出物の太刀を忠兵衛に贈る。つづいて松井重兵衛・惣左衛門父子のご内儀と対面をした。この大切な儀式を奥座敷ではなく勝手間で行うのは、何故かわからない。今後親類の親しい付合いになる、という意味が込められているのかも知れないが、日記の他の記事でも気の置けない連中は、決まって勝手で飲み食いをしている。当時の台所・勝手の間取りとその役割を含め、今後の課題としておきたい。

両親との対面を終え朝倉家を辞すとき、雨が降り出した。竪三ツ蔵、横三ツ蔵筋を通り、本町通を蒲焼町（広小路より一つ北）にさしかかったとき、四つ刻《どき》の鐘（午後一〇時）が聞こえた。家に戻って間もなく忠兵衛が訪れ、文左衛門の新しい部屋でたがいの両親を交え、両家固めの盃を交わした。

〇四月廿二日　風吹き雨降り未刻《ひつじのこく》晴れる。今朝忠兵衛処より人来たり、今日親類衆へ行き、対顔せよと。是に於いて未三刻忠兵衛処へ行き安田勘助を同道し、先ず朝倉平右処へ行き対顔す。それより松井重兵衛処へ行き、十兵衛夫婦・同娘に逢う。是より惣佐も同道し、朝倉才兵処へ行き、内儀に逢う（才兵は京都に有り）。是より勘助は行かず、惣佐ばかり同道し、彦坂八兵に逢う（勝手へ通らず、遠方より内客有る故なり。八兵婿朝岡甚五右に知る人になる）。直《じか》に彦坂平太夫婦・子息（兄平三郎・弟大助）に逢う。八兵の外は、皆吸物酒出る。

結婚式の翌日、朝倉忠兵衛から使いが来て親戚回りをするよう告げられた。さっそく忠兵衛の家に出向き、安田勘助（不詳・門人か）の案内で、まず朝倉平右衛門宅を訪れた。平右衛門は朝倉家の嫡男だが、のちに不祥事で名古屋を退去している。次に忠兵衛妻の実家松井重兵衛宅へ行き、夫妻と娘に会った。その次は忠兵衛の兄才兵衛の家を訪れたが、京都御買物奉行の才兵衛は京都在住のため、夫人だけに会った。次に今回の仲人だった彦坂平太夫の父八兵衛宅を訪ね挨拶をした。

八兵衛は宮本武蔵の円明流使い手として知られている（前著『武芸帳』）。偶々《たまたま》、遠方からの来客があったため、八兵衛と直に酒を交わすことなく、来合わせた娘婿の朝岡甚五右衛門に挨拶して辞し、次に八兵衛の嫡子平太夫宅に赴き、夫妻や子息に会った。

翌二三日は、のんびり家で過ごせたらしく、特段の記事は書かれていない。そしてつぎの二四日、おそらくこの日がいまの「披露宴」にあたるのであろう。両家の親類を朝日家に招いて、豪華な食事が振る舞われた。

披露宴の料理

○四月廿四日　雨降る。今日忠兵衛家内・十兵衛親子を呼ぶ。

指身（すずき・九年母・たてす・わさび・いり酒・すいせんしのり）　汁（塩鴨）　香の物色々。

旬干（竹の子・焼きあゆ・梅干・くしこ）　焼物（かまぼこ・嶋ゑび）　酒一通り出て

吸物（鮨・生椎茸）　麩煮〆　塩辛（ごうな）　鮓　吸物（すゝきのわた）

水物（くり・大こん花・なすび・ぐみ）　取肴（からすみ・小梅・かずのこ）　いろいろ

招待した人数は、朝倉忠兵衛夫婦と娘二人、息子辰之丞、松井十兵衛夫婦と子の惣佐衛門、安田勘助、朝日家側の大叔父渡辺覚右衛門、同平兵衛、伯父の源右衛門、叔父の弾七・同武兵衛、組小頭の相原久兵衛、従弟の丸山加左衛門、従兄の朝日太郎兵衛、おいと、源之助、おりと、貞三、妙超、おゆふ等である。瞽女《ごぜ》（盲目の女芸人）の「もん」も呼ばれ、小唄を歌い琴を弾いた。

○数刻、皆酔戯《すいぎ》す。中にも惣左衛門、座にたまりがたく、新町へ駕籠を借りにやり、乗して申半時に皈《かえ》る。座中多く吐逆《とぎゃく》す。

松井惣佐衛門の具合が悪くなり、途中退席したのが七時過ぎ、宴の終わりはおそらく十時を過ぎていただろう。大いに盛り上がった宴の果てに、多くの客が嘔吐したらしい。「吐逆」という言葉はここだけではない。『日記』の全編を通じ数えきれないほど出てくる。友人達との飲み会は大抵「吐逆」で終わる。「吐くなら呑むな」とは下戸《げこ》の言い分で、上戸《じょうご》に言わせれば「吐いても、吐いても、呑む」のである。今だって飲みすぎれば吐くが、江戸時代の方がはるかに多かった。酒の質もあるのだろう。

坂口謹一郎氏は名著『日本の酒』（岩波文庫）のなかで、江戸時代の人が如何に酒好きであったか、実際の数を挙げて解説されている。

○江戸時代の中頃、江戸の町で消費する酒の量はおよそ百万樽《たる》、江戸の全人口は百万人、老若男女を問わず、一年に一人が一樽（四斗樽）、つまり毎日欠かさず一合ずつ飲んでい

た勘定になる。(要旨)

江戸時代、江戸の酒はほとんどが上方《かみがた》からの「下り酒」であり、積荷の樽の実数はわりに正確に把握できる。時期によって数は異なるが、平均すると百万樽前後になる。幕府は飢饉のたびに酒造りの禁令を出した。多くのコメが酒造りに回されていた、というのである。

天正五年(一五七七)に来日したロドリゲスは、『日本教会史』の中で「国土で産出するコメの三分の一以上が造酒に使われている」と書いている。三分の一は大袈裟としても、コメ確保のため幕府がたびたび禁令を出したのは事実である。つまり「吐逆」する呑兵衛《のんべえ》は、名古屋の朝日文左衛門たちだけではなかった。

「吐逆」の第一の原因は、量の飲み過ぎである。坂口氏の『日本の酒』で巻末の解説を担当された醸造学の小泉武夫氏は、朝日文左衛門の酒量を「毎日四、五升」と推定され、別に文化一四年(一八一七)の江戸の酒飲み大会で、三〇歳の男性が二斗近く飲んだ記録を考えあわせ、「江戸時代の酒はいまの酒と違うのではないか」と仮説を立てられた(中公文庫『酒肴奇譚』)。

同時代に書かれた『本朝食鑑』(人見必大著・元禄八年)に「造酒の法」があり、小泉氏は記事に忠実に江戸時代の酒造り再現を試みられた。仕込み配合では米と麹の割合が多く、水の量が極端に少ない。案の定出来上がった酒は、アルコール度数が一八パーセントで今の酒とほぼ同じなのに、糖分、酸度、アミノ酸が四倍の濃さあった。味は味醂に似てとても飲めたものではないが、念のため同量の水で割っても味はしっかりしている。さらに割って四倍に薄めてもちゃんと酒の旨さが残り、アルコール度は半分の半分で四パーセント台、つまりビール並みに低くなった。これはいまの酒では真似できない。薄めれば、すぐにばれる。酒を薄めた話で思い出すのが、毎日一升酒を飲んでいた古今亭志ん生師匠の晩年である。

昭和三六年の暮れ、巨人軍の優勝祝賀会に呼ばれた落語家の志ん生が、脳溢血で倒れた。しかし二、三か月後から酒を欲しがり、長女の美津子さんは仕方なく少し水で薄めたコップ酒を出した。口にするなり「近頃の酒は水っぽいな」と愚痴るのを、「等級を下げたのよ」と適当に誤魔化しつづけ一〇年以上経った或る日、ふと思い直し、そのまま薄めず出した。「旨いなあ、酒はやっぱり旨いよ」と飲み干し、翌日に逝った（『志ん生一家、おしまいの噺』）。

おそらく師匠は、はじめから知っていたのだろう。いまの酒は、薄めることが出来ない。小泉氏は、「江戸時代の酒は、造り酒屋から問屋へ、そして小売りへと順に薄められ、酒飲みの口に入るときは、度数がビール並みだった」とみる。ビールもどきの日本酒を、ビール並みに飲めば、それは吐くだろう。酒の話はそれ位にして、披露宴の料理に移ろう。

汁と吸物

「一汁三菜」、これが日本料理の基本である。

一汁は「吸物」のことで、みそ仕立てあるいは醤油を使ったすまし汁のことである。当時は汁と吸物は同義語で、「飯に添えるのが汁」、「酒の肴となるのが吸物」である。汁はたとえば味噌汁のように味の濃いもので、それに対し吸物は酒に合うよう薄味に仕立てた。最初は味噌汁の上澄みを吸物としており、やがて醤油が一般家庭にも普及すると、出汁《だし》に醤油で味付けした今でいう「おすまし」が多くなった。

『守貞謾稿』も「汁に二通りある。味噌汁とすまし汁。味噌汁はもちろん味噌でつくるが、すまし汁は醤油製をいう」と述べ、「汁」に「味噌汁」と「すまし汁」の二種あるとしている。味噌汁といっても、今とは具の種類がずいぶん違う。

『料理物語』には、狸、鹿、白鳥、鮒、鮹を具とする味噌汁が紹介されている。

たぬき汁など名前を聞いただけで敬遠したくなるが、いまの狸汁は、蒟蒻《こんにゃく》を包丁でよく叩き、スプーンなどで食べやすい大きさに掻き取り、茹でておく。鉄鍋を熱くし、少量の油で下ごしらえした蒟蒻を炒りつけ、そこへ味噌汁を加え、笹がきした牛蒡と細切り椎茸を入れ、煮上がったら葛汁を加えてとろみをつけて出来上がり。要は、狸肉の代わりに蒟蒻を使うのである。理由は狸の肉が臭くてとても食べられたものではなく、「みなみな、鼻を掩《おお》いて吐き出したり」という話を、志の島忠氏が今の作り方を記したあとで、紹介されている。

文左衛門の披露宴では、本汁（本膳の汁）の具は「カモ」で、ほかに「ドジョウと生シイタケ」、「スズキのワタ」を椀種にした汁が出された。

『江戸料理集』に「吸物のこと、味噌の吸物は本汁と三の汁、すまし吸物は二の汁」とある。これを披露宴の汁（吸物）にあてはめれば、カモ肉とドジョウを具とするのが味噌仕立ての汁で、スズキの腸《わた》はすまし汁になろうか。本汁の味噌は、一般に白味噌を使い、椀種《わんだね》には魚介類や鳥類を季節の野菜とともに使う。披露宴の本汁では塩保存した鴨肉《かもにく》を使用し、野菜の具はとくに記されていない。

鴨（カモ）汁

『料理物語』の汁の部に、料理名としての「鴨汁」はないが、鳥の部の鴨の項にはちゃんと「汁」を挙げている。他の鳥汁を見ると、鶴の汁は「出汁に骨を入れ、煎じる。さしみそにて仕立て、ツマはその時の景物よし。キノコは如何ほど数入れても良し」とある。白鳥《はくちょう》の汁は「中味噌にて仕立て、また澄ましにもツマは時分のものにつくり次第に入れる」とある。鶴の汁は、将軍や大名の膳にでる最高級品である。

披露宴のカモ汁も似たような作り方であろう。併せるツマが書いてないが、鴨肉だけということはなく、時節の野菜かキノコを入れたのであろう。カモは出汁がよくでるから、鶴汁のようにわざわざ骨を煎じる必要はなかったかもしれない。

鰌（ドジョウ）汁

『守貞謾稿』は「ドジョウ。昔は丸煮と云うて、全体のまま臓腑をも去らず、味噌汁に入れ、鰌汁《どじょうじる》と云う。三都（江戸・京・大坂）専ら之を食す……また全体のまま醤油煮付けしたのを丸煮という。鰌汁・鯨汁ともに一椀十六文、鰌鍋は四十八文」と記す。

味噌汁に丸のままのドジョウを放り込んだのがドジョウ汁で、いまのお金で一椀四〇〇円ぐらいだったらしい。ドジョウ鍋がその三倍と高かったのは、ドジョウを割いて頭と骨と内臓を取り除く下処理をし、浅い土鍋で煮込み、冷めないように熱湯の入った鍋に重ねて出されたためで、文政のころ江戸で考案され柳川鍋《やながわなべ》とも呼ばれた。土鍋が福岡県の柳川で作られたからとも、最初の店の主人が柳川出身だったからともいう。安政のころにはさらに卵でとじるようになった。

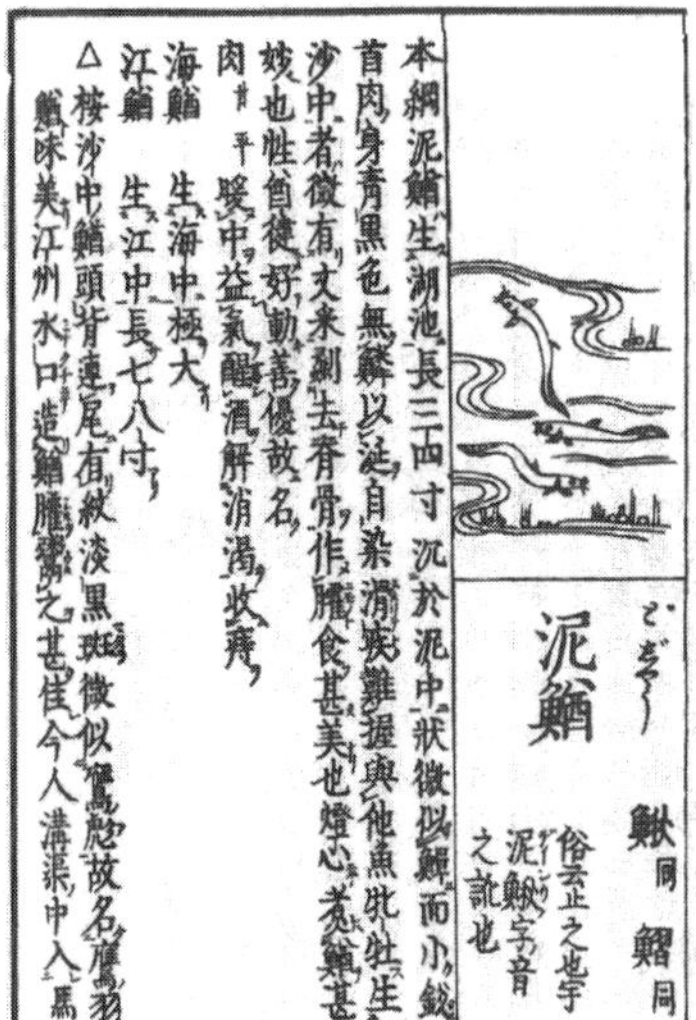

ドジョウ（『和漢三才図会』より）

雲腸（クモワタ）の吸物

最後の吸物が、スズキのワタ（雲腸）の吸物である。『料理物語』汁の部に「鱸《すずき》の汁は、昆布だし（出汁）にてすま（澄）してよし。うわ置（上置）こんぶ。おごも入。雲腸《くもわた》入れてよし。かすみそ（糟味噌）にても仕たて候なり」とある。 ※上置きは、汁物の上に野菜や魚、肉を置き添えること。

釣好きとして知られる幸田露伴は、「料理書にスズキの汁は昆布、くもわたを入れてもよく、薄味噌でも作ると書いてある。くもわたというのは、腸の形が蜘蛛のようでおいしいなどと後人はいっているが、蜘蛛の形をしているから《くも腸《わた》》ではなく、《組腸《くみわた》》が語源である」と蘊蓄《うんちく》を披露し、「江戸の料理本でくもわたを賞美し、私も老船頭から聞いて知っていたが、まだ食べたことがない」（「金の鈴」）と書いている。

料理の主役は膾（ナマス）

火を通さない料理に、膾《なます》（鱠）と、刺身と、お造りと、洗いがある。

なますは奈良・平安時代のむかしからのもの、『和名類聚抄』に「膾はナマスと読み、細切りの肉也」とある。「膾」の月（にくづき）は獣肉を用いたためで、魚肉を多く使うようになって魚ヘンの「鱠」と書くようになった。獣肉や魚肉を生のまま細かく刻み、酢で食べたので「生酢《なまず》」になったという。

※サシミは一般に使われる「刺身」のほか、指身、指味、差味、差躬とも書く。

ナマスで思い浮かぶのが「あつもの（羹）に懲りて、なます（齏・膾）を吹く」の故事である。熱い羊肉のスープで火傷した人が、冷たいナマスを食べるときも息を吹きかけて冷まそうとする。失敗がトラウマとなり、何事にも臆病になる意味に使われる。

出典は『楚辞《そじ》』九章の「惜誦《せきしょう》」と題する詩で、楚の屈原が夢占いを頼んだ巫女《みこ》の「忠告の一節」として出てくる。屈原は楚王に繰り返し「秦と手を結ばないよう」厳しく提言するが、そのたびに讒言《ざんげん》にあって地位を逐われる。巫女は言う、「ひとは失敗を繰り返すと、羹に懲りてナマスを吹くようになるのに、なぜ貴方は志を変えないのか（妥協的な態度をとらないのか）」と。しかし屈原は、自らの節を曲げる気はないと言い切り、ついに汨羅《べきら》の淵に身を投じた。

原文の「虀《せい》」の字は、二二画のむつかしい漢字だが、「和える、なます、つけもの」などの意味で、いまは意味が同じ「膾」の字を用いる。

サシミもナマスの一種であり、室町時代から作られるようになった。ナマスより厚目に切り、調味料を添える。ナマスの調味料は主に「酢」だが、ほかに「醤《ひしお》」を使うこともあった。醤《ひしお》は魚介類を塩と麹《こうじ》に漬け込んで発酵させたもの、要するに「塩辛《しおから》」である。やがて魚介類だけでなく、穀物の大豆を発酵させた「穀醤《こくびしお》」もつくられ、それを「搾《しぼ》って漉《こ》す」ことで「澄んだ醤」いわゆる醤油《しょうゆ》が、室町中期ころに作られるようになった。この澄んだ醤油を調味料に使うことが一般的になると、サシミもまたナマスから分かれ独立した料理になったという。

サシミの誕生は、醤油のお蔭である。

ナマスは切り方一つでサシミになるが、調味料の醤油のほうは当初から貴重なものであり、その普及にはずいぶん時間がかかった。江戸時代も元禄のころ、つまり文左衛門の食卓でさえ、刺身の調味料はほとんど「煎酒《いりざけ》」であり、たまに溜り醤油が使われる程度だ。

『守貞謾稿』に「京坂、鯛《たい》などは〈作り身〉と云う也。すべての作り身、斬目《きりめ》正しからず、斬肉《きりにく》を乱に盛る。また鯛なるゆえに、酢味噌《すみそ》、あるいは山葵《わさび》醤油を専らとす」とし、「江戸は大礼の時は鯛を用い、平日用いるを稀とす。平日は鮪《まぐろ》を専らとす」と解説し、作り身と差身を盛った皿を描き、夫々《それぞれ》に「京坂、作り身」「江戸、差身」と添え書きしている。絵を見ると、京坂の作り身は「斬目正しからず」薄《うす》造りして瓦《かわら》盛り（薄い身を、瓦を葺くように順次端を重ねる）し、江戸の刺身は「斬目正しく」平《ひら》造りして節《ふし》盛り（三、五、七節にまとめて盛る）している。

上：京阪の「作り身」
下：江戸の「差身」
（『守貞謾稿』より）

志の島忠氏は、「刺身の盛り付けで、ひとつの器に薄造りと平造りが同居するのはよいが、鯛《たい》と鱸《すずき》と赤貝《あかがい》が盛合されるのは間違っている、昔の魚屋は、一つ皿に頼まれるがまま種類を盛合せてくれたが、あれは魚屋がやることとで料理屋のやることではない、あくまで一器一種が原則」と述べられている。いまは一皿に一種の刺身しかのせないと、ケチな料理屋と思われかねない。

鱸（スズキ）

日本料理を「割烹《かっぽう》」というが、基本は「割主烹従《かっしゅほうじゅう》」、つまり素材を切り（割《さ》き）、生《なま》のまま食べる料理が主役で、焼いたり煮（烹《に》）たりする料理は、従とする。

腕の良い料理人は「献立を考える時、まず刺身を何にするか決める」という。煮物や焼物より、火を通さない膾《なます》（鱠）や刺身（お造り）が上位にあり、必ず膳の「正面真《ま》向《む》こう」に置かれる。この「位置」および置かれている「料理」を、懐石膳では「向付《むこうづけ》」といい、もっとも晴れがましい場所とされる。

「向付の器は懐石が終わる最後まで引かれることなく客の目にさらされ、一会《いちえ》を催す亭主は、茶事の趣向に合わせた向付の選定に最大の神経を使う」（志の島忠）といい、向付という表記がはじまる江戸中期頃は、「向付はナマス（鱠）」と決まっていた。やがてナマスよりサシミが多く用いられるようになると、ナマスは「酢の物」に形をかえ、サシミと酢の物の組合せが、献立の定番になったという（江原恵）。こうした和食のセオリーを知った上で、文左衛門の披露宴メニューを見てみると、料理の最初に「指身（すずき・九年母・たてす・わさび・いり酒・すいせんしのり）」とあり、この日の主役（メインディッシュ）が、「スズキの刺身」であることがわかる。

スズキはハタ科の魚で、成長するにしたがい名前が変わる出世魚である。稚魚がコッパ、一年魚が二〇から二五センチに成長したセイゴ、三〇センチ以上をフッコ、六〇センチ以上の成魚をスズキと呼ぶ。な

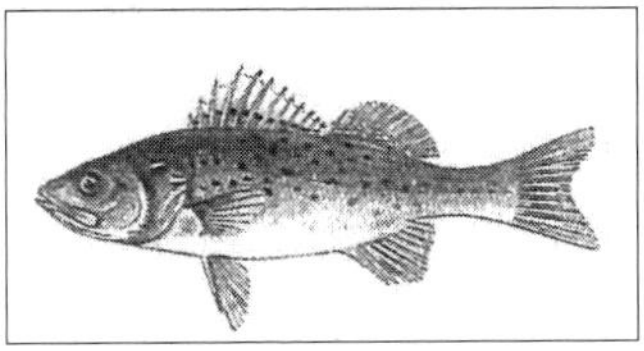

スズキ（『日本語大辞典』より）

かに一メートルになるスズキもある。幼魚は川をのぼるが、成魚になると岩礁や内湾に生息するため、水質汚染の影響を受けやすい。

わが国最古の書物『古事記』にも、櫛八玉《くしやたま》神が膳夫《かしわで》（料理人）となりスズキ料理を神饌《しんせん》として献《たてまつ》る話が出てくる。この儀式を以て大国主との国譲り交渉が終わり、次章の天孫降臨の話へとつながる。

○栲《たく》縄（楮《こうぞ》の皮の縄）の千尋縄《ちひろなわ》打ち延《は》え（延縄漁法で）、釣りする海人の口大《くちひろ》の尾翼《おはた》スズキ、さわさわに（賑やかに）ひき依《よ》せあげて、打竹《さきたけ》の（とをを…の枕詞）とををとををに（竹の簀がたわむ程）、天《あめ》の真魚咋《まなくい》（神聖な魚料理）献る。（『古事記』大国主神の国譲り）

出雲の海人が、延縄《はえなわ》で釣った口の大きい尾鰭の張ったスズキを賑やかに引き上げ、竹の簀がたわむほど大量に盛り上げ、お供えいたします。

古代の宴会で、スズキやクロダイは代表的なご馳走だった。出雲地方は、いまもスズキの名産地として知られている。しかしスズキが海の魚とは限らない。『本朝食鑑』の鱗部之二に、「川河のものは美味で、脂が多い。江海のものは味が浅く、脂は少ない。現今、洛の淀川・宇治川の産が上品である」と記し、海よりも川で獲れるスズキを推奨している。

川那部《かわなべ》浩哉氏は、『応仁記』にある「足利義視が伊勢へ下向の折（一四六七年）、琵琶湖を船で近江坂本から草津の山田へ渡ったとき、船にスズキが飛び込んで来た」という記述を紹介され、縄文晩期の滋賀里《しがさと》遺跡（大津市）からスズキの骨が見つかっているが、戦国時代にまで琵琶湖にスズキのさかのぼってきたのは驚き、と記されている（『魚々食紀』）。

スズキは同じ出世魚のボラなどと同様に、水面をジャンプする。何かに驚いて群れが一斉に飛び交えば、船に飛び込むこともあったらしい。船に飛び込む話で有名なのは、平清盛の吉兆譚だ。

○古《いにしえ》、清盛公いまだ安藝守《あきのかみ》たりし時、伊勢の海より船にて熊野へ参られけるに、大きなる鱸《すずき》の船に踊り入りたりけるに、先達《せんだつ》申しけるは「是は権現の御利生なり。いそぎまいるべし」と申しければ、清盛のたまいけるは、「昔、周の武王の船にこそ白魚は躍り入りたりけるなれ。是《これ》吉事なり」とて、さばかり十戒を保ち、精進潔斎の道なれども、調味して家子《いえのこ》侍共に食わせられけれ。其の故にや、吉事のみうちつづいて、太政大臣にまで極め給えり（『平家物語』巻第一「鱸」）。

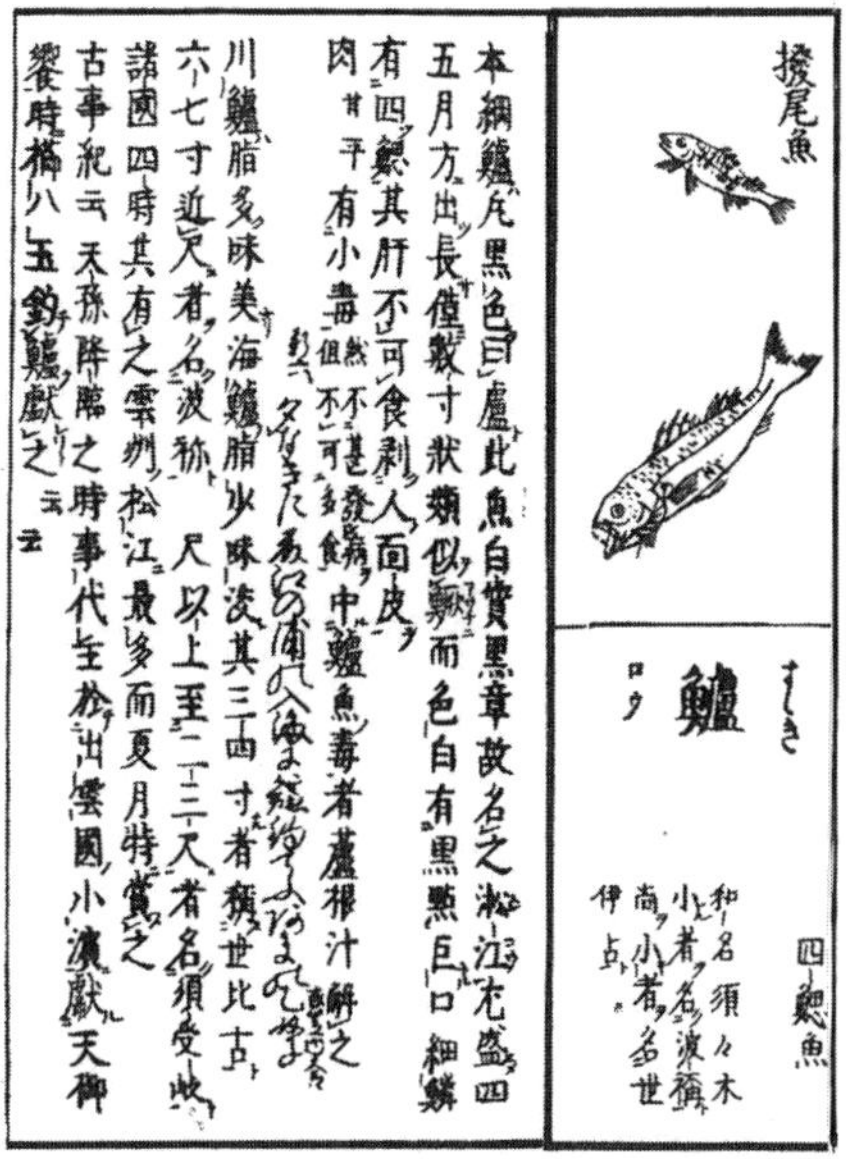

スズキ（『和漢三才図会』より）

平忠盛の子清盛は保元・平治の乱に勲功があり、やがて昇進を重ね太政大臣にまで昇った。これは熊野権現のご利益である。清盛が伊勢国の安濃津《あのうつ》から船で熊野詣でに出かけたおり、船中に大きなスズキが飛び込んできた。それを見た近習の一人が「むかし周の武王が天下を取る前に海を渡っていたとき、白魚（スズキ）が船に飛び込み、それから戦に勝ち進み遂に天下をとったという故事があります。吉兆です、さっそく召上ってください」とすすめた。喜んだ清盛は「精進潔斎して熊野参りする途中だが、すぐに食べよう」と料理させ、家の子郎党とともにスズキを食べた。そのご利益で、やがて太政大臣になった。

とにかくタイと並んで縁起の良い、そして美味《うま》い魚である。文左衛門の披露宴料理としてスズキの吸物とサシミは、まことに似つかわしい。吸物には「くもわた」とあるが、これは先述したように「スズキの腸《わた》」のことである。正岡子規にスズキ礼賛の一句がある。

○吸物も鱸《すずき》さしみも鱸哉

まるで文左衛門の結婚披露宴を祝福するような句である。

吸物・刺身に加えて「洗い」もよい。『守貞謾稿』の刺身の項で「洗い」にも触れている。

○三都（江戸・大坂・京）ともに、洗いと云うあり。作り身、刺身の類を冷水にて洗い食す。是《これ》は、江戸も不列《ならべず》に盛る。洗いには鱸《すずき》を好《よし》とす。また、鯉の刺身も洗う。その他すべて鮮なるは、洗いて可なり。蓋し洗いは、夏用なり。

スズキは刺身や汁もよいが、本当の旨さは「洗いにあり」、とする食通が多い。

川那部氏は「鱸は洗いのために存在する魚だとさえ、思えるぐらいである。へぎ（片木）作りか、細作りにして、冷たい井戸水を何度も取り替えながら脂肪を抜き、かたくなり色も白くなったのを食べる。最近は皿の上に氷を載せて、その上に置いたりまでする」と語る。

末広氏は「活き魚を割いて薄くさしみに作り、冷水にてよく洗い、晒されて肉の縮こまるのを度としてこれを皿に盛り、潰《つぶ》しわさび、蓼《たで》など添えて生醤油《きじょうゆ》で供膳する。色は純白で精鮮、味は軽淡にして脆美《ぜいび》なり。夏秋期における佳饌《かせん》として天下一品の称がある」と、ともに絶賛である。

最後に洗いとは正反対の、「スズキの味噌仕立て」を詠み込んだ妙な歌を紹介して、この項を終わる。朝日文左衛門が、正徳三年九月六日の日記に書き記した歌で、讃歌ならぬ讒歌《ざんか》である。

○鱸《すずき》めを　青木たでにて膾《なます》にし　晩の夜食に　おかか（お嬶）みそすれ

歌の前段に詞書《ことばがき》ふうに「十郎兵衛ことを前かたより讒歌あり。仲ま四人をよみこむ」と記している。歌の文句から拾い出すと、「鈴木《すずき》、青木《あおき》、伴野《ばんの》、各務《かがみ》」の四名らしい。歌の前に、次の記事が載っている。

○この日の夜、鈴木十郎兵衛が外出から帰ると、同家若党の村瀬藤七が長屋から抜き身を持ち、中門をくぐる所を後ろから切り付け、耳から首にかけ一打《ひとうち》にした。十郎兵衛の嫡男庄左衛門が親の仇とばかりに、藤七を仕留めたとされるが、これは町奉行の計らいで、本当は藤七が刀を腹に突き立て自殺したのである。若党に親を殺されたとあって、庄左衛門と二男紉之丞は面目が立たず立ち退いた。世間では立ち退かずともの評だったが、これも十郎兵衛の年来の悪業の結果であろうか。

この続きに悪行の数々が具体的に挙げられている。いずれも弱い者いじめで、およそ武士らしくないものばかり。借りた金銀を返さない、表具を頼んで代金を払わない、頼まれて集めた奉加金をネコババする、召使を殴る蹴るといったもので、とても五十半ばの武士がやることではない。そんな男に似つかわしい惨めな最期である。

川那部氏も『鸚鵡籠中記』を読まれたらしく、この歌を引いたあとに「洗いなら兎も角、スズキの味噌仕立てなど、ぞっとしない」と書かれている。

赤目（アカメ）

スズキとならんで多く刺身や汁の実として使われた魚が「アカメ」で、文左衛門の食卓にもこのアカメが再三出てくる。序《ついで》なので触れておきたいのは、アカメの正体がはっきりしないからである。文左衛門がはじめてアカメを食べたのは妻の実家朝倉忠兵衛の家で、たまたま親類一同の宴があり、そのときの料理にアカメが出された。

○元禄七年八月廿七日

蕎麦切・汁（あかめ・とうふ）・指身（あかめ・おご）・香の物・酒の肴（鮭）・鮓《すし》・松簞

熬物（鰡）・粕漬・塩辛

※松篁《しょうたん》は、正しくは「松蕈《しょうじん》」で松茸のこと。

アカメが指身のほか、汁の具としても使われている。文左衛門の『日記』にはアカメがこの後も再三出てくるが、今は耳にしなくなった魚である。アカメを正式名とする魚は、『魚と貝の事典』（柏書房）によれば「アカメ科の汽水魚で、体長が一メートル、高知県から和歌山県にかけての限られた地域に生息、眼の瞳孔がルビー色に光るところからの命名」とあり、「狭い分布で生息個体数が少ない」とされている。つまり正式名が「アカメ」の魚は、余り見かけない希少種というのである。

一方、ボラ科の海水魚のメナダも、眼の周辺が赤いことから、アカメの名で呼ばれることがある。ボラに似ているため同類として区別されないこともあるが、やはり出世魚で、東北では三〇センチ前後の、ボラになる前の段階のものをアカメと呼ぶらしい。

『日本料理語源集』では「赤目は、関西ではメナダといい、関東にはほとんどいない。煮たり焼いたり、刺身には最適の魚」とある。決め手になるのが旬《しゅん》の季節で、「日本各地の沿岸に分布し、ボラとは逆に夏に美味」（『魚貝ものしり事典』）とある。『日記』を調べてみると、ほと

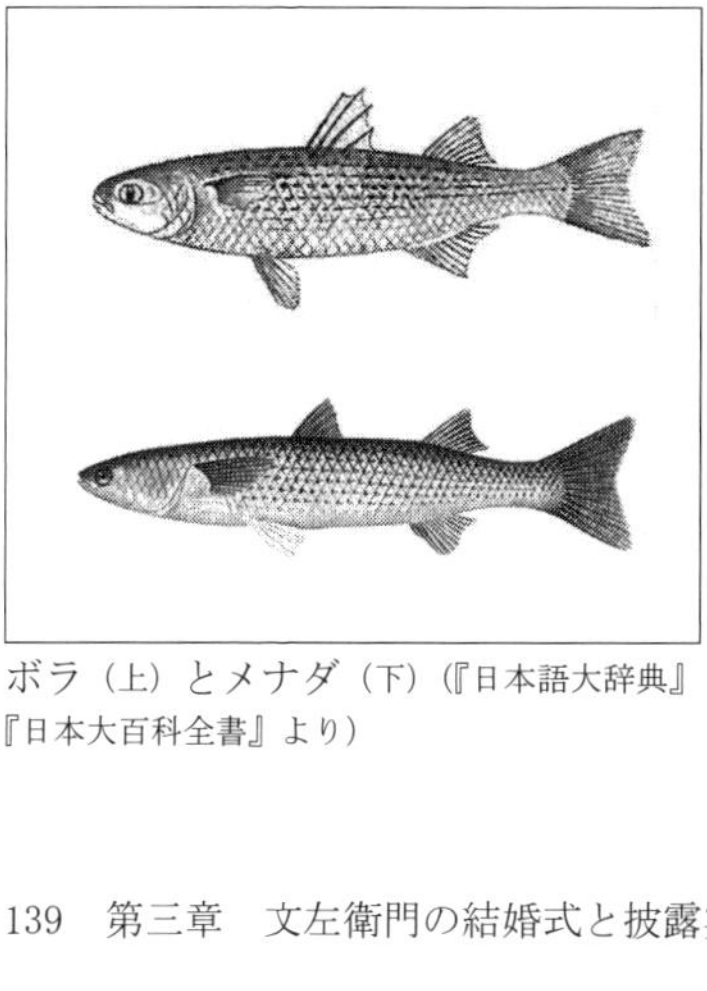

ボラ（上）とメナダ（下）（『日本語大辞典』『日本大百科全書』より）

んど五月から八月にかけて食べられていることから、「アカメ」は、このボラに似た「メナダ」と考えて良いように思う。

刺身のツマ（妻）

ツマ（妻・棲）は、汁やサシミ、ナマスなどの主材料に添える野菜や海藻をいう。魚の作り身が「夫《おっと》」であり、添え物の生野菜などの付け合わせを「妻《つま》」に見立てたと解説する料理書があるが、昨今では非難されそうな語源説だ。「けん」「あしらい」ともいう。

『図説江戸時代食生活事典』は、それぞれの区別を次のように説明する。

○刺身のあしらいには、「けん、つま、辛味」の三種があり、〈けん〉は白髪ダイコン・キュウリ・ウドの千切り・オゴノリなど、〈つま〉は双葉の芽ジソ・花の穂ジソ・ボウフウなど前盛りとしてあしらうもの、〈辛味〉はワサビ・ショウガを用い、この三種を総称して〈つま〉という。辛味は別として、〈けん〉と〈つま〉は、いまほとんど区別せずに使われて

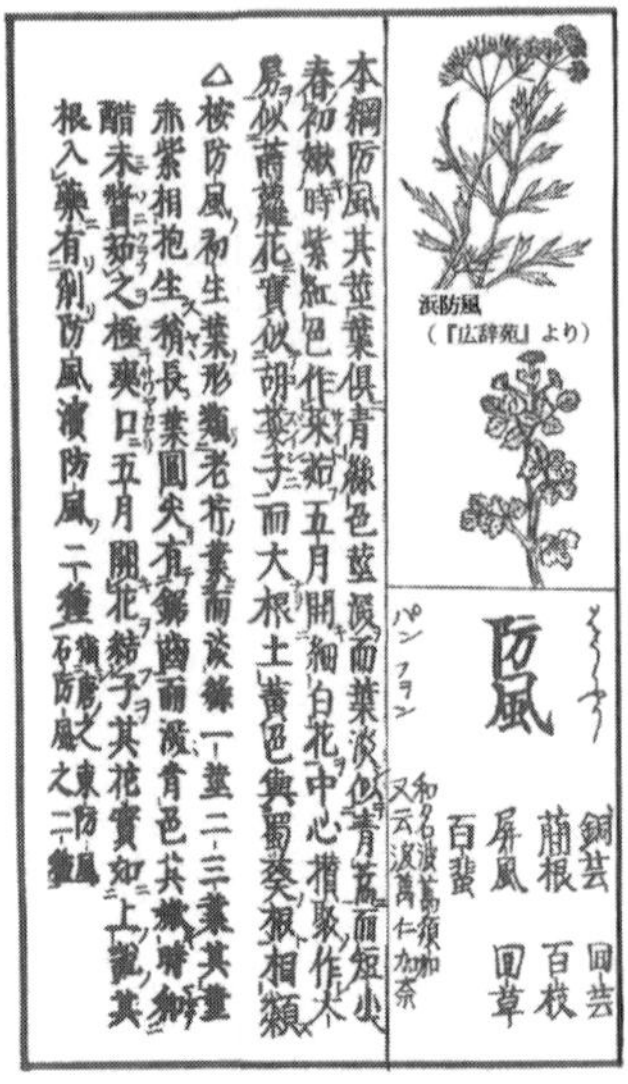

ボウフウ（『和漢三才図会』より）

いる。

このうち「ボウフウ」はあまり馴染みがないだろう。『日本料理語源集』には「煎じて飲むと風邪の予防になる種と、浜で砂の移動を防ぐ防風の種の二つある」とし、「後者を浜防《はまぼう》風《ふう》といい、刺身の妻に使い、大砂丘のある鳥取が産地」と記す。料亭の懐石、鳥取の郷土料理で見かける食材らしいが、この名がすぐに思い浮かぶ人は、結構料理に詳しい人だろう。

セリ科の多年草で、三月から五月が旬、葉はセリに似るが、厚みとツヤがある。根は牛蒡のように細長い。刺身の妻以外に、和え物、天ぷら、炒め物にも使われる春野菜である。

『日記』に出てくるツマ

『鸚鵡籠中記』の元禄六年、七年の料理から、膾や刺身のツマとして添えられているものを挙げると、ボウフウ（浜防風）、オゴ（海髪）、スイゼンジノリ（水前寺海苔）、ダイコン（大根）、ウド（独活）、キュウリ（胡瓜）、クルミ（胡桃）、トウチシャ（唐苣）、キクラゲ（木耳・木海月）など、辛味としてワサビ（山葵）、ハジカミ（薑）、タデス（蓼酢）、クネンボ（九年母）、調味料としてイリザケ（煎酒）、ス（酢）などがある。これ以外の年を調べると、モズク（水雲）、ナマノリ（生海苔）、ミョウガ（茗荷）、タマリショウユ（溜醤油）が加わる。

○元禄六年の「膾《なます》・刺身に添えられたツマ」の例

膾（大根おろし）一月九日　膾（ボラ・栗・薑《しょうが》）一月九日　指身（ナヨシ・オゴノリ）二月一九日

水和《みずあえ》（煎酒と酢の和え物）（クシコ・裂きエビ・胡桃《くるみ》・唐萵苣《とうしちゃ》・九年母《くねんぼ》）二月二四日
指身（ナヨシ・オゴノリ・山葵《わさび》）二月二七日　鱠（イカ・蓼酢）四月一日
鱠（ナヨシ・イカ・田作り・ささかき大根・蓼・防風）四月二一日
指身（スズキ・蓼酢・煎酒《いりざけ》・九年母・山葵・水前寺ノリ）四月二四日
鱠（タイ・薑・木耳《きくらげ》・栗）・指身（ナヨシ・蓼酢）四月二八日
指身（あかめ・山葵・煎酒・寒天・柚の葉）五月三日

○元禄七年の「鱠・刺身に添えられたツマ」の例

鱠（ナヨシ・栗・薑）一月一六日　指身（小ボラ・瓜揉み）閏五月一〇日
鱠・煎酒和え（田作り・ナヨシ・栗・薑・山葵）一月二六日
水和（干し大根・鯣《するめ》）七月二日　指身（鱸・蓼醋《たです》）七月一六日　指身（アカメ・オゴ）八月二七日
鱠（スバシリ・大根）九月十日　鱠（ボラ・栗・薑・九年母・ぬた）九月一〇日
鱠（サヨリ・木耳・栗・薑・山葵和え・九年母）一一月一五日
指身（小ボラ・煎酒・海鼠《なまこ》・九年母）一二月一五日

海藻（カイソウ）

広義には「海藻」を含む海の植物全般を「海草」と呼ぶこともある。どちらも「かいそう」と読み混同されやすいが、植物の分類としては全く異なる。

海藻は「藻《も》」であり、陸上のコケと同じように葉状体と仮根からなり、海中を泳ぐ胞子によって繁殖する。根は栄養吸収のためではなく、岩場や砂地に固定する役割である。

一方「うみくさ」の海草は種子植物であり、根、茎、葉の区別があり、花を咲かせ種子で繁殖する。比較的浅い沿岸の汽水域を好み、密生している場所を「海草藻場《もば》」と呼ぶ。藻場は海の生物の産卵場所となり、小さな魚の隠れ場所ともなる。

海藻の代表はコンブをはじめヒジキ、モズク、ワカメ、アサクサノリ、テングサ、アオサミルなどで、二万種のうちおよそ五〇種の海藻が食べられる。一方の海草は食べられない。この「食べられる」「食べられない」が、海藻と海草のいちばん見分けやすい指標である。海草のアマモを食べるのは、人間ではなくジュゴンである。スーパーで袋詰めにして売られている場合も、「海草サラダ」は間違いで、「海藻サラダ」と表示されるのが正しい。

ときに人形にも擬せられるジュゴンは、アマモしか食べない。アマモの語源は、根茎を噛むと微かに甘みを感じることからと

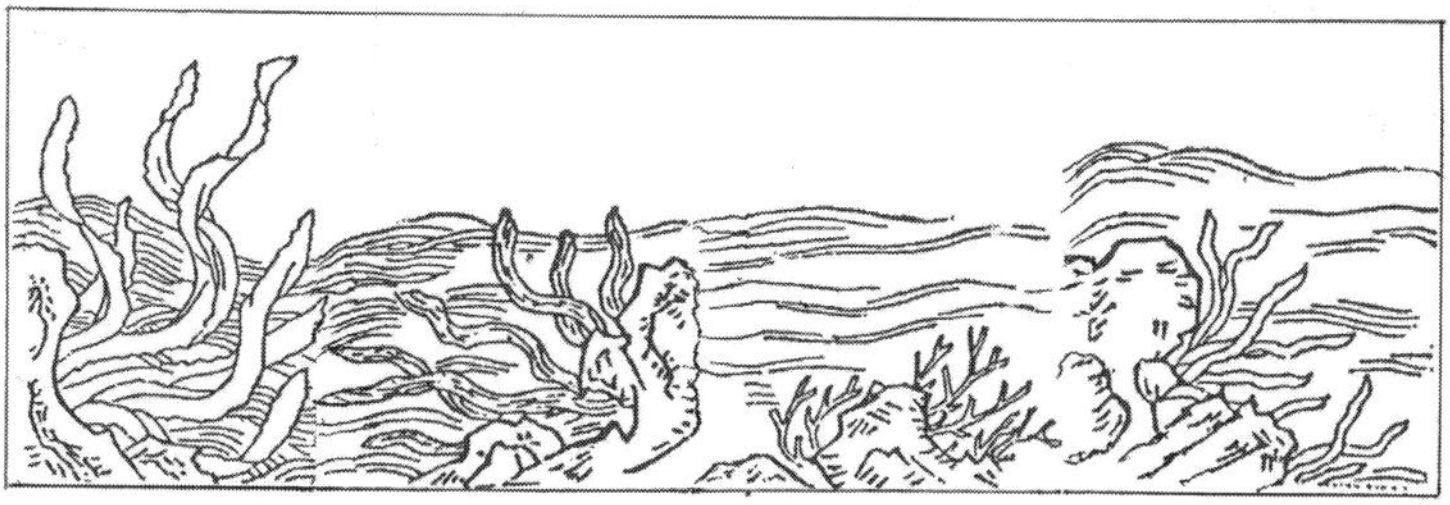

左からコンブ、アラメ、ヒジキ、ワカメ（『和漢三才図会』を一部改変）

いう。別名が「リュウグウノオトヒメノモトユイノキリハズシ」で、漢字で書くと「竜宮の乙姫の元結の切り外し」となり、二一文字の植物名は、日本でいちばん長い。海岸に打ち上げられた、一見カヤツリグサに似た葉に付けられた名前らしい。乙姫様が髪を束ね、その根元をアマモで結んだというわけだが、よほど想像力豊かな人の命名であろう。

※元結（もとゆい・もっとい）とは髻《もとどり》の根本を結ぶ紐。麻糸や紙縒《こより》を使った。

アマモ

海髪（オゴノリ）

『日記』には「オゴ」「オコ」として再三出てくる。刺身のツマとして今もよく用いられる、緑色の細い弾力性のある海藻である。紅藻植物でオゴノリ科、海岸の岩場に生育する。逆さにつるすと髪を束ねたように見えるため「海髪」の名が付いた。春から夏にかけ繁茂する。一〇世紀の『延喜式』にも「於期苔《おごのり》」の名が見られ、食品としての歴史は古い。採取後に灰にまぶして保存し、使用前に熱湯をかけると鮮やかな青色に変わる。

『本朝食鑑』に「於期苔　乱糸のようで硬《こわ》い。長さは一、二尺に過ぎず、青色である。銅鑼（銅器）で煮れば青色で生のようになる。むかしは伊勢・尾張・紀伊・播磨・阿波国などが民

部省へ貢献していた」とある。海中にあるときは、青色ではなく少し紅がかった褐色である。『本朝食鑑』は無毒とするが、自分で採ってきて生食したときは、食中毒を起こす例があるし、なかには命を落とす人もいる。毒の原因については、よくわかっていない。ただし市販品は石灰処理されていて、まったく安全である。寒天の原料としても使われている。

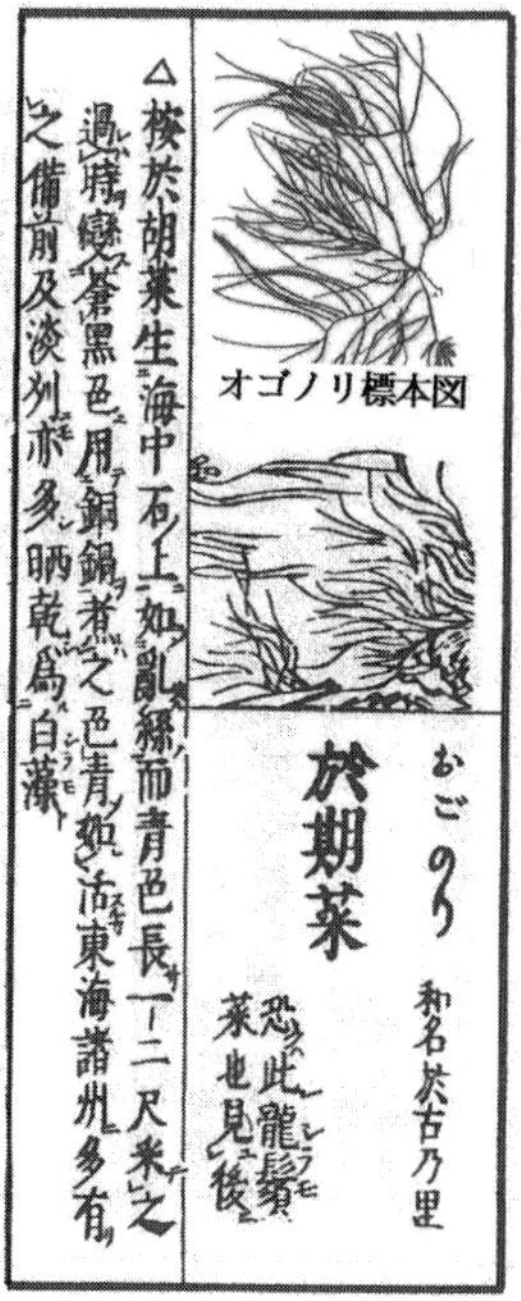

オゴノリ（『和漢三才図会』より）

水運・海雲（モズク）

褐藻類の海藻。ほかの海藻に引っ付いて生長するので「藻付く」と呼ばれるようになったとある。いまは酢で調理したモズクがパック売りされ、人気商品になっている。そのため需要が増し、オキナワモズクが養殖で大量生産されている。ロープを網状に編んで海底に沈め、付着して林のようになった藻を、ポンプで海水ごと吸い上げ収穫する。

このモズク、『日記』ではいずれも吸物の実として使われている。

○元禄七年一月十六日　双親・予・慶、渡辺弾七とともに朝倉忠兵衛へ行く。

汁（苣・かわたけ）・鱠（なよし・くり・はじかみ）・二汁（鴈とり・ごぼう）・煮物（くわい・嶋えび・とらちさ）・焼物（赤もどこ・白酒かけて）・香の物・酒の肴、鮭酢・吸物もづく

○元禄八年一月廿二日　昼より親と予と渡辺平兵へ行く。久兵衛・源右衛門・弾七・源之助・七内・加左衛門来る。覚右衛門は腹中不通により、夕飯後より来る。

汁（赤みそ・かつお・醤油のみ・大根葉）・指身（あかめ・おこ・わさび・九年母）・煮物（鳩・ゆりの根・くづし）・鮎鮓・肴・芥子醋（白魚）・吸物（あかめ・皮中打）・すじこ・吸物（もづく・くるみ）・うるか。

海苔（ノリ）

「のり」と仮名書きで、『日記』の二か所に出てくる。

○吸物出る（竹子・魚）。そのほか取肴《とりざかな》、のり等の吸物種々出る。大酒し興じ闌《らん》（たけなわ）にして笑いどよめく。帰り来《きた》れば四ツ過ぎ（夜十時半過ぎ）なり。（元禄七・五・一二）

○後段《ごだん》かんざらし。そば切。吸物（はえ・さんしょう・のり）。肴醋物《すのもの》魚。取肴巻するめ。錫物《すずもの》（玉子ふかふか・等）。盆菓子（御所柿・ぶどう）。（元禄一五・閏八・一二）

最初の記事は小出晦哲《かいてつ》、天野源蔵ら文会（文化人サークル）のメンバーと桜天神（現、桜通り本町）境内の霊岳院で夕食会を催し、二次会で二ブロック南の常瑞寺に赴いたときの料理である。

二つ目の記事は、叔父渡辺久太夫の家で行われた宴だが、宴の趣旨がいま一つはっきり

しない。ひと月半ほど前の記事に「久太夫女の祝儀の饗。余・家内行く」とあり、それにかかわるものかも知れない。あるいは久太夫が御城代冨永彦兵衛の同心に就いており（元禄一〇年）、その関係の接待かもしれない。この宴には冨永彦兵衛父子が出席しており、渡辺家は丁重にもてなしている。

宴の理由はさて置き、ここで出された「のり」は、はたして浅草海苔であろうか、『日記』のほかの箇所で出てくる海藻は、オゴノリ、アラメ、モズクなどは具体的な名前を挙げているので、単に「ノリ」とあれば、アマノリ属の岩ノリや生ノリである可能性がある。

なお二つ目の記事の「後段《ごだん》」とは、正式な饗応膳が終わり食後暫くしてさらに別の飲食物を出すことを指した。したがって「そば切」など軽めのものが多い。後段最初の「かんざらし」は寒晒粉《かんざらしこ》、つまり糯米粉《もちごめ》を寒水に晒して作る白玉粉のことで、これで作った白玉には、小豆《あずき》をそえて出した。

その次に吸物のタネとして「のり」が出てくるわけだが、たとえ浅草海苔としても漉《す》いて作られる板海苔《いたのり》ではなく、乾燥させずにそのまま用いる生海苔であろう。海苔の話は複雑である。まず料理本等を参考にしながら、海苔全般の知識を得ておきたい。

海苔の歴史

私たちの食卓に欠かせない「焼き海苔」「味付け海苔」を一般に「浅草海苔」と呼んでいるが、

これは通称で、浅草で採れたわけではない。

正しくは「海藻《かいそう》類のなかの紅藻《こうそう》類、ウシケノリ目のウシケノリ科、そのなかのアマノリ属のひとつアサクサノリ、あるいはスサビノリ」である。アサクサノリ、スサビノリを片仮名で書いたのは分類上の名のためで、とくに馴染みのある「アサクサノリ」は、明治になって岡村金太郎が、各地で養殖されていた浅草海苔は分類上の「種《しゅ》の一つ」であることを確かめ、これに「アサクサノリ」の標準和名を与えた。

当時の日本では天然種苗の海藻「アサクサノリ」を使い、多くの内湾や遠浅の干潟でノリ養殖が行われていた。海苔の生育適地では九月から一〇月ごろにヒビ（竹や木の枝）を立てると、自然にノリの葉状体がべっとり着生し、一一月には収穫が始まり、一、二月に最盛期を迎え、四月になって採取の終わったヒビを撤去する。この繰り返しで養殖が行われていたが、昭和三〇年以降工業化が進むと海岸が埋め立てられ、次第にアサクサノリの自然な生育適地が失われていった。そして平成一二年、ついにアサクサノリは絶滅危惧種に指定された。

こうした自然任せのノリ養殖が危機に瀕したとき、これを救ったのがイギリスの植物学者メアリー・ドゥルー＝ベーカー博士である。博士は長年謎とされてきた「ノリの一生（ライフサイクル）」を解明、この論文を読んだ日本の学者が、これをノリ養殖に取入れたのである。

これまではノリの収穫後、ノリ胞子は岩場に取り付いて夏を過ごし、秋に再び胞子を出してヒビに付着する。付着する量の増減は「時の運」と考えられていた。

しかしベーカー博士は、ヒビ（小枝）に纏わりついた葉状体のノリが、やがて顕微鏡でしか見えない「糸状体（コンコセリス）」に姿を変え、牡蠣などの二枚貝に潜り込んで夏を過ごし、秋になって再び胞子を海中に放出、それが葉状体のノリに成長することを突き止めた。

それなら陸上のタンクで糸状体を大量に培養すればよい。そしてヒビ枝よりも効率の良いヒビ網に直接付着させるか、あるいは網に糸状体の入った牡蠣殻をぶら下げて海に沈める。海水温度が二五度以下になれば、糸状体からたくさんの胞子が放出され網に付着する。

さらに従来の「アサクサノリ」より多収、耐病性に優れた同じアマノリ属の「スサビノリ」が選ばれ、より確実なノリの人工養殖が、新たにはじまった。これが本格化するのは、昭和三四年の「浮流し（浮きに海苔網を張る）養殖法」以降で、水深のある海上でも養殖が可能になり、翌年には海苔の生産量が三八億枚を超えた。さらに昭和四〇年代には飛躍的に増え、最盛時は一〇〇億枚を超えたのである。

スサビノリにとって代わられ御用済みとなったアサクサノリは、自然の生育環境も奪われ絶滅に瀕する。いま一部ではアサクサノリの復権が試みられているが、限定的である。

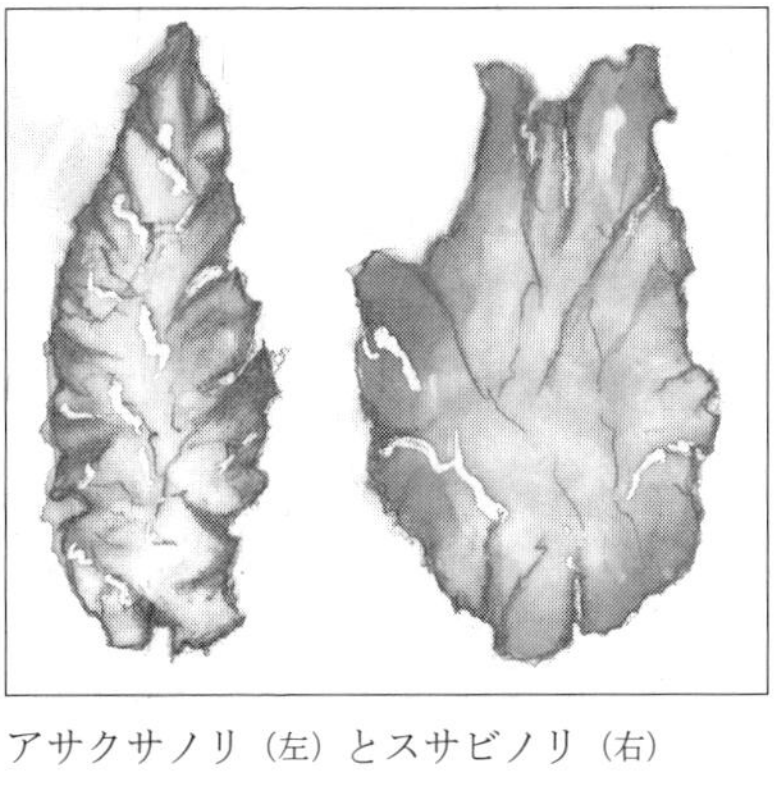

アサクサノリ（左）とスサビノリ（右）

近年のアサクサノリの分布調査では、わずか全国八か所の干潟で、葦などの根元にノリの着生が認められたという。福島県相馬市とその周辺三か所、三重県伊勢市の宮川河口、山口県下松市、長崎県島原、熊本県天草などだが、それ以外の海岸河口部では発見されなかったわけで、乾海苔《ほしのり》の代名詞として「浅草海苔」は、今後もずっと続いていくだろうが、かつてその原料だったアマノリ属の「アサクサノリ」は、今まさに消えようとしている。

浅草海苔の名前

明治時代、「浅草海苔」の原料藻に対し分類上の和名「アサクサノリ」が付けられたわけだが、昭和になって新しい養殖法とともに、より強い「スサビノリ」が使用された。種は変わっても製品は「浅草海苔」であり、現在もその名前で流通している。

そもそも「浅草海苔」という名前は、いつ、どんな理由ではじまったかというと、これが諸説あってむつかしいらしい。『増補江戸鹿子《かのこ》』に「元来品川・大森の海辺にて取りたる海苔を浅草にて製した」とあり、つづけて、当時海苔屋は浅草辺にたくさんあったが、雷神門前の植木屋四郎左衛門がその根元で、この者は浅草観音が隅田川から拾われたとき、安置するために草堂を編んだ一〇人の一人の末裔、とある。後半はともかく、「品川・大森で採収したノリを浅草で製品化した」という話は、多くの解説書がそのまま採用している。品川辺でノリが採れたのは、江戸城内の魚介類御用のため、浅瀬にナラやクヌギの枝（ヒビ）を立て巡らせ、簡単なイケスとし鮮魚を囲った。そのヒビに自然に海藻（ノリ）が付着した。当時入江は相当陸地内部に入っており、お城の内堀の東南部は海につながっていたという。ちょうど日比谷公園の辺りだ。日比谷の地名は「ヒビの谷」からだという。

ノリはどこでも採れるが、東京湾（江戸湾）のノリが有名になったのは、板海苔として定型に乾燥させる技術のおかげである。目黒川の河口にあたる品川のノリの品質も良かったが、浅草で行われていた紙漉きの技法に「乾燥ノリ」のヒントを得、浅草で板海苔の製品化が進み、浅草海苔がしだいに海苔の代名詞になった。なお海苔の大きさが、一九×二一センチの長方形に統一されたのは意外に遅く、昭和四八年のことである。

海苔の御三家

山本、山本山、山形屋を「海苔の御三家」というらしい。

まず「味付け海苔」を発明した山本海苔店。幕末の嘉永二年（一八四九）、山本徳次郎が日本橋魚河岸近くの室町一丁目に店を開いた。安政五年（一八五八）に二代目を襲名した徳次郎は、商人ながら神田お玉ケ池の千葉周作道場に通い、同門の山岡鉄舟と親しくなった。明治になり天皇の侍従となった鉄舟は、天皇が京都行幸の折、皇太后に持って行く土産について徳次郎に相談した。単に焼き海苔では面白くない、何か新しいものをと、徳次郎の工夫がはじまり、たどり着いたのが「味付け海苔」だったという。明治二年のことである。

山形屋は、明和元年（一七六四）日本橋小網町に窪田惣八が店を開いたのにはじまる。天保八年に室町一丁目に移転、元治元年（一八六四）には四代目惣八が、幕府御用を命じられた。明治一一年に五代目惣八は、焼き海苔を瓶詰にして売り出したという。焼海苔自体はすでに幕末に売り出されていたが、乾燥したまま保存が効くように工夫したのである。「焼き海苔の山形屋」に対し、「味付け海苔の山本屋」ということになる。

残る山本山は、元禄三年（一六九〇）創業と最も古いが、初代山本嘉兵衛の江戸出店は「茶商」としてであった。元文三年に、永谷宗円（永谷園の先祖）の開発した宇治茶の煎茶を委託販売して、財をなした。海苔の販売を手掛けたのは意外に遅く、昭和二二年のことである。コマーシャルの「上から読んでもヤマモトヤマ、下から読んでも……」は有名だが、海苔を扱うようになってから、山本屋と混同されるようになった。実は筆者も、長い間混同していた。

御三家以外に、地元名古屋の中村区に拠点を置くのが「浜乙女《はまおとめ》」。昭和二六年（一九五一）に、加工海苔業界に参入した。海苔を中心に胡麻、ふりかけ等の乾物を扱う。創業家は服部友久。近年海苔に酢味を付け、酢飯がなくても巻きずしができる工夫をして話題になった。テレビコマーシャルの「でえたらぼっち」は、地元で知らない人はいない。

この話は日本各地に残る「巨人伝承」で、『ダイダラ坊の足跡』を書いた柳田国男によれば、「小人《こびと》」に対する「大人《おおひと》」の「大太郎」に法師をつけ「大太郎法師《だいたろうほうし》」、「一寸法師」の正反対の大男で、その大男のダイダラ坊が「田植えを真似、浜の浅瀬に篊《ひび》を刺した」のがノリ養殖のはじまりというわけである。

海の海苔の次には川の「ノリ」が出てくる。川のノリをいう場合「海苔」の字は、何となく使いにくい。料理書などでは普通に使っているが、ここではカナ書きとする。

水前寺海苔（スイゼンジノリ）

解説書には、宝暦ころから出回った川ノリとあるが、元禄の文左衛門の口にも入っているし、それ以前に芭蕉も水前寺ノリの吸物を食べている。もう少し古くから知られていたはずだ。水前寺という名は珍しく、歌手の水前寺清子を連想する人も多いだろう。

水前寺清子、本名林《はやし》田《だ》民子《たみこ》は熊本市の出身で、芸名の水前寺は同市中央区にある大名庭園、通称「水前寺公園」からとった。公園の正式名は「水前寺成趣《じょうじゅ》園《えん》」で、熊本藩細川家の庭園である。昭和四年に国の名勝・史跡に指定された。この水前寺公園付近は阿蘇伏流水が流れ、水前寺下流の上江津湖《かみえづこ》から見つかった川ノリ（淡水産藻類）は、藍藻類《らんそうるい》ジュズモ科に属する川《かわ》茸《たけ》ノリで、水前寺ノリの名で呼ばれ、その発生地として、上江津湖は国の指定を受けている。

市販の水前寺のり

水前寺ノリについて、解説書に「単細胞の個体が、寒天質の基質のなかで、群体を形成する」とある。むつかしい表現だが、写真で見ると密集した部分は「緑色の蛙の卵」を連想する。これを採取して擂り潰し、瓦に塗り付けて乾燥させると、濃い灰色のボール紙のようになる。物は試しと、市販品を注文してみた。手に取ると乾燥した昆布のようにぺらぺらである。一部を切り取って水で戻してみた。説明書に一〇倍に膨れるとあったが、一〇倍は少し無理かも知れない。そのまま口に含んでみたが、ほとんど無味無臭である。

江戸時代は高級な吸物の具として知られており、料理本の多くは、句集『猿蓑《さるみの》』の「吸物《すいもの》は　先《まず》出《で》来《か》されし　すいぜんじ」という芭蕉の句を紹介する。ただしこの句は「歌仙」のなかの連句の一つなので、「芭蕉発句集」を探しても出てこない。

俳諧撰集『猿蓑』は、去来《きょらい》、凡兆《ぼんちょう》の編により元禄四年七月に京都の井筒屋から刊行された。晩年の「軽み」の俳諧を象徴する選集で、最初の乾巻（巻一～四）に蕉門諸家の発句を冬、夏、春、秋の順に収め、つづく坤巻（巻五）に歌仙四巻をまとめ、最後の巻六に芭蕉の俳文「幻住庵《げんじゅうあん》記《のき》」その他二編を収めた。撰集の名は、芭蕉の巻頭吟「初しぐれ　猿も小蓑をほしげ也」から採られた。

巻五に収めた歌仙四巻の初巻は〈鳶《とび》の羽《は》も　刷《かいつくろい》ぬ　初しぐれ〉（去来）からはじまり、連《れん》衆《じゅ》として参加したのは去来、芭蕉、凡兆、史邦《ふみくに》の四人である。

初折《しょおり》の表六句をおえ、裏の七句目〈芙蓉《ふよう》の花の　はらはらと散る（史邦）〉を受けて、芭蕉は、〈吸物は 先《まず》でかされし すいぜんじ〉と応えた。「芙蓉の花ビラが散る傍《かたわ》らで催された接待の宴《うたげ》、料理に出された水前寺ノリの吸物が、なんともよい香りを漂わせている」と八句目を付けたのである。「出来《でか》され」は「出来る」の他動詞で、ここでは「出来《でか》した（見事にやった）」の意味に近い。

幸田露伴は評釈『猿蓑』で、「先《まず》出来《でか》されし」を「まあ結構なというが如し、賞揚の辨なり」としている。また「三汁七菜」の献立では、最初に味噌汁、次は魚鳥蔬菜の椀盛り、最後に「水前寺などの淡白な塩仕立て」の汁が出る。したがって「先《まず》」を「最初に出された吸物」の意味にとってはならないと、とくに注釈している。

※歌仙　和歌の三六歌仙に因み、数名の連衆《れんじゅ》が長短三六句を連句一巻として編む。懐紙《かいし》二枚を用い、一枚目「初折《しょおり》」の表・裏に一八句、二枚目「名残《なごり》」の表・裏に一八句を記す。初折だけまとめた場合は、半歌仙。

※去来（一六五一～一七〇四）　本名向井兼時。長崎に儒医の二男として誕生、二五歳ころ京都に出て兄の医業を助ける。貞享元年、其角《きかく》を介して蕉風になじみ、三年冬江戸で芭蕉に対面。嵯峨に落柿舎《らくししゃ》を営む。

※凡兆（?～一七一四）　名、允昌。金沢に生まれ、京都で医業を営む。元禄元年頃京都で芭蕉に会い、去来、其角らと交わる。芭蕉在京中は凡兆宅（小川椹木町上ル）に止宿する。のち蕉風に離反。

※史邦（生没年不詳）　通称中村春庵。尾張犬山の寺尾直竜の侍医。のち仙洞御所に出仕、京都所司代の与力。元禄六年江戸移住。蕉門入りは元禄三年頃。作品の初出は『猿蓑』。蕉門の中堅として活躍。

寄居（ゴウナ）

宴会料理に「塩辛（ごうな）」と出ている。

塩辛はよいが、「ごうな」がわからない。古語辞典でようやく「がうな（寄居虫）はヤドカリの古名」に辿り着いた。そんなものが食えるのかと、念のため『和漢三才図会』を調べると、「塩漬けと為す、味香脆《もろ》く美なり、其の身蟹に似て殻《から》は蜷《にな》に似たる、故に俗に蟹蜷と呼名す」とある。魚の事典にも、「ヤマトホンヤドカリなどは、汁の実などで食べる地方がある。タラバガニとは近縁」と書かれていた。いくら近縁と書かれても、食べる気はしないが、ネット情報の「市場魚介類図鑑」に「塩辛の王様」として、「全身をすり鉢で潰し塩をして成熟させる。非常に美味で、古代より朝廷に献上されていた理由がわかる」とある。

ヤドカリは『方丈記』にも出ていて、鴨長明が日野の外山《とやま》に方丈の庵を結んだ五四歳のころ、自《みずか》らの方丈の住まいを語って「ほど狭《せば》しといえども、夜臥《ふ》す床あり、昼居る座あり。

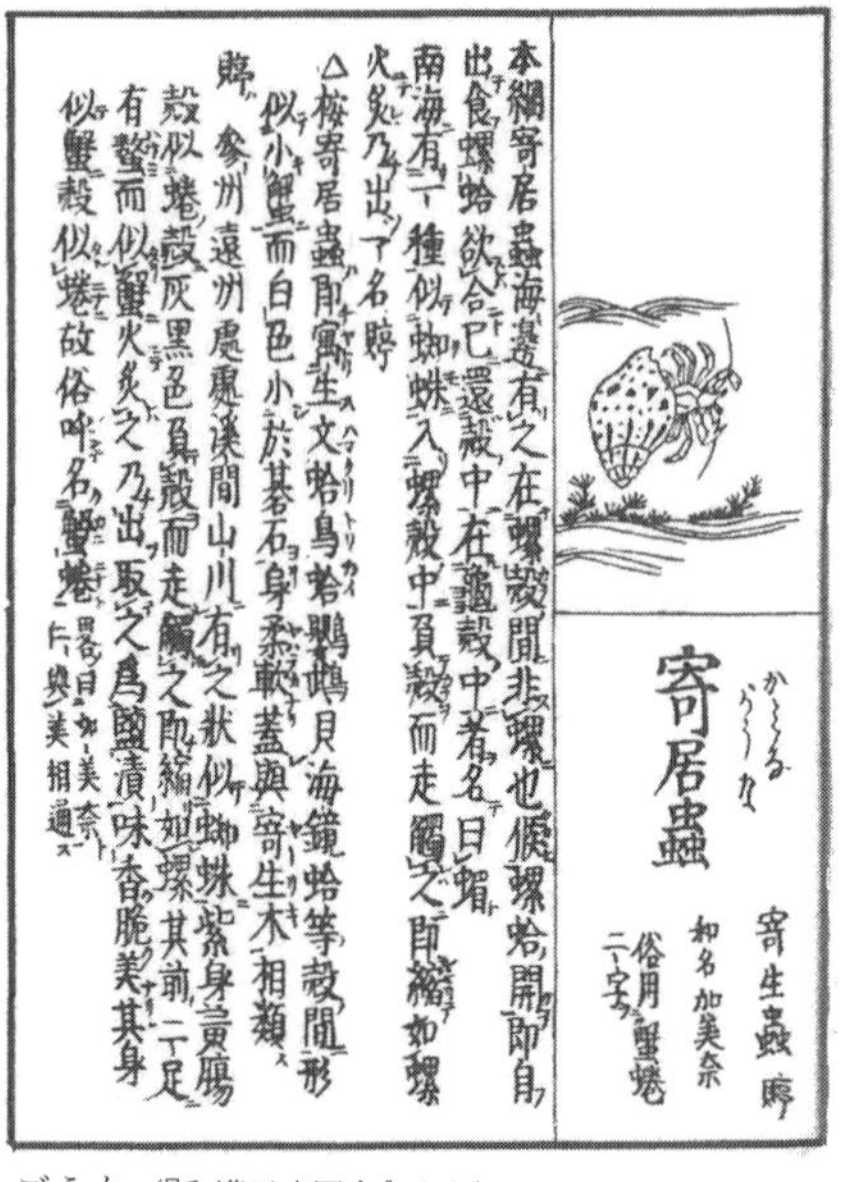

ごうな（『和漢三才図会』より）

一身を宿すに不足なし。寄居《ごうな》は小さき貝を好む。これ事知れるによりてなり」と述べている。ヤドカリの心境に至ったということであろう。

筍羹（シュンカン）

披露宴料理には「旬干（竹の子・焼きあゆ・梅干・くしこ）」と出ている。いま「しゅんかん」と聞いて、「ああ食べたことある」と言う人は余程の食通であろう。旬干は筍羹とも笋羹とも書き、普茶《ふちゃ》料理の献立のひとつである。

普茶料理は精進の卓袱《しっぽく》料理のことで、黄檗宗の寺では法要が済んだあと修行僧たち（大衆）にあまねく（普《あまね》く）茶を振舞った。要するに行事のあとの軽い食事会、意見交換会を意味したが、これが日本の料理界に大きな影響を与えた。長崎の卓袱料理だけでなく、卓袱台《ちゃぶだい》を使い皆《みんな》で料理を取り分けて食べるというかたち、今までにない食卓を囲むという形式を生み出した。話を「筍羹」に戻す。

旬、筍、笋はいずれもタケノコで、羹《かん》はアツモノ料理のこと、『日記』にタケノコ料理として筍羹は五回以上出てくる。実際に食している回数はもっと多いだろうが、料理としては季節が限定されるし、中に詰める食材も高価だから、生涯にそれほど多く食したとは思われない。

『料理物語』で、「しゅんかん」は次のように解説されている。

○竹の子をよくゆにして色々煮切り。あわび。小とり。かまぼこ。たいらぎ。玉子。（ふのやき）。わらび。さがらめ。右の内を入。だしたまりにてに候てよし。又竹子のふしをぬき。かまぼこを中へ入れ。に候てきり入も有。

※たいらぎ（玉珧）は「平貝《たいらがい》」の転訛。殻《から》は淡褐色の長三角形、形から「えぼし貝」とも。東京湾以南の浅海の砂泥底に棲み三〇センチ以上にもなる大形二枚貝。貝柱は白色で大きく甚だ美味、刺身、スシ種にも。

※さがらめ（相良布）は静岡県相良《さがら》地方に産する海草のカジメ。カジメは太平洋岸中・南部の水深二～一〇mに海中林を作る。形はアラメに似て混同されることもある。細く切って乾燥させ佃煮や酢の物に用いる。

タケノコを茹《ゆ》で、アワビや小鳥の肉、かまぼこ、その他もろもろの具を煮てタケノコの内に詰め、さらに出汁《だし》、溜りで煮る。またタケノコの節を抜き、中へかまぼこを入れて煮てもよい、とある。

しかし『嬉遊笑覧《きゆうしょうらん》』（喜多村筠庭）は、『料理物語』の作り方をそのまま引用した上で、「今のごとく生《なま》の竹の子を用いることと見ゆれども、もとは乾《ほし》たる筍にてありし也」とする。つまり『料理物語』のなかでは「生《なま》の筍」を使っているが、筍干の本来の意味は、「干した筍《たけのこ》」にある、というわけだ。しゅんかんの「かん」をアツモノの「羹」と見るか、乾した意味の「干」と見るか、である。

おそらく最初は精進料理の一つで、『嬉遊笑覧』がいうように干した筍、むろん茹でてから干したのだろうが、保存した筍を使ったものだろう。江戸時代になって、なかの詰めものにいろいろ工夫がされた。カマボコの他に高価な魚介類なども使用するようになって、「羹《あつもの》」の性格が強くなり、一般家庭のハレの料理として定着したのだろう。

『料理物語』にはアワビ以下いろんな具が並べてあり、筆者などにはまるで縁のない料理と思っていたが、『大江戸料理帖』（とんぼの本・新潮社・二〇〇六年）が掲載する写真を見て、これなら食べたことがあると思い当たった。だいぶ以前のことだが、JR名古屋駅のタカシマヤ地下に出店していた京都の店で、小さな筍を縦割りにした中に色々な具を詰め、その上にタレ味噌を塗って季節限定として売っていた。タケノコが好物なので二度ほど買い求めたが、見た目よりしっかり具が詰まっていて、片方だけで堪能した覚えがある。表面のタレ味噌のせいで別物のように思い込んでいたが、作り方はまさしく筍羹である。

『料理物語』にはもう一つ、「やき竹の子」について次のように記されている。

○竹のこのふしをぬき。中へかまぼこ玉ごまろにして入。かわともにやきてきり候。かまぼこの塩すこしからめにしてよし。

これも筍羹に似ているが、あらかじめ味付けした具を詰めて皮ごと焼く方法である。先の「とんぼの本」に、この二つをミックスした方法として茹でたタケノコに味付きの具を詰め、もう一度剥いた皮で包み直し焼けばよい、と紹介してあった。

『鸚鵡籠中記』出てくる筍羹は、タケノコのなかに次のような具を詰めている。

○筍干［竹の子・梅干・くしこ・焼あゆ］　（元禄六・四・二四／新暦五月二八日）

○筍干［竹の子・くしこ・たまご］　（元禄六・五・三／新暦六月六日）
○筍羹［竹の子・あらめ・ふき・あわび］　（元禄八・四・六／新暦五月一八日）
○筍干［筍子・あらめ・あわび・ふき］　（元禄八・四・三〇／新暦六月一一日）
○筍羹［竹の子・麸・梅干］　（元禄九・五・二／新暦六月一日）
○筍干［たまご・あはび・竹の子・しいたけ・かまぼこ］　（元禄一四・五・一五／新暦六月二〇日）

『日記』には「筍干」「筍羹」の二通りの表記がみられる。

干はよいとして、羹（あつもの）の意味は辞書に「肉と野菜を入れて煮た吸物」のことである。料理本では、汁の具が精進物のときは「羹《あつもの》」を用い、魚肉の場合は「臛《あつもの》」を用いるとある。羹は羊羹《ようかん》でお馴染みの漢字だが、『楚辞《そじ》』が出典の「懲羹吹虀《ちょうかんすいせい》（アツモノに懲りてナマスを吹く）」という諺でも、「羹」の字を用いている。ナマスはふつう「膾・鱠」と書くが、出典の原文では一九画の「虀」という字を使っている。初めて見る漢字で、「韲」でもよいとあるが、どちらにせよ覚えられない。

「羊羹」の漢字も不思議な取合せだが、もともと汁の具になった「羊《ひつじ》の肉」がモトらしい。汁の具として様々なものを用いたなか、なぜか最後に「羊」の肉だけが残ったという。その煮凝《にこご》りが珍重され、お菓子の羊羹に変化したのだろう。

「筍羹」が出てくる記事の月日を新暦に直し、ついでに会席の場を紹介しておく。

① 五月二八日（文左衛門の結婚式の三日後、妻と母の実家を呼ぶ）

② 六月六日（親しい知人や町の衆を招く）
③ 五月一八日（母方の大伯父・七内の家を訪問）
④ 六月一一日（友人二人を自宅へ呼ぶ）
⑤ 六月一日（妻の実家のものたちを呼ぶ）
⑥ 六月二〇日（大阪へ出張、畳屋から接待料理）。

筍羹料理が出されたのは、今の暦の五月二〇日前後から六月二〇日まで、約一か月である。使用しているのが「孟宗竹《もうそうちく》」なら季節としてはひと月遅く、店頭には「破竹《はちく》」が並ぶ頃だ。破竹は孟宗竹のようにシャキシャキしておらず、歯触りを期待している人にはちょっと向かないだろう。収穫の時期が今とひと月ズレているのは、元禄～宝永頃の気候がいちばんの寒冷期にあたり、地球温暖化の昨今より春が遅かったせいだろうか。

筍羹の外殻でなく中の具に竹の子が入っているのは、くりぬいた襞の部分を細かく刻んで使っているのだろう。二度出てくるクシコ（串海鼠）は、コノワタを抜いたあと、ナマコの本体を串に刺し干したもので、もどして煮物によく使われる。イリコ（煎海鼠）も同じようなものであるが、ともに高級品である。詰め物の具には差があって、麩と梅干はいささか手抜きの感じだが、これは使用人や友人への振舞いだからだろう。最後の畳業者から受けた接待のそれとは、好対照である。

なお『日本料理語源集』（中村幸平著・旭屋出版・平成一六年）で「しゅんかん（春寒・春羹・筍羹）」を「鹿

児島の郷土料理。猪の肉を用いたすまし汁、猪の肉を煮た鍋で、蕗、竹の子、大根、人参などを加えて塩味をつけたもの」としているが、これはまったく別物である。

（この項、一部『日本の食生活に歴史を読む』に重複）

蒲鉾（カマボコ）

『日記』の記事から、元禄の名古屋では、かまぼこが日常的に食べられていたことがわかる。披露宴料理にも、「焼物（かまぼこ・嶋えび）」として膳を飾っている。

『守貞謾稿』では、蒲鉾について次のように解説している。

古制図

○或る書に曰く、カマボコはナマズを以て製するを本とし、その形、蒲の穂に似たる故に、名とすと也。然らば蒲鉾の古制は右図のごときこと必せり。図のごとく、魚肉を竹串につけたる也。今の世、蒲鉾店にて売れるチクワと云うもの、右図の如く、竹に魚肉をつけ、蒸してのち竹を抜きさる也。

小口よりこれを截れば、竹輪の形なるゆえに、名とす。最古のカマボコに近し。

今の制の竹輪、右の如くす。外を竹簀《たけす》を以て巻包《まきつつ》み蒸す。故に小口《こぐち》、右下図の如き也。

初期のカマボコは、ナマズのすり身が多く用いられた、とある。ナマズのすり身を、竹の串に塗りつけて焼いた。その形がガマの穂に似ていたので、カマボコと名付けた。しかしこの形は、今は蒲鉾ではなく、竹輪の形である。それは蒲鉾が板蒲鉾に変わったからである。

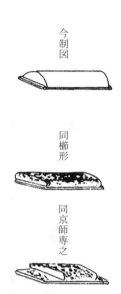

今制図

同櫛形

同京師専之

〇今の制は、右図のごとく三都ともに杉板面に魚肉を堆《つ》み、蒸す。蓋し京坂には、蒸したるままを白板《しらいた》という。板の焦げざるゆえ也。多くは蒸してのち、焼いて売る。江戸にては焼いて売ることこれ無く、皆、蒸したるのみを売る。右図は三都ともに、普通とするの形也。京坂、一枚四十八文、六十四文、百文なり。江戸は百文、百四十八文、二百文、二百四十八文を常とす。蓋し二百文以上、多くは櫛形の未焼物也。

今の蒲鉾は、京、大坂、江戸ともに、図のように杉板に魚肉を（小口、断面が）櫛の形になるように盛り付け、蒸して作る。これを白板という。京、大坂はさらに表面を焼いてから売るが、江戸では焼かず白板のまま売る。京坂では一枚四八文から一〇〇文、江戸では一〇〇文から二四八文する。一〇〇文は二〇〇〇円余だから、かなり高い。文左衛門の日常の食卓にも再三上がっているが、今の感覚より遥かに高級品である。ときには自家製もあったのではないか。

『本朝食鑑』に「細かに摺りて泥となし、摘んで熱湯中に入るれば、すなわち凝結して餅となる。これを久津志《くづし》という」とあり、いまのツミイレ或いは関西でいうクズシの製法で、蒸し蒲鉾の原型である。蒲鉾というといきなり製品化したものを連想するが、原型は家庭料理として普通に作られていたものである。釣り好きの文左衛門たちも、ナマズなどが釣れたときなどこうしたツミレ団子を作り、カマボコもどきとして食べたと思われる。男子厨房に云々は嘘で、文左衛門たちは魚や鳥を器用にさばき、料理したのである。

〇三都とも精製は、鯛・ヒラメ等を専らとす。また京坂は鱧制を良しとす。江戸は虎ギスを良しとす。

〇凡制のものは、三都とも鮫《さめ》の類を専らとす。鮫の類、数種あり。名を略す。

〇また京坂、凡制のものは、豆腐の水を去りこれを加える。また浮粉と号し、小麦、葛を加える。江戸にては米の粉を加える。また文政比《ころ》以前は、烏賊《いか》を用いることを知らざりしに、其の以来は槌にて叩き、のち磨り肉となし、これを用いる。

蒲鉾が文献に出てくるのは室町期で、作りはじめたころはナマズの身が一番とされ、ほかに川魚が用いられた。桃山期には板にスリ身を塗るようになり、従来の筒状のものは「板蒲鉾」と区別するため、「竹輪《ちくわ》」と呼んだ。『近世事物考』にも「のちに板に付けたるが出来てより、紛らわしきにより、もとの蒲鉾は竹輪と名づけたり」とある。つまり初めのカマボコは現在の焼きチクワであり、使ったナマズの肉は純白で美味だったが、姿が悪すぎるので擂り潰し、もとの形をわからなくした、というわけである。

江戸時代になると板蒲鉾を蒸すようになり、商業ベースにのせて量産する必要から、次第に大量の白身が一度にとれる「サメ」が利用されるにいたった。ほとんどのサメが用いられるが、なかでもオナガザメ、アオザメ、ホシザメ、メジロザメ、ショモクザメ、ヨシキリザメ、さらにエイ類も使われたという。また焼き竹輪づくりが盛んな北日本では、冬期に大量にとれるアブラツノザメを使うという。

内田百閒の『御馳走帖』（中公文庫・一九七九年）に「蒲鉾」と題する一篇がある。本題は蒲鉾の話だが、百閒は子供のころに聞いた話と断った上で、次のような話を書いている。

〇むかし郷里岡山に名代の横山という蒲鉾屋があり、皆と船で金比羅詣をしたときのこと、船が河口から瀬戸内の海に出ると、鱶《ふか》の群れが船をつけて来た。こういう時のしきたりとして船の中の誰か一人が犠牲になって海中に入らなければならず、それを選ぶのに船縁からめいめいが手拭いを垂らし、鱶に引っ張られた船客が、海に入る。はたして横山の主人の手拭いが引っ張られ、鱶に食われることになった。そのとき主人が「わしは岡山の横山だが」というと、途端に取り巻いていた鱶が一目散に逃げて行った。

横山が作る蒲鉾には、鱶のすり身が入っている。そのことが全国に知れ、いつしかフカの世界にまで知れ渡ったということらしい。

この話では、カマボコの原料にサメを使っていることを大っぴらに宣伝しているが、多くの蒲鉾業者は、評判を気にしてサメではなく「うちはスケソウダラ」と言うそうだ。旨ければどちらでも良さそうに思うが、江戸時代以来「フカ、サメは下品、並のもの」という意識が定着しているらしい。かまぼこの命である強い弾力性、これを「足」というそうだが、強い足を持つものがサメ肉の中にはある。サメ独特のアンモニア臭も水にさらせば消える。サメは大いに活用すべきなのである。

蒲鉾屋（『職人尽絵詞』［国立国会図書館蔵］より）

サメを食べるのは日本だけではない。数字を見ても日本のサメ、エイの漁獲量は年間一一、三万トン、世界では八〇万トンが利用されている。インドネシア、台湾が七万トン、インドが五万トン、メキシコやアメリカでも日本より多く捕られている。かつては肝油が目当てだった国も、今ではシーフードレストランでステーキとして食べられたり、切り身のフライが売られているという。

鱏（エイ）を食べる

蒲鉾にサメが入っていれば、文左衛門も間接的にサメを食ったことになる。しかし練り物を食べるときいちいち材料を意識しないし、サメ以外の魚肉も混ざっているから、直接サメを食ったとはいわない。

ところがサメと同じ軟骨魚の「エイ」を文左衛門は食べている。料理名にちゃんと「鱏《えい》」と書かれている。サメとエイは近い仲間で、なかにはカスザメのようにどちらかわからない形をしたものもいる。見分ける方法はジャバラ状のエラ孔のならびが、

アカエイとナマコの捕獲（『日本山海名物図会』より）

体の横（サメ）にあるか腹面（エイ）にあるか、である。エイのかたちは、北海道に似ているというが、いわれてみると、なるほどという気がする。

エイのなかで美味とされるのがアカエイで、ふつう一メートル程だが、なかに倍以上の大きさになるものもある。「アカエイの京」という伝説もあり、海に浮く京（都）や、三里四方もある島に例えられれほど「巨大」なイメージが強い。またアカエイの排泄口が性器に似ていることから「傾城《けいせい》魚」とも呼ばれ、交合して生まれた子の案内で漁師が竜宮を訪れ、飲んでも尽きない神酒の壺をもらった話や、応仁の乱後各地をめぐり歩いた僧が、ある小庵でエイとの間に出来た子に出会った話とか、各地にエイと交わる伝承が残っている（『魚と貝の事典』）。

エイの尾部背面には一～三本の毒針があり、刺されると命の危険もあり、その痛さに大の大人も大声を出して泣くといわれる。漁師は捕獲するとまずこの棘を切り取る。不幸にして刺されたときは、クスノキの枝を煎じて飲むか、樟脳を塗るとよいとされる。

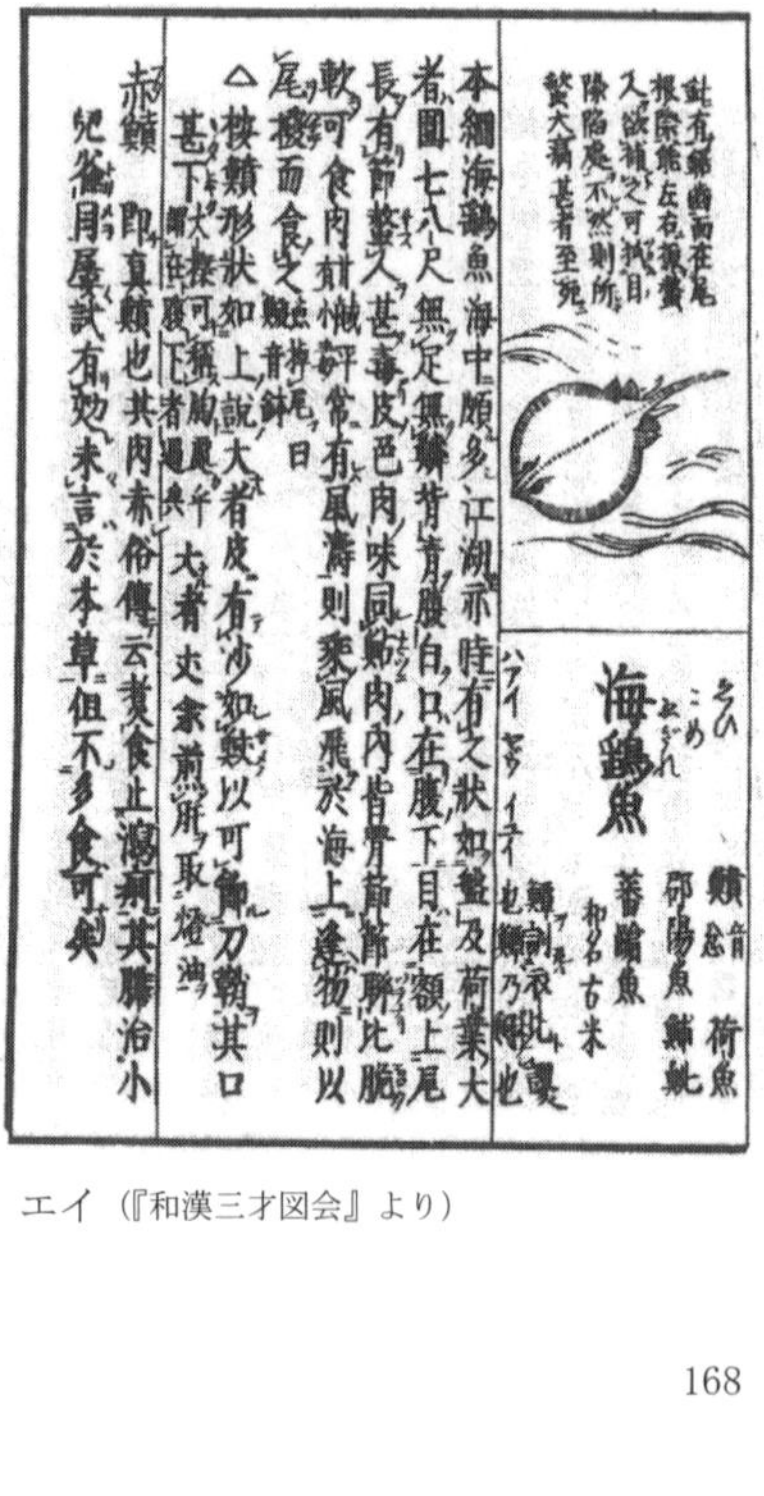

エイ（『和漢三才図会』より）

「鱏《えい》（鱝）」は晩夏の季語で、「赤鱝《あかえい》は毛物のごとき目もて見る」（山口誓子）の句が知られている。文左衛門がアカエイを食べたのも、夏から秋にかけてのこと、アカエイの食用となるのは、ヒレとホオ肉の部分である。刺身、ヌタ、から揚げ、味噌汁などで食べる。

○元禄九年六月廿三日　予、角右へ申半行き、戌刻皈る。予、夜、角右へ食を拵え遣わす。
飯　煮物（鮎・牛房《ごぼう》・車蛯《くるまえび》・荒布《あらめ》・小角豆・梅干・茄子）　水和（鰑《するめ》・鰹・白瓜）　酒之肴（鱏《えい》・葛溜り）
　酒をば遣わさず。

角右とあるのは母方大叔父の渡辺覚右衛門のこと、この月の九日に覚右の妻「妙超」が体調を崩し、親類たちが交互に見舞った。文左衛門も一六日、一九日、二〇日、二一日と見舞い、二三日には夕食を作って届けている。煮物の具の小角豆は大角豆（豇・ささげ）の誤記であろう。ただし七種の具を一度に煮合せたのか、いくつかを別々に煮たかはわからない。

水和《みずあえ》は、煎酒《いりざけ》に酢を加えて和《あ》えた料理で、スルメを使うのが定番である。白瓜は中国から伝来した瓜で、メロンと同じ種なのに熟しても甘くならない。奈良漬にはこの白瓜を用いる。

料理の最後に酒の肴として「鱏《えい》・葛溜り」とある。夏のエイは「洗いにして酢味噌で食べるのが美味しい」とされるから、酢味噌の代わりに葛溜りを使ったのであろう。「くずだまり」は、溜り醤油に砂糖少々を加え、片栗粉を少量の水で溶き、混ぜながら煮てつくる。この鱏を酒肴として届けているが、酒はつけなかった。病人見舞いの食だから当然だろう。

三か月後にも、再びエイを食べている。

○元禄九年九月十六日　夜、予が所へ渡辺武兵衛江戸暇乞いのため饗す。久兵・弾七・七内ともに招く。

吸物（はぜ・菜）　熬物《いりもの》（松茸・とうふ・ほうろく）　鴨　鱏《えい》　魚てんぷら　醋章魚《すだこ》　梨　小蛯《こえび》。

同年の九月、叔父の渡辺武兵衛が江戸の勤務に出発するというので、送別の宴を催した。メニューの「鴨　鱏《えい》　魚てんぷら」の書き方が曖昧だが、おそらくカモ肉とエイの鰭《ひれ》を天ぷらにして食べたのであろう。この鱏に、江原氏は「かじき」のルビを振られているが、鱏の字をカジキと読ませる例はないし、また他所にも出ているのでエイでよい。エイの料理法のなかに「から揚げ」があり、「揚げる」調理法としては「テンプラ」にも共通している。しかし問題は、元禄期における「テンプラ」の実体である。

天麩羅（テンプラ）

江戸も後期にいたると、いまのように小麦粉を溶いた衣の天麩羅ができ、安永年間（一七七二〜八一）には屋台でも食べられるようになり、つづく天明年間（一七八一〜八九）には、一串四文（一〇〇円）で、四文屋《しもんや》で売られたという。

一方天ぷらのはじまりのほうは、江戸時代のはじめ、家康が鯛の天ぷら（油揚げ）を食べすぎ発病したという記事が、『徳川実紀』（東照宮御実紀附録巻十六）に記されている。

○元和二年（一六一六）正月廿一日　駿河の田中に御放鷹《ほうよう》あり。そのころ茶屋四郎次郎京より参謁してさまざまの御物語ども聞え上しに、「近ごろ上方にては何ぞ珍しき事はなきか」と尋ね給えば、「さむ候、此の頃京坂の辺にては鯛をカヤの油にて揚げそが上に薤《にら》をすりかけしが行われて某《それがし》も給《たべ》候に、いとよき風味なり」と申す。

○折しも榊原内記清久より能浜の鯛を献りければ、即ちその如く調理命ぜられて召し上られしに、その夜より御腹痛ませ給えば、俄かに駿城へ還御ありて御療養あり。

京都の豪商茶屋四郎次郎にすすめられ、京坂で流行していた鯛の揚げ物を食べ、三か月後に七五歳で亡くなった。確かにカヤの油(榧はイチイ科の常緑樹、材は碁盤を作る。実《み》は食用油)で揚げたと書かれているが、天ぷらとは書いてない。粉をまぶしただけの「から揚」か、衣をつけた「天ぷら」かはっきりしない。

文献的に「てんぷら」の名が出てくる早い例として、寛文一〇年(一六七〇)前後の『料理食道記』や『料理献立集』が挙げられ、また調理法

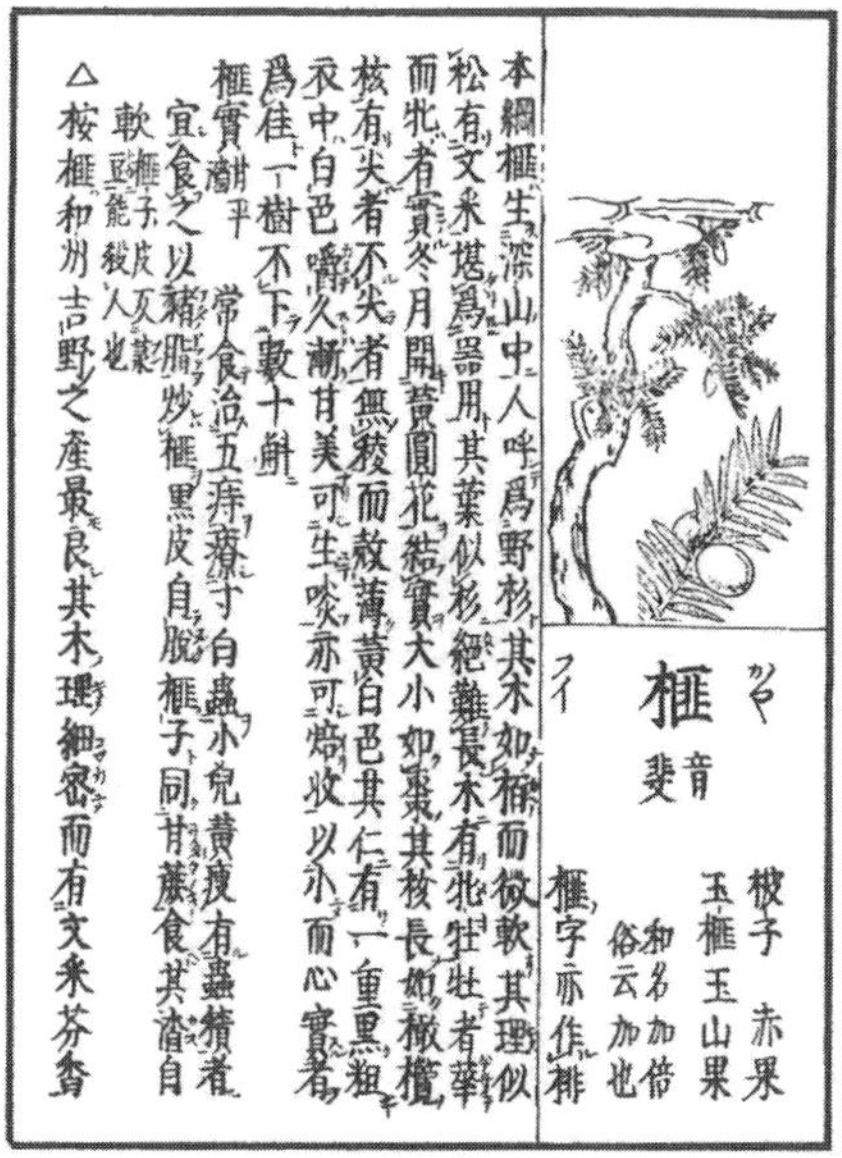

カヤ(『和漢三才図会』より)

まで触れたものとして原田信夫氏は、『歌仙の組糸』（冷月庵谷水《こくすい》・寛延元年・一七四八）を挙げる。後者は歌仙に因んで三六の献立を記すなか、「てんぷらは何魚にても饂飩《うどん》の粉まぶして油にて揚げる也」とし、魚以外にも牛房や蓮根、長芋などの野菜を挙げている。まぶして揚げるのなら、から揚げに近い。

しかし料理名としてだけなら『鸚鵡籠中記』のテンプラの記録も、結構古い部類に入る。元禄六年（一六九三）一月二九日に酒肴の一つとして次のように記されている。

○一月廿九日　暮合《くれあい》より、加藤平左処へ行く。

汁、独活、大根、鴨、鱠、鯔、栗、薑。煮物、鶏卵、薯蕷、牛房、巴え崩（荒布にてくづしを巻きたるなり）。酒之肴、てんぷら。（嶋えび・とうふ）麩にしめ。九年母。取肴、するめ。

元禄六年は、まだ料理名を書き馴れていない時期なので、のちの定型化したメニューの書き方に直してみると、次のようになる。

「汁《しる》（独活《うど》、大根、鴨）、鱠《なます》（鯔《ぼら》、栗、薑《はじかみ》）。煮物《にもの》（鶏卵、薯蕷《しょよ》、牛房、巴え崩）。酒之肴（てんぷら）。麩煮〆（嶋えび・とうふ）。九年母。取肴（するめ）」

※カモ肉にウドと大根を加えた味噌仕立ての汁、ナマスはナヨシかボラを針に刻んだ栗と生姜で和えたもの、煮物に入っている巴崩しは、「アラメで巴の形に巻いて作ったもので、素人には難しく、買ったのであろう」（江原氏）という。薯蕷は長芋の別称。嶋えびは伊勢海老。そして酒肴に、問題の「てんぷら」が出てくる。

てんぷらの語源については、ポルトガル語の「テンペロ（料理の意味）」とする説や、スペイン語の「テンプロ（寺院の意味）」もあるが、必ずしも定説とはいえないらしい。『守貞謾稿』は江戸後期の記述だが、当時の揚げ物の説明は、ある程度信用できそうだ。

○半平《はんぺい》　京坂にて半平を胡麻《ごま》油《あぶら》揚げとなし、号《なづ》けててんぷらと云う。油を用いざるを半平と云うなり。江戸には此の天麩羅なし。他の魚肉海老などに小麦粉をねり、コロモとし、油揚げにしたるを天ぷらという。此の天麩羅、京坂になし。これ有るはつけあげと云う。

※関西ではハンペンの胡麻揚げをテンプラと呼ぶ。揚げないのがハンペン。江戸では魚・海老に小麦粉の衣をつけ油で揚げたのが天ぷらで、関西ではつけ揚げという。

○天麩羅　京坂の天ぷらは、半平の油揚げを云う。江戸の天麩羅は、アナゴ、芝エビ、コハダ、貝の柱、スルメ。右の類は、すべて魚類に饂飩粉《うどんこ》をゆるく溶きて、コロモとなし、而してのちに、油揚げにしたるを云う。菜蔬の油揚げは、江戸にてもてんぷらと云わず、アゲモノと云うなり。

※関西の天ぷらはハンペンの揚げたもの。江戸の天麩羅はアナゴ、芝エビ、コハダ、貝柱、スルメなどに溶いたウドン粉で衣をつけ、揚げたもの、蔬菜の場合は天麩羅でなく揚げものという。

このように関西と江戸での「ハンペン、天ぷら、揚げもの」の違いを説明し、天ぷらの語源について面白い話を載せている。長いので要約して記しておく。

○山東京伝の家に出入りし、家僕のように使っていた利助という男が、あるとき京伝に「江戸には胡麻揚げの辻売りが多いが、大坂のように魚のつけ揚げを売る店がない、江戸で試してみようと思うが、行燈《あんどん》に売り物の名前を書いて欲しい」と頼んだ。京伝は筆を取るとスラスラと「天麩羅」と書いた。意味をはかりかね訝《いぶか》る利助に「天竺浪人のお前がブラリと江戸に来て売るから天麩羅だ。天は天竺、麩は小麦で作るから、羅はうすものの意、小麦粉の薄い衣をつけたから天麩羅だ」と説明すると、洒落者の利助は大いに喜び、この名の店を出して大繁盛、たちまち天麩羅の名は世間に浸透した。

面白いが手が込みすぎていて、いかにも作り話っぽい。志の島忠氏は、もっと単純な説明をしている。「麩は小麦粉、羅は薄い絹の意味、天は上《うえ》、つまり材料に水溶きの小麦粉を薄くつけ、さっと上《あ》(揚)げるのが天麩羅である」と。そのままを漢字に連ねたというのである。

『鸚鵡籠中記』は日本料理の確立期に書かれた日記なので、「てんぷら」など時代の先端を行く料理名が載り、資料的価値も高い。「鱏《えい》」の話に戻ろう。

元禄九年の記事で「鱏　てんぷら」とあるのは、おそらく溶かした小麦粉を衣にする今のテンプラではなく、小麦粉をまぶした「から揚げ」に近いものだったと思われる。溶かした衣、つまり今のような天ぷらは、やはり江戸後期からだろう。

三度目にエイを食した記事は、次の通りである。

○元禄十年七月廿三日　私宅へ源太左・曽右・藤助・瀬左・八之右を招く。夕飯を出す。

汁（な・あわび・しいたけ）　に物（かまぼこ・夕顔・いも）　さしみ（なよし・かんてん・わさび）
甘味噌　熬物（えい・きくらげ・はじかみ）　鯒《こち》（たです）　大麸等。
はじめは葛溜《くずだま》りで食べたエイ、二度目がから揚げにしたエイ、そして三度目は木耳《きくらげ》と生姜《しょうが》を加え煎物《いりもの》にしたエイである。煎物（熬物）とは、汁気を少なくして煮たものだが、多くの場合は「下地に煎酒を用いる」（伝演味玄集）とあり、ここでも少量の煎酒を使ったものと思われる。

煎り合わせたキクラゲは、見た目そのままの「木耳」の漢字を宛てる。クラゲとしたのは、寒天質の食感が似ているからだろう。夏から秋に山の倒木や枯れ木に群生する。人工栽培も盛んに行われている。先日朝のテレビで、川崎市の防空壕跡を戦争遺跡として整備し、そこで栽培した木耳を「防空壕木耳」として売り出しているニュースを流していた。立派な木

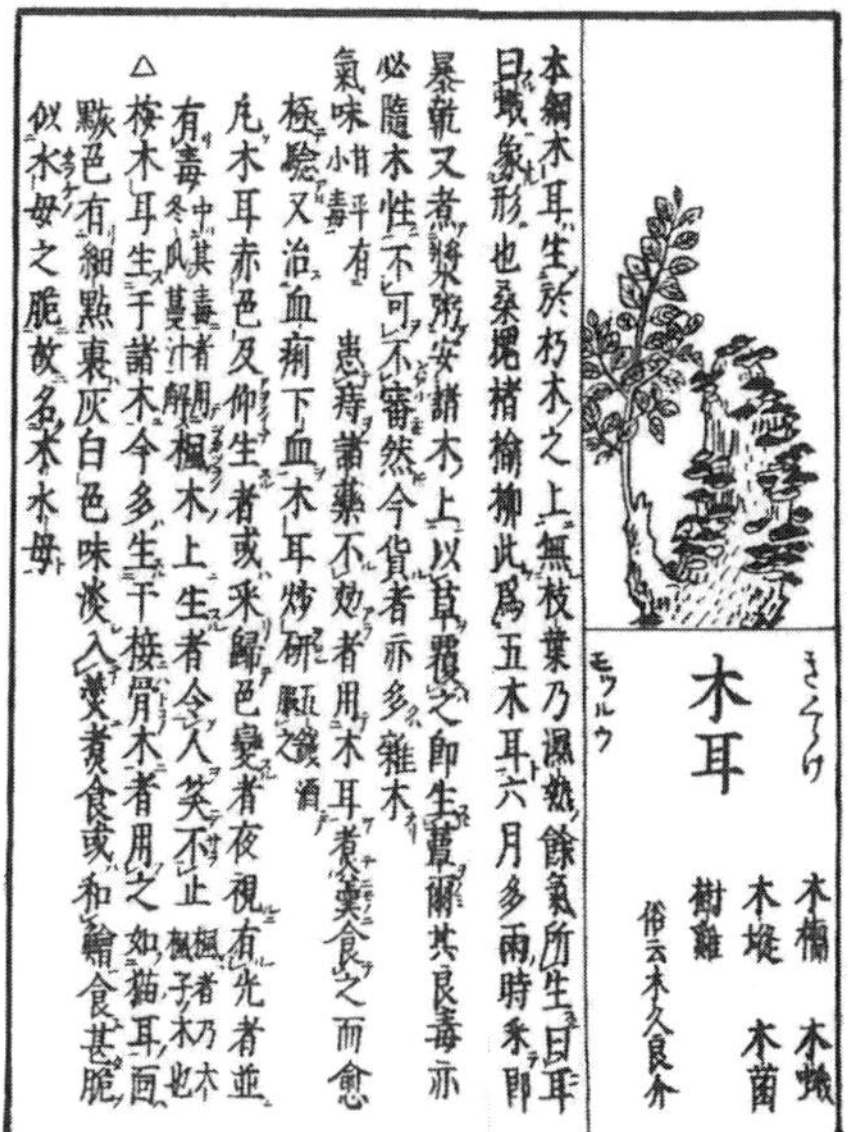
きくらげ
木耳
モクルウ
木檽　木蛾
木㙲　木菌
樹雞
俗云木久良介
本綱木耳生於朽木之上無枝葉乃濕熱餘氣所生曰耳
曰蛾象形也桑槐楮楡柳此爲五木耳六月多雨時采即
暴乾又煮漿粥安諸木上以草覆之即生蕈爾其良毒亦
必隨木性不可不審然今貨者亦多雜木
氣味甘平有小毒　患痔諸藥不効者用木耳煮羹食之而愈
極驗又治血痢下血木耳炒研酒服之
凡木耳赤色及仰生者或采歸色變者夜視有光者並
有毒中其毒者冬瓜蔓汁解之楓木上生者令人笑不止
△按木耳生于諸木今多生于接骨木者用之如猫耳面
黲色有細點裏灰白色味淡入羹煮食或和膾食甚脆
似水母之脆故名木水母

キクラゲ（『和漢三才図会』より）

耳で、耳にそっくりな形をしていた。

この煮物に生姜を加えるのは、エイのわずかな臭みをとるためと思われる。序《ついで》なので、煮物として出てくる「夕顔」についても触れておく。ここで干瓢《かんぴょう》と書かず夕顔としたのは、未熟な夕顔の実を煮物に使ったためであろう。

夕顔（ユウガオ）

ウリ科でヒョウタンと同種、夕暮れ時に可憐な花を咲かせることで知られ、『源氏物語』にも「夕顔」の巻がある。果実の形は円筒形から洋ナシ形とさまざまだが、固い果肉を帯状に剥ぎ、天日干しして干瓢をつくる。これは日本独特の食べ方である。未熟の果実は煮たり漬物にしたりもする。また精進料理の出汁の一種に「干瓢出汁《かんぴょうだし》」がある。水一升で煮出し、六合ぐらいになったら干瓢を取り去り、すまし汁のダシとする。

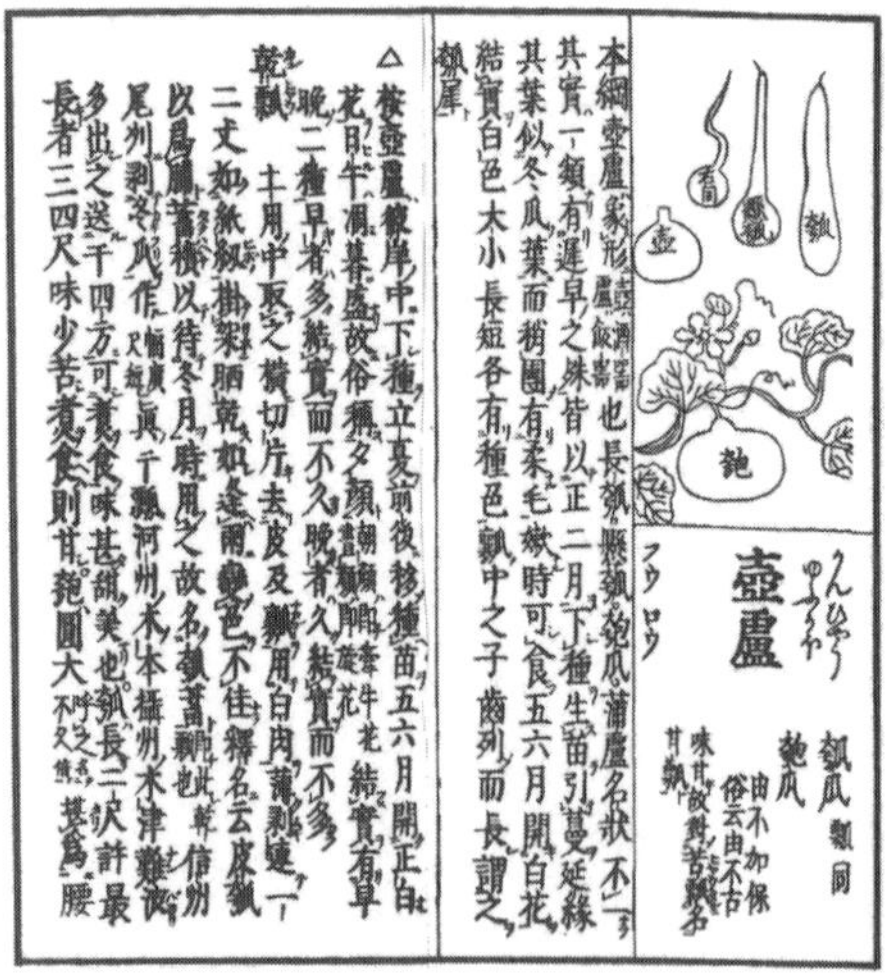

ユウガオ（『和漢三才図会』より）

カンピョウはもともと大阪の浪速《なにわ》区今宮に近い木津が産地として知られ、関西のすし屋の隠語で干瓢を「木津」と呼ぶ。江戸の元禄二年、近江水口《みなくち》の井上兵左衛門はユウガオの栽培をはじめ、実を帯状に細長く切干《きりほ》して売り出した。この干瓢は毎年藩主から幕府へ献上されたという。正徳二年(一七一二)に水口城主鳥居忠英は下野国《しもつけ》(栃木県)壬生《みぶ》へ転封になるが、藩主は郡奉行に命じ近江の種を運ばせたという。今日では県南西部の宇都宮、小山を中心に栽培され、全国の九割を生産している。剥くのが大変だが、昭和三〇年代に轆轤《ろくろ》仕掛けの動力用丸剥き機が登場し、一個が一分で剝けるようになった。

文左衛門の食卓の「煮物」は、この夕顔とイモとカマボコを一緒に煮付けたものである。

木津のかんぴょう作り(『日本山海名物図会』より)

鮫(サメ)を食う

エイの話につづいて、サメの話に触れておく。名古屋にはサメを食べる習慣はない。しかしお隣の三重県、それも伊勢に限って日常的にサメが食されている。

伊勢神宮の神饌にサメのタレのあるのが、理由かも知れない。伊勢市内では今もスーパーでサメのタレを売っていて、酒の肴や子供の弁当のオカズにも使うという。また志摩半島はサメにまつわる伝承が多く、志摩の和具では、婚礼にサメのナマスが欠かせないご馳走だという（川口祐二『サメを食った話』光出版・一九九五年）。同じ伊勢湾に面していても、伊勢以外でサメのタレを食べないのは不思議である。松阪でも津でも四日市でも食べない。まして尾張では、サメのタレと聞いても何のことかわからない人が多いだろう。

関東はどうかというと、サメの本場気仙沼には大量のサメが水揚げされ、一部は北関東に陸送され、東京の魚屋さんにも切り身で売られていたという。

内田百閒《ひやっけん》の『御馳走帖』に「サメがかまぼこ屋を敬遠した」という話は前に記した。その「蒲鉾」の項の冒頭に、百閒がサメの切り身をつまみ食いする話が載っている。

○鮫の切り身は公設市場で買うと一切れ七銭だが、うちの魚屋は八銭でおまけにこんなに身が薄いと家の者が云った。鮫のような下魚がそんなに高いのは不思議だと思ったが、餉台の上に出ているのを見たら、一寸食って見たくなったので、箸の先でつつ突いて見ると丸っきり食べられない味ではないけれど、矢っ張りうまいとは云はれない。

いまはともかく、むかしは東京でも売っていたらしい。この随筆の初出は、昭和一四年の『鬼苑横談』らしく、金銭感覚がまるでわからないから『値段の風俗史』（朝日文庫・一九八七年）

で、そのころの豆腐一丁の値段を調べると六銭とあった。いま高い豆腐は二〇〇円以上するが、普通は一〇〇円前後である。そのまま当てはめられないが一応の目安と考えれば、サメの切り身は一〇〇〇円強ということになる。

さすがに今は売ってないだろうが、「箸の先でつっ突いて見ると……」という表現からすると、刺身ではなく、焼くか煮付けた感じである。

事典によると煮物の場合、「濃いめの煮汁で十分に時間をかける」とあり、照り焼きの場合は「切り身を酒・砂糖・しょうが汁・みそ・醤油を合わせたものに二時間以上漬けておき、金串を打って強火の遠火で焼く」とある。奥さんの口ぶりからしてはじめて買ったわけではないようで、百閒もふだん箸をつけることはないが、このときは興味半分につっついてみたという感じである。そうすると戦前には東京でもサメの切り身を売っていたわけで、貧乏はしていても食にうるさい百閒が、「うまいとは云われない」と言うが、「とても食えたものじゃない」とは言っていない。つまり東京人にとっても「そういう〈レベル〉のもの」だったということになる。

鮫（サメ）のタレ

サメのタレが話題になったのは、ある歴史シンポジウムの楽屋でのことだった。平成五年から二〇年間、地元で歴史をテーマにした「春日井シンポジウム」を開催していた。森浩

一、小泉武夫両氏をはじめ、門脇禎二、上田正昭、直木孝次郎、網野善彦、和田萃、大林太良、野本寛一、福永光司、八賀晋、西谷正といった錚々たる講師陣に、地元から伊藤秋男、新井喜久雄、福岡猛志氏が加わり、ときに中山千夏、竹下景子、宮崎美子各氏らが参加することもあった。むろん一度に集まるわけではなく、テーマに応じてお招きしたのである。

その第一四回「海人《かいじん》たちの世界」(平成一八年)のとき、楽屋でひとしきりサメを食う話が話題になった。会のリーダーである森浩一先生は、すでに広島県三次《みよし》市の駅前でワニ(サメ)定食を試食されていて、また伊勢市の駅前でサメのタレを買い求めた話をされた。これは先生の書かれた本にも載っている(『食の体験文化史』中央公論社・一九九五年)。その一節に、「サメの干物が京都の錦市場においてないことを鳥羽市の海の博物館で話すと『伊勢市駅前の食料品店では、たいていの日、サメノタレを売っていますよ』と石原義剛氏(同館館長)に教えられ…」とある。

シンポの準備で資料集づくりをしていたとき、その一文を頼りに駅前の商店街を探したが、どうしても見つからず最後に通りかかった女性に「サメのタレを売っている場所を知りませんか」と尋ね、〈ギュウトラ〉

サメのタレ　味醂(大)と塩(小)

というトラのマークのスーパーを教えられた。魚屋か専門店とばかり思っていたが、伊勢市ではスーパーにサメを売っていたのである。

シンポジウムが無事終了してから、食べたことがないという講師の方に送るため、伊勢のスーパーへ再び買い出しに行った。すでに〈勝手知った〉店に入り、刺身や干物が並ぶ冷蔵コーナーに向かった。やや肉厚な切り身がパックに二、三枚入り、ラップがかけてある。その隣に少し大きめの紙箱に、やはり何枚かの切り身が入り、よく見ると味醂の色合いをしている。ともに一つずつしかなく、せっかく名古屋からの買い出しだからもう少し欲しい。店員に尋ねると「いま店には在庫がないがチェーン店にはどこも置いている、これからどこへ向かうか」と聞くから、二見浦《ふたみうら》と答えると、駅前のギュウトラ店で買えという。

二見浦へはタクシーで向かった。運転手は五〇年配の人で、サメのタレを食べるか尋ねると、「この辺りの人間はだれでも食べる。飲み屋には必ず置いてあるし、むかしは弁当のおかずによく入っていた。塩味と味醂味があるが、地元では塩の方が人気があり、自分も塩の方が好きだ」と話してくれた。ついでに「サメの刺身を食べたことがあるか」尋ねると、「伊勢では食わないが、女房が山陰の出身で実家に行くと必ず出してくれる、マグロにそっくりな味で、美味しいものです」と言う。森先生の刺身定食は「少々アンモニアの臭いがした」というからその点を確かめると、まったくそんなことはないと断言した。しかしこのへんが人によって微妙である。

矢野憲一氏の『鮫』（法政大学出版局・一九七九年）によると、広島県三次《みよし》市の秋祭りのシーズンに「三次カジキ」の名で特売があり、魚屋にはシュモクザメやアオザメやオナガザメの現物が山と積まれ、「……臭いですって、少しも臭くないですよ。これがワニの臭いですし生姜で消えます」という地元ワニザメ愛好者の話が紹介されている。一方矢野氏自身の体験では、「味は、粘っこいトロけるような感じで、馴れない私には気になる臭いがあり、お世辞にもうまいとはいえないものだった」という。ただしこれはシュモクザメなどの話で、アイザメやホシザメはアンモニア臭がなく、とくに深海ザメのアイザメは極上で、ある会合にフルコースで出したところ出席者六〇名は、「サメってこんなにうまいのか」と驚き、とくに肝臓の刺身はとろけるような口あたりで、マグロの上トロにも匹敵すると評判だった、という。

矢野氏は伊勢神宮の神職にあり、同時に歴史研究にも優れた業績をあげられていて、神宮の贄《にえ》（穀物、魚、塩など）などにも詳しい。たとえば「サメのタレ」という言い方にしても、戦前はタレだけで通用したのだが、戦後の食料難のとき不味いエイのタレが出回ったため、区別した呼称だという。以下タレの作り方も書いてあり、要約して紹介しておく。

○タレの主な生産地は志摩であり、伊勢市内でも明治から大正にかけ年中作られていたが、臭いが嫌われて町中《まちなか》で製造できなくなり、いまは和歌山県の勝浦や白浜から製品が送られてくる。種類はアオザメやヨシキリザメ、オナガザメなどが使われる。近年製造元の和歌山各地で土産物の勝浦干しとしてよく売れ、その分伊勢への供給が減って牛肉並みに高くなった。タレは二種類、古代からの塩蔵品と昭和二〇年代からの味醂干し。味醂干しにはメマルと呼ばれるオナガザメの仲間がよい。血合肉が少なくテリが出る。肉はできるだけ薄く切り、醤油と味醂と砂糖に漬け金網に並べ一日太陽に干す。何度も引っくり返すのがコツで、乾燥前にゴマを振る。塩の方は清水で洗って長方形に切り、塩をふりかけ丸一日干す。ともに下準備が大変で、二、三メートルのサメを三枚におろし、長さ三〇センチ、幅二〇センチ、厚さ二センチ以下に漉く。上手の包丁捌きにかかると三メートル近いサメの巨体が見る見る「製材された無節の檜板」のようになる。

小売りのときはもっと小さくなる。「タレ」の名の由来は調味料のタレではなく、「たり塩をして干した肉」の意味か、或いは乾燥させるときの「吊す」意味か、よくわからないらしい。古代に御贄として貢進された佐米（サメ）の楚割（スワヤリ・ソワリ）が、中世にはタレ・タリに変化し、江戸時代の文献には「サメダレ・イルカダレ」の名で見えるという。『本朝食鑑』は「鱶」「鮫」「鰐」をそれぞれ別のものとして記し、いずれも食べられるが毒があり、とくに鮫は「海西より乾鮫肉を伝送してくるが、その味佳《よ》からず」と記している。人見必大は、この類の魚に好感をもっていなかったようだ。しかし好きな人は好きらしく、矢野氏は鳥羽水族館館長の「魚の干物で一番うまいのはフグ、つぎがサメのタレ」という話を紹介されている（『前掲書』）。

さて伊勢市と二見浦の二軒のスーパーで買い求めたタレ、持ち帰って同僚や近隣にお裾分けし、さらに森先生と和田先生へも少々お送りした。筆者ははじめて食べたとき、文句なく美味いと思った。周りの感想も概ね上々で、森先生から久し振りに食べ美味かった旨、和田先生から酒に合うとの感想をいただいた。ちょうどそこへ講師だった鳥羽市教委の野村史隆氏から、サメのタレが送られてきて驚いた。楽屋話を思い出され、これぞタレというのを食べさせやろうとされたのだろう。さすがその世界に精通されているだけあって、筆者が買い求めたタレより、姿かたちとも数段立派なものであった。

ここまでにも数種のサメの名を記したが、サメ類は世界に四〇〇種、日本近海に一二〇種ほどいるという。そのうちタレ以外の食品では、フカヒレがある。『本朝食鑑』は、鱶と鮫を別物として記し、フカの項で「外面は鮫のようなザラザラ肌」とし、サメの項で「形は鱶に類しウロコがない」と類似点を挙げるが、逆に相違点の方は記していない。いまフカはサメの別称とされ、中部以南ではフカと呼ぶ地域が多いそうだ。ただし山陰でワニと称するのは、先述の通りである。

鱶鰭（フカヒレ）

そのフカヒレだが、色により白、黒に大別されとくに白が珍重されるという。メジロザメ、シュモクザメ、オナガザメなどは白、ネズミザメ、アオザメ、ヨシキリザメは黒である。ヒレは背、胸、尾があるが、尾が最も高い。きれいに洗って二〇日ほど日乾する。先日テレビで、なぜフカヒレ・スープが高くなるのか検証していたが、乾燥はともかく料理には一週間の手間がかかる。最初に微温湯に浸すだけで三日かかり、しかもヒレのうち使う部分は筋状の部分（角質鰭条）に限られている。要するにフカヒレ料理は、レベルの高い料理人が手間ヒマかけているうちに、値段がどんどん高くなっていくわけである。フカヒレは中国の伝統料理だが、はじまりは明代で続く清代には広く普及したらしく、中国何千年の歴史というわけでもないようだ。森先生は「疲れたときに、フカヒレ・スープにありつくとホッとする」とされ、場所は「他の店より問題なく安い」京都四条通りのカウンターのある中華店と決められているようだ（前出「サメとフカとワニ」）。

このフカのヒレは江戸時代に中国へ〈俵物〉として輸出されている。教科書的にいえば「長崎貿易の輸出品のうちイリコ（煎海鼠）、干しアワビ、フカのヒレの総称が俵物で、金、銀、銅の海外流出を防ぐ策として積極的な輸出がはかられた」ということになろう。森先生は「関西では日常的にイリコというと煮干しのことだから、子供のころはそれが俵物だと錯覚していた」と述べられている。辞書に「炒子（いりこ）小さな雑魚を炒って干したもの。いりじゃこ・いりぼし」とあり、「煮干し」は煮て干すのだが、〈いりこ〉をほぼ同義語にあげている。わが家も親が関西系なので、〈いりこ〉の名はよく耳にしたが、「煮干し」のことであった。

深海鮫（シンカイザメ）の肝油

最近の健康食品ブームにのってよく名前を耳にするようになった深海ザメの肝油について触れておく。朝早く起きてテレビをつけると、定時番組がはじまる前に、痩せる健康食品や元気の出る健康食品などの宣伝を繰り返し流している。つい買ってしまうのが情けないが、そのなかに深海ザメの肝油がある。深層水というのがブームになり、そんな場所にいるサメの肝ならきっと体に良いだろうと勝手に思い込んでいたが、実際はそんな単純なことではないらしい。

深海に棲むサメは、餌が少ないためエネルギーを肝臓に蓄える必要があり、結果体重の四分の一は肝臓だそうである。その八五パーセントが肝油だが、その肝油はサメの種類によって石鹸の原料になるものとならないものに分かれ、ならないものの方が、いわゆる深海ザメエキスといわれる〈スクアレン〉成分を多く含むのだという。日本の油脂化学の父と呼ばれる辻本満丸博士の発見した成分で、薬効はたしかにあるらしい。その科学的裏付けは未《いま》だしだが、〈人類を救済するもの〉という説もあるそうだ。

いま最も利用されているのは「高級化粧品」だという。終戦後大手デパートの三越が、独自の化粧品開発に乗りだし、スクアレンのもつ伸びのよさ、無味無臭、低揮発性などに注目し、昭和二二年に開発に成功、昭和三〇年代にはハンドクリームに応用し、台所用洗剤による手荒れ対策に有効といわれ、評判になった。〈スクアレン〉が多くとれるのは、アイザメ、ユメザメ、ウバザメなどで、ネズミザメ、アブラザメ、シュモクザメ、ヨシキリザメなどは石鹸の方らしい。

鮫（サメ）の魅入り

船の周りをサメが囲んでいつまでもついて来るというのは、実際にある話らしい。船から捨てる残飯などを目当てについてくるのだというが、これを「サメの魅入《みい》り」といい、矢野氏の『鮫』にも幾つか例を載せている。そのうちのひとつに舞台が尾張の話があり、地元にかかわることなので、引かせて頂く。室町時代のこと、陸井《くがい》九太夫という弓の名人がゆえあって浪人しており、尾張の熱田湊から船に乗ったときの話である。

○関東に向かう途中、熱田から船に乗り沖に出た途端、俄かに海が荒れ今にも船が転覆しそうになった。船頭は「悪魚の仕業で、客の中に悪魚に魅入られた者がいる。そいつが入水しないと救われない」と言い、「各自持ち物を投げ込め、それに食いつくか否かが証拠になる」と急かせた。客は次々に投げ込むが食いつかない。九太夫の番が来て刀に差した笄（こうがい）を投げると、巨大なサメが現れて食いついた。皆が一斉に「お前だ、早く身を投げろ」という。九太夫は「主君のため命を捨てるのが武士なのに、なんでサメの餌などに」と悔しがり、脱いだ小袖に雑物を包んで波間に投げると、サメがそれをひと呑みにし、海が急に凪いだ。皆がやれやれと安心する中、九太夫は怒りが収まらず、強弓を引き絞ってサメを射た。驚いた船頭は「また祟るぞ」と大急ぎで船を熱田の宮に返した。その後九太夫は鎌倉で上杉氏に仕官が適い、一年後に京へ公用で上る途中、尾張の宮宿《みやのしゅく》に泊まった。宿の主人は弓矢のコレクターで、多くの弓矢を飾っている中に見覚えのある矢がある。見せてもらうと自分の名が彫ってある。主人に聞くと、去年の今頃瀕死のサメが網にかかり、引き上げると急所に矢が刺さっていた。何でも旅の武士が射た矢という話、九太夫がそれは拙者のことと名乗ると、主人は驚き漁師から買い取ったサメの背骨を庭の泉の橋にしているというので見せてもらった。九太夫がその背骨を逆撫でですると、チクリと指先に棘が立ち、血が流れて止まらなくなった。どう治療しても止まらず、三日三晩苦しんで死んだ。

これに類似する話は各地にあるらしい。軟骨魚類であるサメの背骨というのがよくわからないが、背びれの前縁の棘をいっているのだろうか。小さな船の場合、巨大なサメがどこまでもついて来たら、確かに嫌だろう。この話は井原西鶴の『宗祇諸国物語』にあると書かれているが、同書の著者は西村未達のはずである。

【コラム　海人の国とサメ】

いま筆者がかかわっている「東海学シンポジウム」の前身が「春日井シンポジウム」で、二〇年間つづいた。その一四回目のテーマが「海人たちの世界」で、尾張と海人とのかかわりにはじまり、ヤマト王権と海人との問題を解き明かそうという試みであった。

注目されたのが古代史の和田萃《あつむ》先生で、講演の「大王と海民」のなかで、古代豪族ワニ氏の問題を扱って、画期的な仮説を示された。先生の師にあたる岸俊男氏には、有名な「ワニ氏に関する基礎的考察」（『日本古代政治史研究』所収、塙書房、昭和四一年）という論文があり、その中で〈ワニ〉の語源は「動物の鰐との関連が想起される」とされながら、それ以上ワニ自体には触れられず、「ワニ氏のウヂ名〈ワニ〉は、地名の〈ワニ〉（天理市和邇）に由来する」として論を進められている。

これに対し和田氏は、「ワニの地に居住したからワニ氏となったのではなく、ワニ氏が住んだからワニの

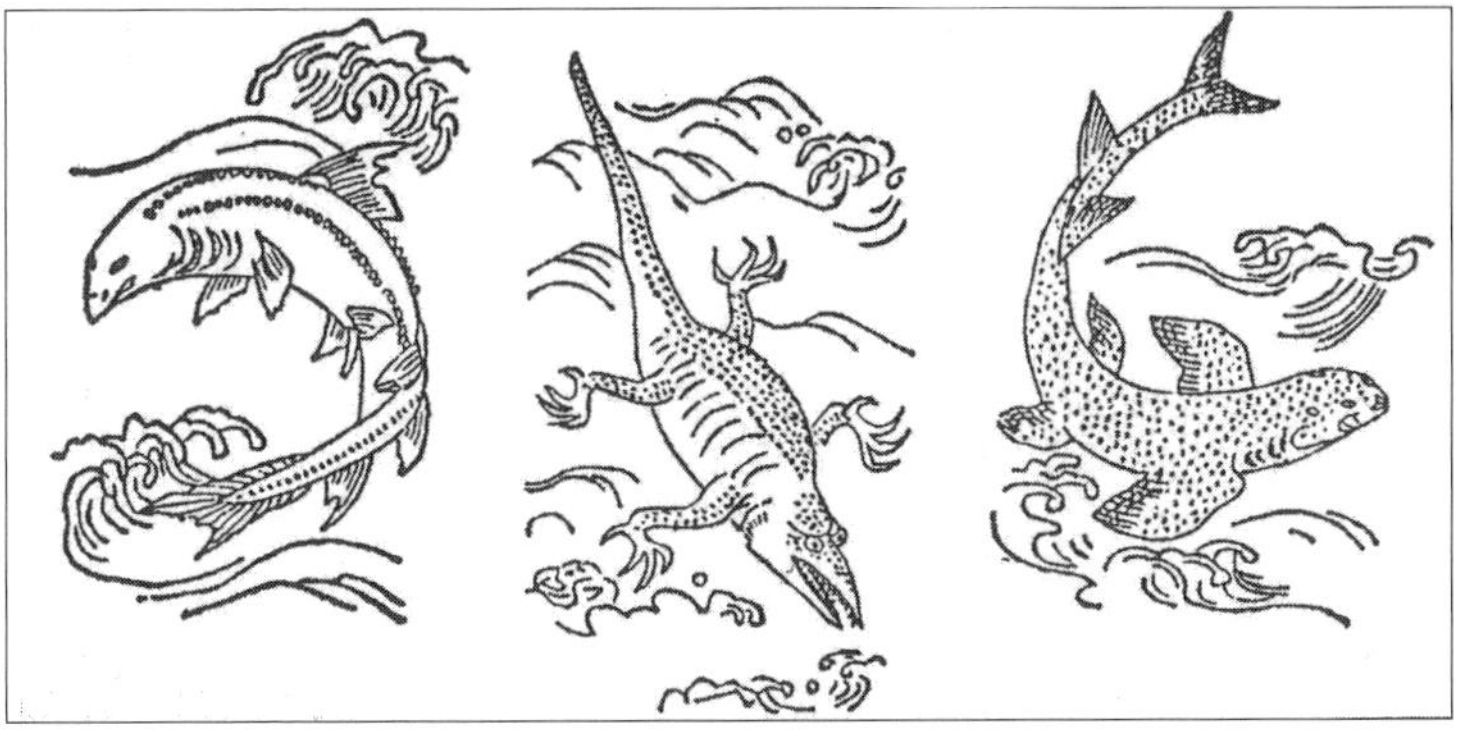

フカ（左）とワニ（中）とサメ（右）　古くは明確に区別されなかった（『和漢三才図会』より）

地名が生まれた」と岸説を逆転され、ワニというウヂの名は、「ワニ部を支配することにより」生じたもので、ワニ部は「列島各地の沿岸や琵琶湖、さらに巨椋池《おぐらいけ》などで漁撈や水運に従事し、水産物をヤマト王権のもとへ運んだ人たち」のこととされた。

ワニ氏は〈ワタツミの大神〉を信奉し、大神や大神の使者は、時に〈ワニ〉の姿となって現われる。ワニ氏は〈ワニと観念される神〉を信仰する集団なのである。ワニとはワニザメのことであり、「その巨大さと凶暴性により海人集団から恐れられ、また神聖視される存在」であった。そのワニザメの楚割《そわり》（すわやり）は、「大化前代から伝統的に御贄として貢上」され、「供御の食事や神祀りのときの神饌として」用いられた。これが奈良時代もつづいたのは、「歴代天皇が海神の血筋につながることを強く意識され続けた」ためではないか、これが和田氏の新しい仮説である。（『第一四回春日井シンポジウム資料集』二〇〇六年）。

この仮説が魅力的なのは、これまでの「ワニとは果たしてサメのことか？」といった段階を一歩進め、海人集団に一つの具体的イメージを与えてくれた点で、実に画期的である。しかし結論を急がず、まずワニそのものの存在から見ていこう。

朝日文左衛門の食卓

◇◇

●この本のご感想、作家へのメッセージなどをお書きください。

◇◇

お名前　　　　　　　　　　　性別　□男　□女　　年齢　　歳

ご住所　〒

TEL　　　　　　　　　　　　e-mail

ご職業

このはがきのコメントを出版目録やホームページなどに使用しても　可・　不可

ありがとうございました

郵　便　は　が　き

料金受取人払

名古屋東局
承認

145

差出有効期間
令和4年
12月31日まで

＊有効期間を過ぎた場合は、お手数ですが切手をお貼りいただきますようお願いいたします。

461－8790
542

名古屋市東区泉一丁目 15-23-1103

ゆいぽおと

朝日文左衛門の食卓　係行

このたびは小社の書籍をご購入いただき、誠にありがとうございます。今後の参考にいたしますので、下記の質問にお答えいただきますようお願いいたします。

●この本を何でお知りになりましたか。

□書店で見て（書店名　　　　　　　　　　）
□ Web サイトで（サイト名　　　　　　　　　　）
□新聞、雑誌で（新聞、雑誌名　　　　　　　　　　）
□その他（　　　　　　　　　　）

●この本をご購入いただいた理由を教えてください。

□著者にひかれて　□テーマにひかれて
□タイトルにひかれて　□デザインにひかれて
□その他（　　　　　　　　　　）

●この本の価格はいかがですか。

□高い　□適当　□安い

◆『出雲国風土記』の人食ザメ

日本で古くサメに襲われた記録が、『出雲国風土記』に克明に記されている。今の島根県安来《やすぎ》市で実際に起きた事件らしく、具体的な記述から推して実話と思われる。

【出雲国意宇《おう》郡安来《やすき》郷条】

○即ち北の海に毘売埼《びめさき》あり。飛鳥浄御原の宮に御宇《しろ》しめしし天皇の御世、甲戌《きのえいぬ》の年七月十三日、語臣《かたりのおみ》猪麻呂《いまろ》の女子、件《くだん》の埼に逍遥《あそび》て邂逅《たまさか》に和爾《わに》に遇い、賊《そこな》われて帰らざりき。その時父の猪麻呂、賊われし女子を浜上に斂《おさ》めて大《いた》く苦《うれ》え憤り、天に号《さけ》び地に踊り、行きて吟《さまよ》い居て嘆き、昼も夜も辛苦《たしな》みて、斂めし所を避《さ》ることなし。是《かく》する間に数《あまたの》日を経《へ》歴たり。

※安来郷の北の海に毘売埼《ひめざき》がある。飛鳥浄御原宮で天下を治められた天武帝の六七四年七月一三日、語臣《かたりのおみ》猪麻呂《いまろ》の娘がこの埼で遊んでいて、たまたまワニザメに出遇い、襲われ殺されて家に帰らなかった。父の猪麻呂は娘の亡骸《なきがら》を浜に埋葬し、怒り狂いながら天に叫び地を踏みつけ、立っては呻き座しては嘆き、昼も夜も悩み苦しみ、埋葬場所から離れなかった。こうした日が何日も続いた。

○然してのち慷慨《うれた》む志を興し、箭《や》を磨《す》り鋒《ほこ》を鋭《と》くし便《たより》の処を撰びて居りて、即ちおろがみ訴え申しけらく、「天神五百萬《よろず》はしら、地祇千五百萬はしら、并びに当国に静まり坐す三百九十九社、及び海若《わたつみ》等、良《まこと》に神霊有らませば吾に傷《そこな》わしめ給え」と申せり。

※父はその後怒りの志を奮い起こし、箭《や》を磨ぎ鉾尖《ほこさき》を鋭くし、時機と場所を選び、神を拝《おが》み訴えて祈った。

「千五百万《ちいおよろず》の天神《あまつかみ》・地祇《くにつかみ》よ、この国に座《ま》します三百九十九の社よ、そして海神たちよ、まことに神霊があるならば、猪麻呂にワニを殺させ給え」と。

○其の時須臾《しゅゆ》ありて、和爾百余、静かに一つの和爾を囲繞《かく》みて、徐《おもむろ》に率《い》て依り来て居る下に従《つ》きて、進まず退かず、猶囲繞《かく》めるのみなり。その時鋒《ほこ》を挙げて中央《まなか》なる一つの和爾を刃《さ》して、殺し捕ること已に訖《お》えぬ。然して後、百余の和爾解散《あら》けき。殺し割《さ》けば、女子の一脛《かたはぎ》屠《ほふ》り出でき。よりて和爾をば殺割《さ》きて、串にかけ、路の垂《ほとり》に立てき。安来の郷の人、語臣與《あたえ》が父なり。その時より以来、今日に至るまで六十歳を経たり。

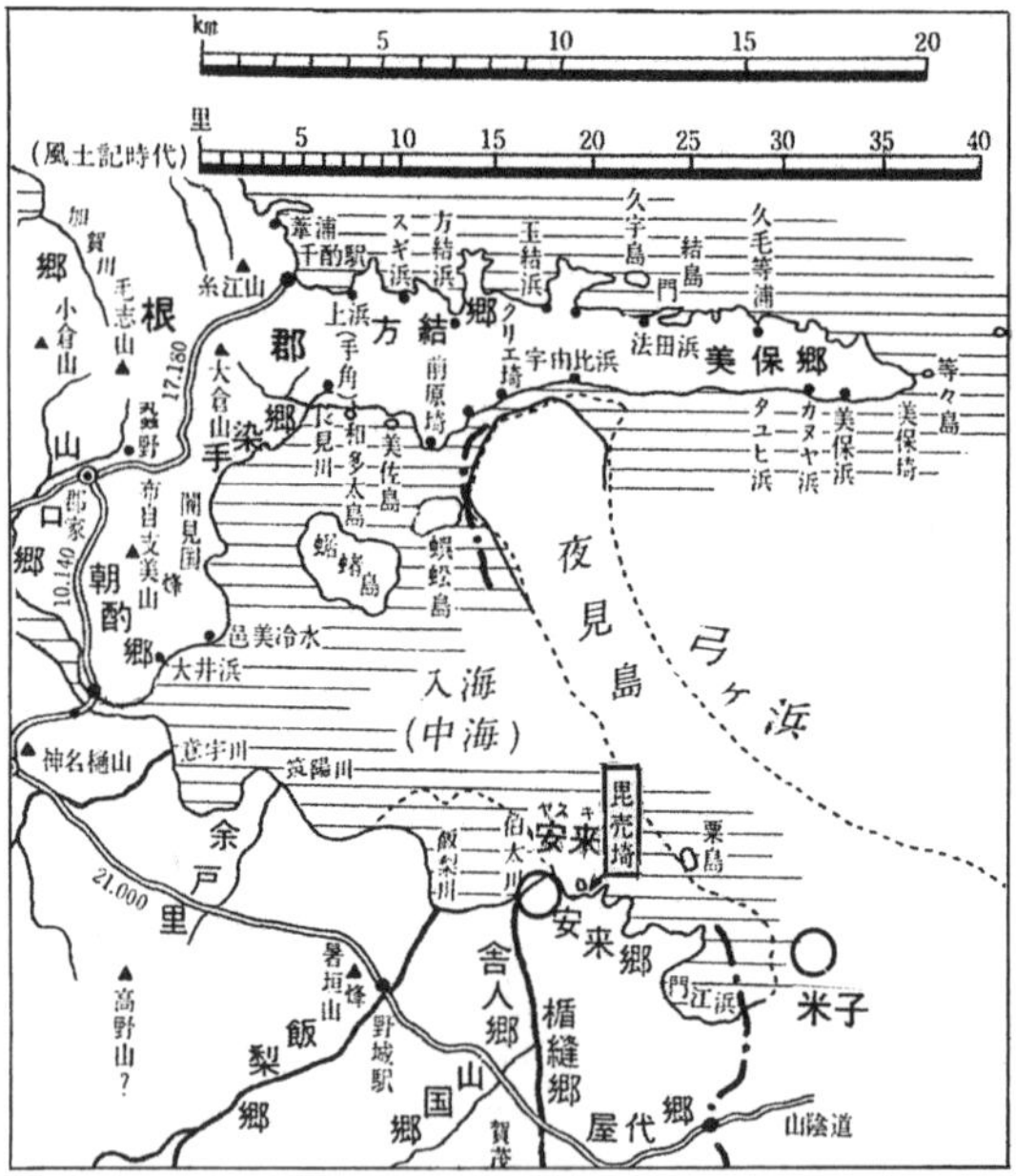

安来とその周辺（岩波古典文学大系『風土記』付図より）

※すると、暫くして百余匹のワニが、静かに一匹のワニを取り囲み、徐《おもむろ》に連れ立ってやってきて、猪麻呂のいる場所から動かず、ただじっと取り囲み、何かを待っている様子。そこで猪麻呂は鉾《ほこ》を振り上げ、真ん中の一匹をぐさりと刺し、たちまちに息の根を止めた。するとワニたちは静かに輪を解き、思い思いに去って行った。刺殺したワニの腹を裂くと、娘の脛が出てきた。猪麻呂は切り裂いたワニの死骸を串刺しにし、路傍に立てた。

同じ『出雲国風土記』の「嶋根郡」条には、次の記事が載る。

○夜見の嶋に相向かう栗江《くりえ》の埼。埼の西は入海《いりうみ》（中海）の堺なり。入海に在るところの雑《くさぐさ》の物は、入鹿《いるか》・和爾《わに》・鯔《なよし》・須受枳《すずき》……多《さわ》にして名を尽くすべからず。

※出雲文化圏（島根、鳥取、岡山、広島県の山間部）は、サメをワニと呼び、今もサメ肉を食す。尿素が多く腐りにくい。

出雲のスズキが名産であることは、前に触れた。入海にはサメも多かったらしく、イルカとともに書き留められている。

◆『鸚鵡籠中記』のサメ

時代は飛ぶが、江戸時代の尾張でもサメが人を襲った話が記録されている。『鸚鵡籠中記』に漁民がサメに襲われた話が、貞享年間（一六八四〜一六八八年）の記事として数回出てくる。

文左衛門の執筆開始は、貞享より後の元禄四年（一六九一）、文左衛門一八歳の時だが、実は巻三が補遺になっていて、貞享元年から元禄四年まで後《あと》から書き足されたらしい。『日記』の解読本を刊行された市橋鐸氏は、「父定右衛門の記録などをもとに作成した補遺」と推測され、摘録本を注釈された塚本学氏も、この考えを支持されている。以下、サメの記事を挙げ、解説しておこう。

○知多郡志水村庄屋、盆前に藻を取りに出、潮を浴し、船に乗らんとするを、鰐出て片股を喰切り、死す。(貞享二・七・一二)

知多郡志水村は現在の東海市中央部、太田川の右岸(北岸)側にあたる。志水の字名はなくなったが、平州小学校と明倫小学校の間に、清水寺、清水公民館、県営清水団地など「清水」の名が残り、そのすぐ北の平島公民館は、平島村の名残りと思われる。

小学校の名前になった「細井平州」は、江戸中期の有名な儒者で平島村の出身、太田川の支流渡内川(旧《ふる》く渡内村あり)を東に渡った所に、いま東海市立平州記念館(郷土資料館)と細井平州先生旧里碑がある。その清水村の庄屋がお盆前の七月一一日(新暦の八月一〇日)、海へ海藻取りに出かけたついでに水浴びをし、さて船に戻ろうとしたときサメに襲われ、片足を食い千切られ、死亡した。『日記』にははっきり「鰐」と出ている。尾張でも江戸時代に「サメをワニと呼ぶこと」があったらしい。

○熱田沖に異形の物二つ出る。蛙の面躰にて眼大いに光り、胴半分程海上に見え。よって漁師ども、夜は出ずと云々。(貞享二・七月下旬)

異形の物二つとは、サメではなくおそらくアザラシである。はじめて見た漁師たちは驚いたに違いない。おそらく怪物に出会ったと思い、しばらく夜の漁には出なかった。

○熱田沖にて鮫を猟師ゑび網にて得たり。（貞享二・一〇・二〇）

○中将様御覧。一丈二寸あり。熱田頭人へ、此の魚渡るなり。惣じて大魚猟する時は、頭人の方へ納める。古例と云々。（貞享二・一〇・二二）

貞享二年（一六八五）一〇月にエビ捕りの網にかかったサメは一丈二寸、つまり三メートル以上のかなりの大物だった。噂にもなったのか、お城の若様が見たいと仰せられ、城まで一〇キロの距離を運んで、藩主光友の嫡子綱誠《つななり》様（寛文三年・中将任官）にご覧にいれた。

○貞享四年六月廿四日　熱田沖にて鮫漁師を食い殺す。これに仍《よ》りて横井作右衛門支配ら、鮫を取りに日々十四五艘宛《ずつ》出し候得ども、之を取り得ず。剰《あまつさ》え其のうちに又人を取り候ゆえ、答志島より鮫釣りを四人雇い候。一日一人十匁宛て支度給させ、鮫釣り候たびに褒美遣わす筈也。七月十八日に五尺ほどの鮫一本釣り、同十九日八尺五寸程の一本釣る（車にのせ三ノ丸の内、所々所望によって引き来る）。右四人の見回りのため、七十斗の者両人来たり……。四人の内に別して十六七の若者巧者なり。油を海へ流し、鮫を集め候と云々。同二十五日に鮫二本、車にて三ノ丸へ引き来る。昨日までに以上二十九本釣ると云々。

貞享四年（一六八四）六月二四日（新暦八月一日）、熱田沖で漁師がサメに食い殺された。そこで横井作右衛門らがサメの捕獲のため連日一四、五艘の船を出したが、素人の悲しさ何の成果も挙がらず、却って犠牲者を出す始末だった。ちなみに指揮を任された横井作右衛門時邑《ときむら》は、名門横井一族の傍系で、父の家領一五〇石を継ぎ当時は御馬廻、このあと元禄五年に作事奉行に就任している。

そこで新たに策が練られ、サメ捕りに慣れた答志島《とうしじま》の漁師四人を一日一人一〇匁宛ての支度金（銀一〇匁・一万円余）で雇い、鮫を釣るたびに別に褒美をやる約束をした。七月一八日に一・五メートルの鮫を、同一九日には二・五メートル程のサメを釣った。これは車にのせ、三の丸の武家屋敷へ、要望に応じ見せて回った。四人の漁師を監督するため、七〇ばかりの者二人も答志島からやって来た。四人の内、とくに一六、七の若者が釣りの巧者で、油を海へ流し鮫をおびき寄せたという。同二五日に釣り上げた鮫二本を台車にのせ、再び三の丸まで持ってきて見物させた。昨日までに合計二九本釣ったという。あとでまとめて書いた記事なので、七月までの話が含められている。

伊勢湾沿岸で庄屋や漁師が実際にサメに襲われた話と、藩の主導によるサメ捕獲を、わざわざ父の記録から選んで載せたということは、おそらく珍しい事件であり、若い文左衛門の興味を十分そそる話だったのである。なお元禄四年以降の『日記』本編に、サメの話は出てこない。

近年の米国調査では、ここ二〇年余りでサメによる人間の被害例は二八件、うち死亡例は三分の一という。日本で過去四三年、サメによる被害は一二件しかなく、確率的にはほとんど起きない事故という（中野秀樹・二〇〇七年）。

サメ五〇〇種のうち、危険な種類はホホジロザメ、イタチザメ、オオメジロザメなどで、人食ザメのイメージを決定づけた映画「ジョーズ」のサメは、全長一三メートルに作られたホホジロザメである。いま見るホホジロザメは、大きなもので五、六メートル、しかし歯の化石では三倍の大きさのものが見つかっており、大昔のホホジロザメにはジョーズ級のものがいたといわれている。現在最も大きいサメの種類は、体長二〇メートルに達するジンベエザメだが、これは主にプランクトンを食べ、人間は襲わない。

◆都へ送られたサメ

実際にサメに襲われる回数は多くないにしても、逆に強く印象に残り、いつまでも語り継がれる。ところがそのサメを古代からずっと獲り続けていた人たちがいた。

すでに一〇年以上も前になるが、県下の古墳資料を作るため各地を回っていて、三河湾三島（北から順に佐久島、日間賀島、篠島）も当然踏査の範囲に入っていた。このうち佐久島は、西尾市一色町に、日間賀島と篠島は南知多町に属する。島に渡るのは当然船だが、土曜、日曜ごとに一色町と河和の船着場へ通った。そして島へ通ううち、島に残る巨大なサメの釣り針のことを知った。日間賀島の資料館には、古墳から出土の釣り針と、現在のサメ捕獲用釣り針の写真が実物大で展示されている。篠島の神明社貝塚の報告書には、縄文後期の貝層から骨格製のサメの釣り針出土が実測図とともに記されている。ただしこれだけなら、島々の人が大昔から食料としてサメを捕獲していた、という話で終わる。

サメの問題が一躍脚光を浴びることになったのは、奈良平城宮の発掘で「木簡（木製の荷札）」が出土したからだ。実際は関連する木簡資料は全部で一二〇点以上出土しているが、代表的なもの三点を例示した。

【平城宮木簡】

○参河国芳豆郡比莫《ひまか》嶋海部供奉九月料御贄《みにえ》佐米《さめ》六斤　※一斤《きん》＝一六〇匁（六〇〇ｇ）

○参河国播豆郡篠《しの》嶋海部供奉七月料御贄参竃並佐米　※贄《にえ》　天皇の御料として毎月献上した品

○参河国播豆郡析《さく》嶋海部供奉八月料御贄佐米楚割《すわやり》六斤　※楚割《すわやり》　魚肉を楚《すわえ》（木の枝）状に割り干したもの。

三島の「海部《あまべ》」（海人たちの集団）は、毎月「贄《にえ》（天皇への貢納物、のち調雑物）」として「干したサメ肉（楚割）」を送っている。その荷札が奈良の都の建物跡から発見されているのである。薄い木札だが、一三〇〇年間泥土の中に閉じ込められ、墨跡もはっきり残っている。

日間賀（比莫）島からの木簡は、九月以外に閏九月、篠島からの木簡は、七月以外に三月、五月、九月、佐久島（析島）からの木簡は、八月以外に二月、四月、六月、一二月を記すものが出ている。篠島が奇数月、佐久島が偶数月、日間賀島がその補充と見られ、一年を通じ絶えず都へ贄がとどくような仕組みらしい。これが古墳時代以降ずっと行われていて、天皇の食事に供され、あるいは神饌《しんせん》として供えられた。常に天皇が食していたか、ただの儀式めいたものだったかはわからないが、ともかく大化前代から「贄《にえ》」として奉られてきたのである。

◆天皇家の性格

ここで話を『記・紀』に移し、天皇家の祖先をたどってみよう。むろん神話の世界の話であって史実ではない。ここで確かめたいのは、神話の世界では天皇家がどのように語られているかであり、とくに「海の民」とのかかわりを見ておきたい。

【『日本書紀』本文系譜】

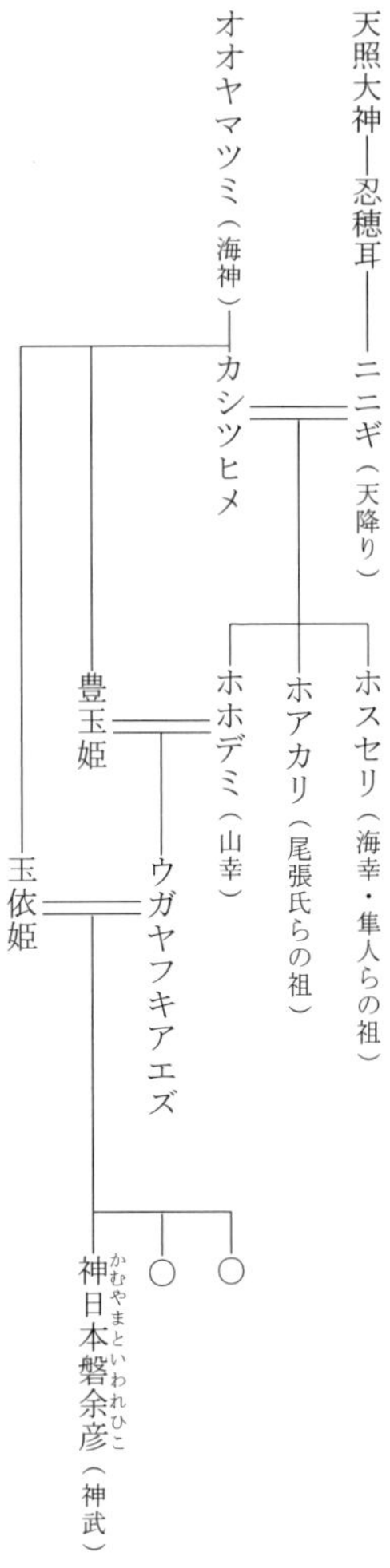

天照大神《あまてらす》の孫にあたるニニギ命が日向の高千穂峰に天降り、浜辺で大山祇神《おおやまつみのかみ》の娘鹿葦津《かしつ》姫《ひめ》（またの名木花開耶姫《このはなさくやひめ》）と結婚し、火酢芹《ほすせり》、火明《ほあかり》、火火出見《ほほでみ》の三児をもうける。ホスセリが海幸彦、ホホデミが山幸彦で、二人はあるとき「幸《さち》」を取り換えるが、結果、山幸彦は兄の釣り針を無くしてしまう。嘆く山幸彦に塩土老爺《しおつちのおじ》が策を授け、海神の館へ赴く。そこで海神の娘豊玉《とよたま》姫と結ばれ、針も取り戻して地上の国へ戻る。身ごもった豊玉姫は浜に鵜鷀《うがや》草で産屋を葺き、その中で鵜鷀草葺不合尊《うがやふきあえずのみこと》を産むが、産むときに大ワニに姿を変えたのを見られ、妹の玉依姫だけを残し、自らは海へ去っていく。成長したウガヤフキアエズは玉依姫と結婚し、三人の子供ができる。三番目の子が、カムヤマトイワレヒコ、つまり初代の天皇「神武」である。

この神話で注目すべきは、天上世界の支配者と海の支配者が、はじめから密接なかかわりをもっていること、そして母方は最強の海の生物「ワニザメ」と関係が深いことである。

ここからは史実の世界に入る。

古代豪族に、ワニ（和邇）を名乗る一族があって、漁業や造船、海上交通を掌握する海人《あま》集団のリーダー、とする説がある。ワニ一族は、ヤマト王権のなかで多くの王妃を出し、今の天理市辺を拠点としながら、後に春日の地へ移り、春日を名乗る。春日もまた王妃を出し、全国に春日を付した部民が置かれ、時に地名にもなる。

愛知県の名前の由来は「アユチ」で、海岸にめでたき物を吹き寄せる風を「アユの風」といい、伊勢湾の奥を「アユチ潟」と呼んだ（柳田国男）。そのアユチ潟を生業《なりわい》の地としたのが海人《あま》族で、彼らを掌握したリーダーが地方豪族の尾張氏であった。尾張氏一族の系譜には「大海媛《おおあま》」の名があり、熱田社の成立を伝える『熱田宮縁起』には、「海部はこれ尾張氏の別姓なり」の一文がある。

尾張氏は尾張南部の漁業と海上交通を支配し、魚や塩の貢進によりヤマト王権とかかわりを持ち、やがて王妃として目子媛《めのこひめ》を嫁がせるに至った。尾張に最大の前方後円墳「断夫山古墳」が築かれる時期にあたる。また春日井に「味美二子山古墳」が築かれる時期でもある。

海でもっとも恐れられたワニザメは、漁業、海運に従事するワニ氏にとって、恐怖であると同時に、祀られる海神にもなった。そのワニ氏が王権に従属したとき、サメ肉を贄として王に捧げ、服属の証とした。いまも知多半島にはワニ姓が多く残るという。その伊勢湾三島からサメ肉が贄として都へ送られ、伊勢神宮、津島神宮には、今もサメの乾し肉が、昔の贄を思わせる切身（スワヤリ）として、供えられるという。こうした事象を繋ぎ合わせていくとき、一つのストーリーが描けそうだが、これは考えすぎであろうか。

香の物

どんな格式ばった膳部にも、香の物は必ず一品として書き添えられる。『四季漬物塩嘉言』の序文で花笠文京（江戸漬物問屋「小田原屋」主人）は「本膳料理でどんなご馳走を並べても、香の物がなければ、立派な行列に押《おさえ》を欠き、お座敷狂言に祝儀を忘れたようなもの」と述べているが、要するに「料理の締めは漬物」であり、この意見に賛同する人は、多いだろう。膳部料理でも、立派な一品なのである。

香の物とは、野菜の漬物《つけもの》のことである。「漬物」の語は平安時代の『延喜式』内膳司《ないぜんし》に、ナズナ、ワラビ、セリ、イタドリなどの春菜一四種、ウリ、ダイコン、ナスなどの秋菜三五種を、塩、糟、醤《ひしお》、葅《にらぎ》（楡《にれ》の皮の粉末と塩）、須須保利《すずほり》（米粉や大豆粉と塩）などを漬けたものとして、記載されている。

一方「香物《こうのもの》」の語は、室町時代から見られ、『四条流包丁書』の「散飯皿《さばざら》（取分け皿）に香物を盛る」と出ているのが古い例らしい。

『守貞謾稿』は「漬物売」の項で、漬物に関係する語句を、次のように解説する。

○京都・大坂では漬物売りを茎屋《くきや》といい、昔は大根等の茎漬けを売ったが、今は大根・蕪・菜を塩で漬けたのを指す。また葉を取った大根を干し塩糠《しおぬか》で漬けたのを香々《こうこう》、香の物という。香の物は漬物すべての名でもある。

○粕漬けを三都とも奈良漬という。上方の香々《こうこう》を江戸では沢庵漬という。品川東海寺の沢庵禅師が初めてこれを製したからである。上方では毎冬毎戸、味噌と香々は自家で製する。江戸では稀である。

関西ではタクアンの漬物を「香香《こうこう》」「おこうこう」「こうこ」という。我が家も関西系なので、子供のころから「おこうこう」を食って育ってきた。自家製で母が糠を混ぜていた光景を思い出す。むろんタクアン漬という言い方も知っていたし、その起源を沢庵禅師に求める話も少し大きくなってから聞いた覚えがある。

『農業事物起源事典』は沢庵和尚と練馬大根の関係について次のように記している。

○徳川五代将軍綱吉公が右馬頭《うまのかみ》（右馬寮《うめのりょう》の長官）のとき、偶々《たまたま》脚気を患い治療したが中々良くならない。ときの陰陽頭《おんようのかみ》に占わせたところ、城の西北の「馬」の字がつく場所で静養すべしと出た。そこで下練馬村に殿舎を建てて療養し、徒然を慰めるため尾張から大根の種子を取寄せ、試みに栽培させた。結果は甚だ良好で、目方三貫、長さ四尺の大根を得たという。病が癒えたのち旧家大木金兵衛に培養を命じ、爾来年々献上させた。また品川東海寺の僧沢庵に貯蔵の法を問うた。沢庵は意を奉じ、塩と糠を混じて漬物用とした。その味甚だ良くかつ貯蔵に適していたので、村民はこれに倣《なら》い、年々数十樽を造り近隣に鬻《ひさ》ぐに及んで名声次第に聞こえ、販路は益々広まり、ついに現在に及んだ。

この話のもとは『北豊島郡誌』にある。タクアン漬の起源を沢庵禅師に求めるのは、あくまで伝説にすぎない。だいいち綱吉が生まれた正保三年は、沢庵が亡くなった翌年である。

しかし練馬大根の種子が尾張大根だったという話は、注意しておきたい。京都の聖護院大根の種子も尾張からで、文政年間に当地の篤農家田中喜兵衛が、聖護院近くの金戒《こんかい》光明寺に献納されていた尾張大根を譲り受けて栽培し、何代も種の選別を繰り返すうち、短径のものを作り出したという。ただし千枚漬けの聖護院蕪は、近江系のカブラが元とされる。

江戸時代を通じ、「尾張の大根」は全国的な有名ブランドとして聞こえていた。江戸の町で名古屋の悪口を言うときも、二言目《ふたことめ》には「尾張のダイコン奴《め》」であった。ダイコンと言われると、理由はともかくなぜか癪に障る。

『尾張名所図会』（巻七・海東郡）に「藪香物《やぶのこうのもの》」として次のように出ている。
○同じ村（上萱津村《かみかやづ》）正法寺《しょうほうじ》にて製す。むかし萱津の里に市《いち》ありし時、近里の農夫、瓜《うり》・茄子《なすび》・蘿蔔《だいこん》の類の初なりを熱田宮へ奉らんとせしかども、道遠ければ阿波手《あわで》の森の竹林の中に甕を置き（今もなお其の旧姿を存せり）、あらゆる菜蔬《さいそ》を諸人投げ入れ、塩をも思い思いに撮《つま》み入れなどせしが、自ずから混和して程よき塩漬けとなりしを、二月・十一月・十二月、彼の社へ奉献せしなり。是《これ》を藪の香の物と名づけ、名産とす。後世、路傍の行人《こうじん》など神供《じんぐ》の物をも憚らずとり食い、或いは穢物《えもつ》をもほどこしければ、終《つい》に正法寺の境内に移して、今に至るまで熱田宮へ奉納するを例事とす。
名古屋城西南角の巾下《はばした》から美濃街道を西へ進み、枇杷島橋を渡って土器野《どきの》から新川橋を渡る。渡り切ったところで北西へ進む美濃街道と分かれ、津島へ通じる道を西進すると、五条川に架かる法界門《ほうかいもん》橋に至る。昔はここに甚目寺の惣門があったとされ、法界門の名がついた。橋を渡ってそのまま真っ直ぐ進めば一キロ余で甚目寺だが、渡ったあと五条川沿いの道を南の正法寺の方へ下ると、途中に阿波手の森があり、小さな社が建つ。

いまこの社が萱津神社となり鹿屋野《かやの》姫を祀っているが、『名所図会』は社名を記していない。この森（藪）の中に漬物の大瓶が置かれ、市《いち》が開かれると近くの農夫たちが初ものを投げ入れていく。本当は初物を熱田の宮へ奉納すべきだが、遠すぎるからこの藪の大甕へ放り込む。腐るのは困ると塩を入れる者もいて、その内うまい具合に漬物に仕上《しあ》がり、「藪の香の物」のことわざは、此処から生まれたという。

ただし『名所図会』は別の説もあるとして、『十訓抄《じっきんしょう》』の一文を紹介している。

『十訓抄』は建長四年（一二五二）

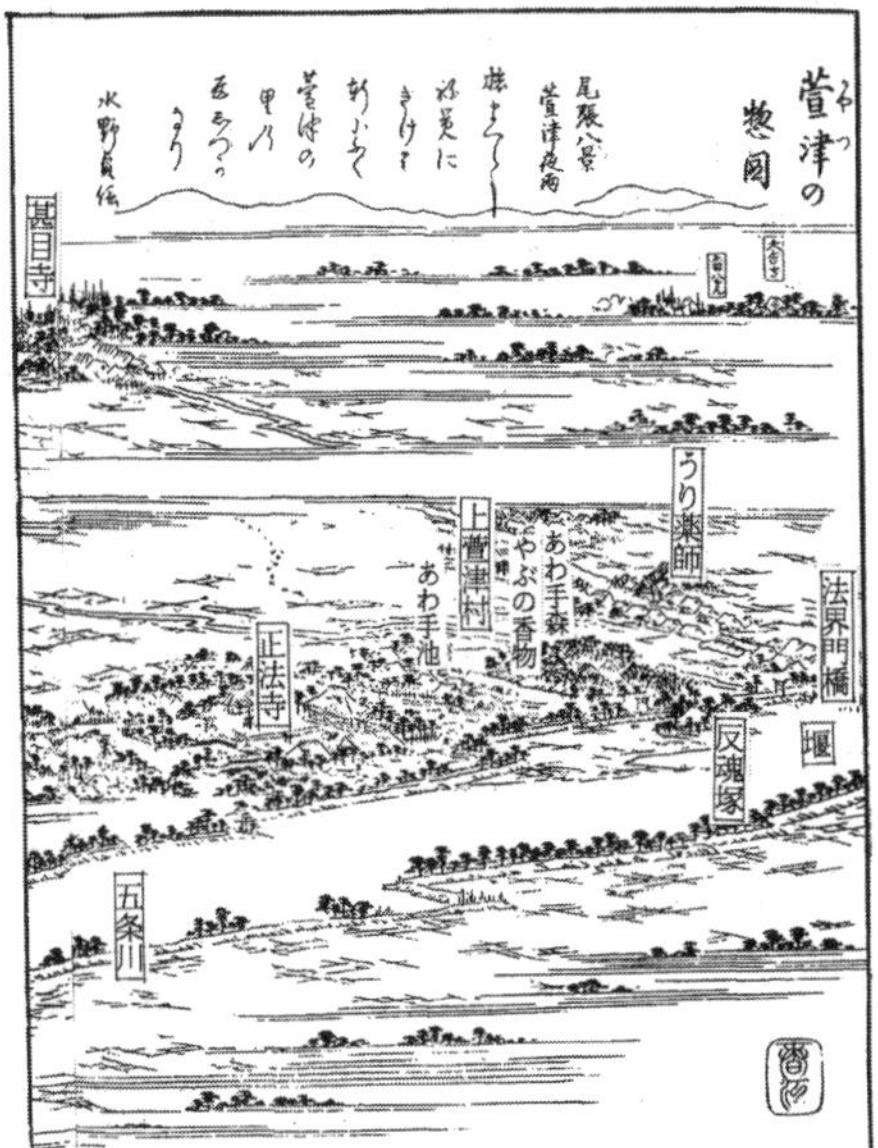

萱津の惣図（『尾張名所図会』より）

ころ書かれた処世の教訓書で、作者は不詳だが、その豊かな知識は日本中世の知的水準の高さを示しているとされる。元禄六年に版行され、江戸時代には広く読まれた。関係する個所を引いておこう。

○菅三品《さんぽん》の家にて人々月をもてあそびしに、或る人「月はのぼる百尺楼《ひゃくせきのろう》」と誦《ず》しければ、老いたる尼のあやしげなるがこれを聞きて「僻事《ひがごと》を詠じおわしますかな、月はなじかは楼に登るべき、月には登るとぞ故三位殿は詠じたまいし」と云いければ、人々恥じて、藪に香の物といえる女児がたとえ、違わざりけりとて、感心せられ…。

この『名所図会』の引用文だけでは、わかりにくいかも知れない。『十訓抄』原文を参照し、口語訳した文を記しておく。

○菅原道真の孫「文時《ふみとき》」の邸で、文時が亡くなって数年を経た月の美しい夜、縁者たちが集まり、故人を偲んだ。或る人が「月はのぼる百尺《ひゃくせき》の楼《ろう》」と口ずさみ、これに人々が唱和したところ、近くの草叢《くさむら》から年老いた尼《あま》があらわれ、「素晴らしい逍遥の集いをそっと物蔭から覗《うかが》い、感激に涙が止まりません。ただ皆さんは、詩を間違って詠じられてます」と告げた。人々は笑って「面白い婆さんだ、いったいどこがおかしいんだ」と問うと、「私が思いますに、月が楼へのぼる筈《はず》はありません。『月（を見るため）には（楼へ）のぼる』と、故三位文時様も詠じておられました。わたくしは洗い張りなどの雑用をしながら、いつも聞いておりました」と言ったので、人々は恥じて皆立ち去った。彼らはわざと老婆を侮ったわけではないが、心すべきであろう。「藪に剛《ごう》のもの（思いがけない処に、傑物がいる）」のことわざは、こうしたことを言うのである。

はたして「藪に香の物」か「藪に剛の者」か、ところがまだある。滝沢馬琴の説である。

馬琴は享和二年（一八〇二）の五月から八月にかけ名古屋を経由して関西方面へ旅した。その記録が『羇旅漫録《きりょまんろく》』で、本屋の求めによりその一部を『蓑笠雨談』として刊行した。そのなかでの話だが、津島へ向かう途中の馬琴は阿波手の森に立ち寄り、小さな祠の前の五斗入りの漬物の大桶や重石の大石を確かめ、そのうえで、次のように「藪に香の物」の諺に言及している。

○「三国志」の五丈原《ごじょうげん》の戦いは、諸葛孔明《しょかつこうめい》にとって最後の戦場となった。この五丈原で、守りを固める司馬懿《しばい》（字は仲達、魏の曹操、曹丕に重用される）を城外におびき出すため、孔明は巾幗《きんかく》（女性の頭を包むスカーフ）を送りつけ、軟弱奴と挑発した。これに対し司馬懿が「豈《あに》知らんや、野夫《やぶ》にも功者《こうのもの》有らんことを」云々と返した。「やぶにこうのもの」の俗語はここから始まったのだが、尾張の人はこれを頑《かたく》なに否定し「熱田宮へ供える香の物から始まった」と相変わらず主張している。

馬琴はこの話の最後を、「いずれが是なるや」の語で締めくくっている。

なお『尾陽雑記』は、萱津の藪香物《やぶのこうのもの》を指して「大かた、日本の香の物のはじめなるべしといえり」と記し、上萱津の藪の漬物が「香の物のルーツ」とする説を応援している。

浅漬け

小泉武夫氏は漬物の漬け上がる仕組みについて「塩分の作用により野菜の細胞から水分が脱水され（浸透作用）、細胞の生理作用が止まって保存の効く状態になり、水に代わって漬け床の味や香り・栄養分が野菜に入っていくため」と解説されている（『食と日本人の知恵』）。

漬物ができる仕組みは、これでよく理解できるが、知られている割にはっきりしないのが「浅漬《あさづ》け」である。

いまの辞書で「あさづけ」を引くと、二つの答えが出てくる。一つが言葉通りの「野菜を糠《ぬか》や薄塩で短時日漬けたもの」で、もう一つが「大根を塩・糠で下漬けし、麹・砂糖を加え本漬けした浅漬大根、べったら漬」である。デパート地下の顔なじみの漬物屋さんに「浅漬けの意味」を聞いてみた。案の定「あっさり漬けたもの」との答え。「東京ではべったら漬けのことらしい」というとビックリしていた。長年店員をしていても、初めて聞く話だという。

古語辞典を引くと、「大根・ナス・ウリなどを塩・糠であっさり漬けたもの」とあり、西鶴の作品から「酒の肴に、茄子の浅漬け焼き味噌以外何もなく……」を例文として示している。西鶴は関西だから「あっさり漬け」派だ。そこで料理書を調べてみる。

中村幸平の『日本料理語源集』には、「大根漬けの一種、大根を弓なりになるくらい干して、米ぬか、塩で漬けたもの」「早漬けともいい、漬けて一日か二日で食べるもの」とある。

一方の「べったら漬け」は、「堀留人形通りで催されるべったら市で売られる漬物で、宮重大根の皮を剥き、塩漬けしたあと米麹を甘酒状にして漬けたもの」とし、浅漬けの話は出てこない。

本山荻舟の『飲食事典』には「京阪ではアッサリ、東京ではベッタラ、生干しの大根を甘塩で淡泊に漬けたもの」とある。

松下幸子の『図説江戸料理事典』には「短期間漬ける保存を目的としない漬物、今は種々の野菜を材料とするが、江戸時代は主として大根を用い、塩のみで漬けるものと、塩と麹で漬けるものがあった」とある。

多少の違いはあるが、やはり関西系のアッサリ漬けと東京のベッタラ漬けの両方を意味するようだ。本来は大根漬けを指し、近年種々の野菜に広がったこと、大根漬けで本来五〇日程度は要したのが、薬物など早く漬けあがるものが増え、二、三日で食べられようになって、一般の人の感覚に近い意味になったと思われる。名古屋以西ではベッタラはあくまでベッタラで、浅漬けの感覚はまったくない。

尾張大根（オワリダイコン）

漬物の材料の代表は、文句なく大根である。先に「ダイコンと言われると妙に癪に障る」と書いたが、大根にかかわる悪口は「大根足」「大根役者」ぐらいのもので、気分はよくないが、格別腹が立つほどでもない。逆に「大根のように白い肌」というのは褒め言葉なのだろうが、言われた当人はあまり褒められた気分にはならない。実はこの辺に大根の秘密がありそうだ。

考古学の森浩一先生は、昭和五六年（一九八一）から平成一三年（二〇〇一）まで二一年間、毎食の統計を取られた。一年一〇九五食の食品名をすべて記録されたのである（『森浩一、食った記録』）。実に貴重な記録だが、毎年三〇〇回前後で一位を占めているのがダイコンである。刺身のツマのダイコンは除いての回数だ。森氏は「大根が僕にとって一番親しい野菜」と記されている。

川口はるみ氏の『江戸惣菜辞典』の索引を見ると、「大根こけらずし」にはじまり「大根飯」まで一三項目は、これも一位である。つまり大根はあまりに日常的過ぎて、あって当たり前、少しも自慢にならない食物ということらしい。

「ダイコン」は、「おおね（大根）」を音読して生じた名前とされる（『言海』『広辞苑』）。アブラナ科の一年生または二年生の根菜で、原産地は地中海沿岸説などいくつかある。古く中国大陸からわが国へ伝わった野菜で「すずしろ」ともいい、春の七草の一つである。

おおね（大根）は見たままのかたちを二字で表わしているが、もともと一字で「おおね（オホネ）」と訓ませる根菜があった。辞書では「葍《ふく》・蔔《ふく》・菔《ふく》・蘆《あし》」の古訓《こくん》をいずれも「オホネ」としている。所属する「科」がそれぞれ異なることから推して、根を食用とする野菜一般を「オホネ」と呼び、やがてその内のとくに根が見事な根菜を「ダイコン」と称したのだろう。

「ダイコン」に当てる漢字は頗《すこぶ》る多く、「蘆菔《ろふく》・蘆菔《ろふく》・萊菔《らいふく》・蘿蔔《らふく》・蘿菔《らふく》」などあるが、しかしどの字も難しすぎ、「大根」の表記にはかなわない。

わが国の古典に「ダイコン」があらわれるのは、『古事記』仁徳天皇段が最初である。有名な「国見《くにみ》儀礼」の記事のあとに、皇后イワノヒメのやきもちの話になり、吉備の海部直《あまべのあたい》の女《むすめ》が夫仁徳のお気に入りと知り、彼女を故郷の吉備国に追い返す。さらにヤタノワキイラツメのもとに夫が入り浸《ひた》っていると聞くや、怒りのあまり筒木《つつき》（綴喜《つづき》郡田辺）にある百済系豪族のヌリノミの家へ留《とど》まり、都の難波高津宮《なにわたかつのみや》（大坂城址辺か）へ帰ってこない。家出した妻へ天皇が贈った四首の歌のうち二首に「おおね（大根）」がでてくる。

○つぎふね　山代女《やましろめ》の　木鍬《こくは》持ち　打ちし大根《おほね》　根白《ねじろ》の　白腕《しろただむき》　枕《ま》かずけばこそ

知らずとも言はめ　　※「つぎふね」は枕詞

（山代の女が木鍬《きぐわ》で打ち耕し作った大根《だいこん》、その大根のように白い腕を枕にしなかったのなら、私のことを知らないと言ってよいが、それはない）

○つぎふね　山代女《やましろめ》の　木鍬《こくは》持ち　打ちし大根《おほね》　さわさわに　汝《な》がいへせこそ　打ち渡す

やがはえなす　来入《きい》れ参来《まゐく》れ

（山代の女が木鍬で耕して作った大根、その葉がざわつくようにあなたが騒がれるので、何処までも続く木の茂みのように、大勢でやって来た）

后《きさき》にこの歌を贈りながら、一方でヤタノワキイラツメにも未練たっぷりの歌を贈っている。

后は時の権力者葛城《かつらぎ》ソツヒコの女《むすめ》であり、彼女への怖れは、背後の葛城氏の強大さを示唆すると理解されている。またここに採録された歌は当時山城地方の農民の間に歌われた民謡であり、『古事記』編纂の七～八世紀頃、ダイコン（意富泥《オホネ》）は山城地方で普通に作られていて、白い「根」だけでなく青く茂る「葉」も等しく食されていたことが、二首から読み取れる。

大根葉には、栄養成分のカルシウム、カリウム、カロチン、ビタミンB2とC、ナイアシンや食物繊維は、根よりもむしろ葉のほうが多いとされる。この葉付き大根を、スーパーの店頭ではまったく目にしなくなった。近所の知合いから、菜園で穫れた瑞々《みずみず》しい葉付き大根を届けていただくことがあって、久しぶりに見る葉付きが何とも懐かしく、心待ちにするようになった。大根葉の菜飯が旨い。

菜飯のほかに、大根おろし、おでん、風呂吹き大根、漬物、味噌汁の具、切干大根の炊《た》いたもの、葉っぱの油いため、かやくご飯、短冊切の酢漬け、刺身のツマなどが挙げられる。古くから通人に愛され続けたのが「風呂吹《ふろふ》きダイコン」で、煮るか蒸すかした大根に味噌をつけて食べるという素朴な料理だが、冬の味覚の風物詩筆頭に挙げる人が多い。

吉田兼好（生没年不詳）の『徒然草』（一三三〇年頃成立か）に出てくるダイコンの話は、何とも不思議な話なので紹介しておく。

○筑紫《つくし》に、なにがしの押領使《おうりょうし》などいうようなる者ありけるが、土大根《つちおおね》を萬《よろず》にいみじき薬とて、朝ごとに二つずつ焼きて食いける事、年久《としひさ》しくなりぬ。或る時、館《たち》の内に人もなかりける隙《すき》をはかりて、敵襲い来たりて圍《かこ》み攻《せ》めけるに、館《たち》のうちに兵《つわもの》二人出《い》で来て、命を惜しまず戦いて、皆追い返してげり。いと不思議に覚えて、「日比《ひごろ》ここにものし給うとも見ぬ人々の、かく戦いし給うは、いかなる人ぞ」と問いければ、「年来たのみて、朝な朝な召しつる土大根らにそうろう」といいて失せにけり。深く信を致しぬれば、かかる徳もありけるにこそ。

（第六十八段『岩波古典文学大系本』より）

※九州の検察官がダイコンは薬になるというので、長年毎朝二切れずつ焼いて食べていた。あるとき屋敷の守りが手薄の時を見計らい、敵が押し寄せてきて屋敷を囲んだ。すると屋敷の中から兵士が二人出てきて奮迅の働きで敵を追い払った。押領使は見慣れぬ兵士なので何者か問うと、年来召し上がっていただいているダイコンですと答え、何処かへ消えていった。何事も深く信じて実行すれば、徳を得るものだ。

いまふうに解釈すれば、押領使が三人分の働きができたのも、日ごろから大根は体に良いと信じ、食べ続けていたお蔭である、ということになろうか。

尾張大根の本場

正徳六年（一七一六）四月三〇日、七代将軍家継《いえつぐ》が八歳で亡くなり、後継に紀州侯吉宗（三三歳）が選ばれた。有力視されていた御三家筆頭の尾張侯継友《つぐとも》（二五歳）には声がかからず、尾張藩は屈辱を味わった。国許にいた朝日文左衛門も、その著『鸚鵡籠中記《おうむろうちゅうき》』のなかで大いに悔しがっている。

○紀の国の　みかん立花《たちばな》　葉はさかり　尾張大根《だいこん》　今は切り干し

日出の勢いの紀州と尾州の凋落《ちょうらく》ぶりを、紀州名産のミカンと尾張名産の切干大根にたとえて諷した落書《らくしょ》である。よほど悔しかったのか、「晦日《みそか》夜大樹薨御《たいじゅこうぎょ》。紀侯《きこう》御城に入りたまう」にはじまる四月三〇日の日記に、一〇〇首余りの落書を書き留めている。そのほとんどは尾張のだらしなさを揶揄する落首で、尾張藩を「尾張大根」に象徴させている。正徳六年は、この二か月後の六月二二日に改元して享保《きょうほう》元年になった。

尾張国の大根には、「宮重《みやしげ》ダイコン」「方領《ほうりょう》ダイコン」という二つのブランド品がある。宮重は、いまは「清須市春日《はるひ》宮重」で、青木川が五条川に合流した地点のすぐ南東側にあたる。江戸時代にはこの合流点に落合村があって、その支村が宮重であった。繰り返された洪水で土地は肥沃であり、土の粒子は細かい。蔬菜に適した地である。

一方の方領はいま「あま市甚目寺方領」で、五条川の西を流れる福田川河畔の村であった。宮重の五キロほど南西にあたる。この二つの村からとれる大根は、ともに尾張大根として流通したが、文献上も混同さ

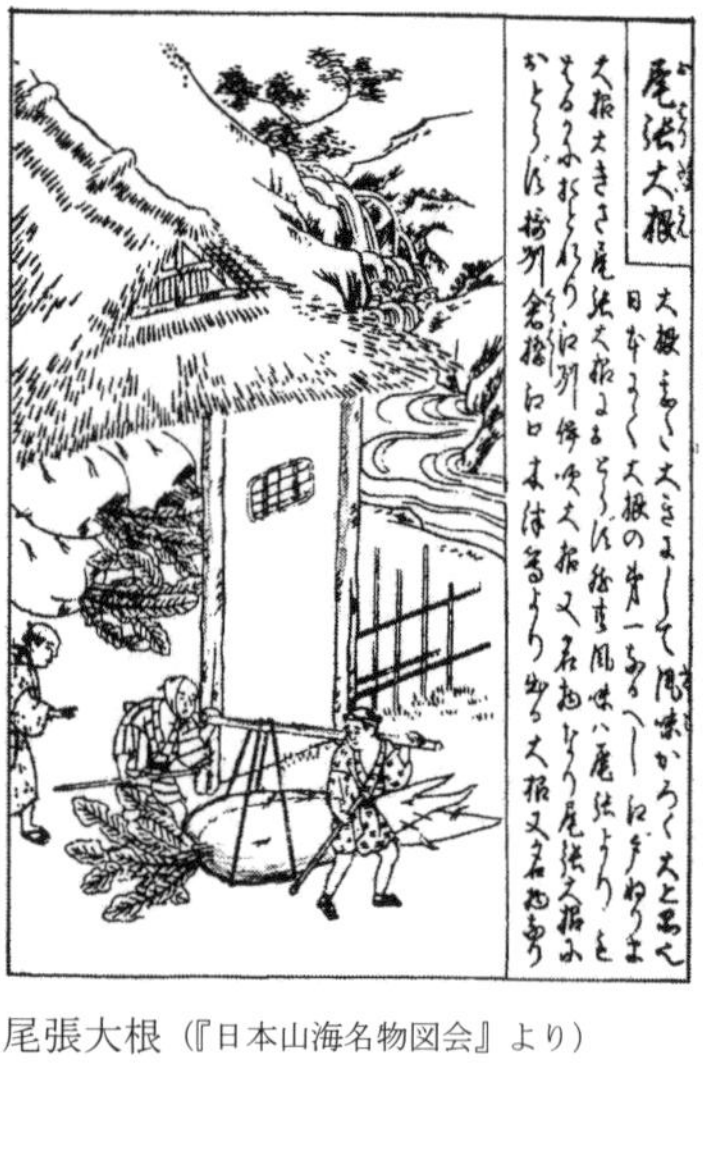

尾張大根（『日本山海名物図会』より）

れることが多かった。諸書のなかで二つを明確に区別して説明しているのが『農業事物起源集成』（大野史朗・一九八二年）である。引用しておく。

○世に形の大きなものを一般に宮重大根と云っているが、元来この宮重産のものは、形はあまり大きくないが、美味であることで有名である。一方の方領大根は、海部郡甚目寺字方領の原産で、尾張風土記に「方領大根は方領村に産す。宮重に比すれば品格少々劣るといえども、その大なるものは一本の目方三元貫目（一一キロ）ほどに至る。他国へ運送すること夥《おびただ》し」とある。

尾張藩の碩学松平君山《くんざん》は『弊帚集《へいそうしゅう》』（弊帚千金＝破れた箒を千金と考える身の程知らずの意）のなかで、尾張大根を次のように礼賛している。

○尾張蘿蔔《だいこん》天下に冠す、其の大なるは数斤《きん》（一斤＝六〇〇g）、色は珂雪《かせつ》（貝や雪の白さ）の如く、味は飴の如し、四方の人争ってこれを買い、以て方物に充《あ》つ。州の西邑に蘿蔔を種《う》える業《なりわい》の者あり。其の種《う》える所（畑）、信《まこと》に大にして美なり。

ただし味の良い宮重大根と形の大きい方領大根をごっちゃにして、褒めあげている。

『尾張徇行記』（春日井郡之部・清洲御代官支配所之部）では、「春日井郡朝日庄落合村」の項で、宮重ダイコンが藩へ献上された経緯について、つぎのように説明をしている。

○蘿蔔（ダイコン）『張州府志』土産条に曰く、宮重村に出《いだ》す、天下に尾張蘿蔔《おわりだいこん》を以て名産となす。就中《なかんずく》、宮重村を第一とす。落合村に属す。

○宮重大根の由来古義抜萃、左の如し

「薩摩守様（松平忠吉一五八〇～一六〇七、家康四男、薩摩守、中将、関が原役後清洲城、尾張領国）御時代には、宮重村お蔵入（直轄地）にて御座候。上り（献上）大根廿本并びにお料理大根十本廿本ずつ、お代官お指図次第に差上げ申す旨、申し伝え候。その時分富永大学殿（富永丹波守忠兼、松平忠吉の重臣九千石、慶長五～一四年葉栗郡黒田城主）ご知行所に望みなされ候いて、ご拝領なされ候とき、上り大根も大学殿ご支配にて差上げ申し候。その後また御蔵入になり、源敬様（徳川義直）ご入国遊ばされ、一両年ほど大根お上げなされず候えば、権現様（家康）より大根の儀お尋ねになり候えども、そのとき源敬様仰せられ候は、「大根の儀何者の支配にて差上げ候やと、御意ご座候節、右の富永大学殿より私（宮重村庄屋）先祖に仰せ付けられ候いて、御受け合い申し上げ、その節、代物成りともご褒美成りとも望み次第に下さるべしと、御仰せ出され候ところ、大根には殊のほか手間隙を取り申す儀に御座候間、御役儀の御祈訟（お願いの意か）申し上げ候えば、百石のお役儀をば赦免なされ候。右の役儀お引きくだされ候の高百石のうち、百姓十人ほども御座候いて、上り大根（献上大根）作り申し候。その節は大根三十本ほどずつ、差上げ申し候。その節給所に罷り成り候えども、大根の儀は富永大学殿のご支配にて差し上げ申し候。その後大根数多くお召し上げ候につき、ご訴訟申し上げ候えば、外村にてもお買いなされ候えども、次第に数多くお召し上げ候につき、お断り申し上げ候えば、御城代衆のお指図にて、右、ご赦免なされ候。

※義直公の前の松平忠吉様の時代には、宮重村は藩の直轄地だったので、献上用の「上り大根」二〇本と、お料理用の大根を一〇本、二〇本ずつ代官のお指図どおりに差し上げて来ました。その時分は富永大学殿（忠吉の重臣九〇〇〇石）が知行されていたので、大根も富永殿から献上しました。そののち義直公の時代になり、一両年献上が途絶えましたが、家康様が大根の話をなされ、義直公から庄屋にお尋ねがありました。庄屋が答えるに「富永様から先祖に献上を命じられたとき、代物や褒美は望みのまま下さるとのことで、役儀の免除を願いましたところ、一〇〇石を免除されそれで百姓一〇人を雇い「上げ大根」を作らせ三〇本ずつ献上してまいりました。その後大根の数を増やされましたので訴訟申し上げると、他村で買い足されましたが直ぐに元へ戻るのでついにお断りすると、ようやく大根の代金が契約されるようになり、大根一〇本に米七升からはじまり、金一分に大根八〇本などありましたが、一〇年以上前直接私が呼ばれ、大根一〇本で米七升五合の契約で、百姓二〇人が従事しました。それが段々に減り、今は四、五人となり、それも極上・並の区別がなくなり、誰も極上大根を作らなくなりました。私だけは先祖からの経緯もあり、今も絶やさず「上り大根」を作り続けています。

末尾に「寛文十二年（一六七二）春日井郡宮重村内、宮重庄左衛門よりお奉行所へ」とあり、寛文年間に献上大根について奉行所からお尋ねがあり、宮重村庄屋が献上にいたる経過を詳細に陳べたものであろう。

これほど美味く、全国的に名をはせた宮重大根は、種子が関東に運ばれ練馬大根を生み、関西に運ばれて聖護院大根を作った。しかし近代になり長年の連作で土地が疲弊し、ウイルスが発生して戦後壊滅する。近年一部篤農家の努力で、かつての宮重大根復活の試みがなされ、平成に入って着々と成果を挙げつつある。

大根はどれでも同じと思っている人が案外多い。しかし美味い、不味いがこれほどハッキリしている野菜はない。薄味なだけに出汁も大切だが、大根そのものの美味さは格別で、むかしの宮重大根の復活を心待ちにしている。これからも日本人がいちばん多く食する野菜は、間違いなくダイコンだと思う。

『日記』に出てくる「柑橘類」

披露宴料理のスズキの刺身には煎酒《いりざけ》、わさびなどが添えられているが、九年母や蓼酢が添えられることも多い。とくに九年母は他の記事にも再三出てくる。『日記』を読みはじめたころはこの正体がわからず、ずいぶん苦労した。知らない方も多いと思う。江戸時代の食卓でも、ときに菓子（デザート）として食べられる場合もあり、ミカンや柑子との関係も深いので柑橘類として括り、まとめて扱うことにする。

柑、橘を文字通りにとれば、柑《かん》はコウジ（柑子）であり、橘《きつ》はタチバナ（橘）である。柑橘類とされるのは、ミカン科のうち食用果実の生《な》るものの総称であり、その仲間は多くて七〇種以上あるという。

『牧野日本植物図鑑』をひらくと、「ミカン科」の果樹として金柑《きんかん》、橙《だいだい》、柚子《ゆず》、紀州《きしゅう》蜜柑《みかん》、温州蜜柑《うんしゅうみかん》、九年母《くねんぼ》、夏蜜柑《なつみかん》、日本橘《にっぽんたちばな》、朱欒《ざぼん》、仏手柑《ぶっしゅかん》、枳殻《からたち》の一一種を載せ、そのあとに、「しきみ」「さんしょう」などさらに一一種を掲載している。黄色い実や白い花、茎の棘《とげ》などからミカンの仲間とわかるのは、前半のグループで、後半の山椒などはいくらミカン科といわれてもピンとこない。ミカンといえば、大むかしにタジマモリがおいしい実を求めて南方へ旅し、ついに見つけ出し日本へ持ち帰ったという伝説があり、『日本書紀』垂仁天皇条には、次のような田道間守《たじまもり》の話が載る。
○九十年春二月天皇、田道間守に命《おお》せて常世国に遣して非時《ときじく》の香菓《かぐのみ》を求めしむ（香

キンカン（『和漢三才図会』より）

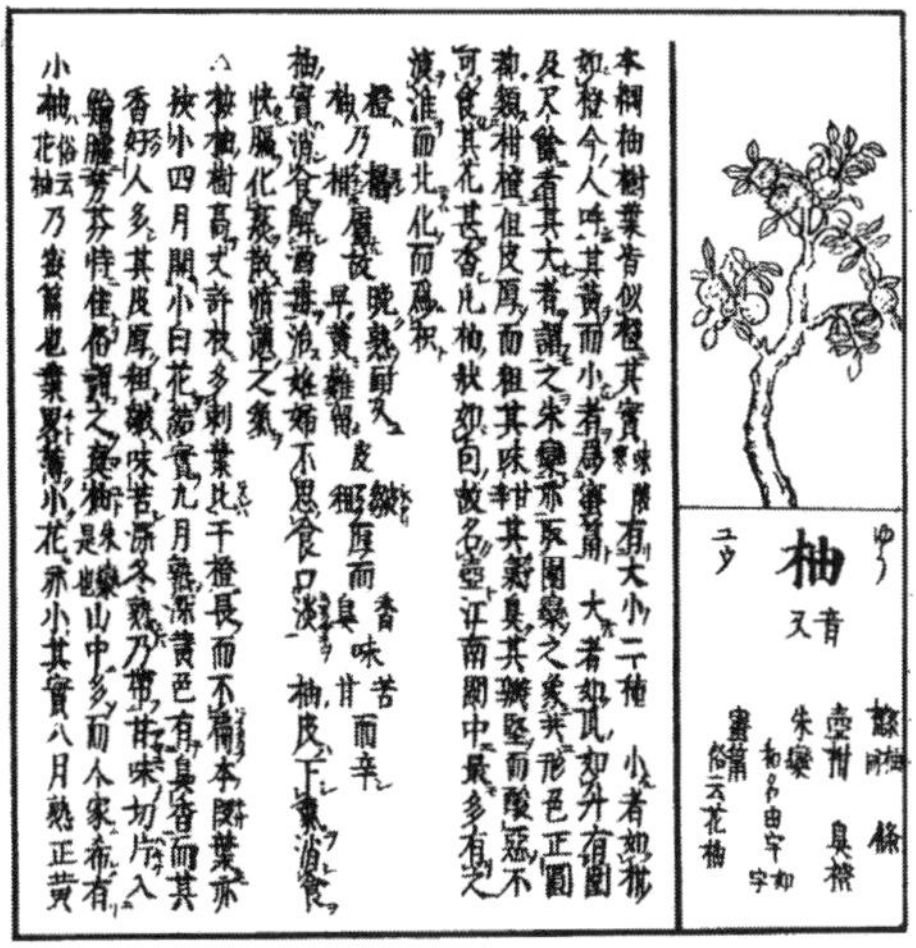

ユズ（『和漢三才図会』より）

菓、此れをば箇倶能未《かぐのみ》と云う）。今、橘と謂《い》うは是なり……九十九年秋七月朔日《ついたち》に天皇纏向《まきむく》宮に崩ぬ……明年の春三月、田道間守、常世国より至れり。則ち齎《もたら》す物は非時の香菓、八竿八縵《やほこやかげ》なり。田道間守、ここに泣き悲歎《なげ》きて…天皇の陵に向りて、叫び哭《な》きて自ら死《まか》れり。

垂仁天皇の即位九〇年、田道間守に命じて南の異郷へ〈時を定めずに香《かお》る実〉を探しに行かせた。それから九年後に天皇は亡くなり、翌年帰朝した田道間守は天皇の陵墓の前で悲しみ嘆き自死した。このとき田道間守が常世国から持ち帰った〈非時《ときじく》の香菓〉が橘《たちばな》で、ゆえに橘の語源は〈タジマモリ〉にありとされる。

しかし一方柑橘類の解説書には「日本古来の原生果樹は、〈橘〉と沖縄の〈シイクワシャー〉に限られる」とある。橘が日本原生であれば、わざわざ常世国へ探しに行く必要はなかったわけで、話がおかしくなった。

橘（タチバナ）

日本に自生するニッポンタチバナ（京都御所の右近の橘は、この栽培種）の実は径二・五センチと小さく、酸味が強くてとても食用には適さない。そんなものを天皇に供するはずはないから、田道間守が探し求めて持ち帰ったのは、もっと美味しい果実のはずである。ニッポンタチバナの命名者である牧野富太郎氏も、次のように述べている。

○日本の山地に野生しているミカンの一種に、通常タチバナといっているものがある。黄色の小さい実がなるのだが、果実が小さいうえに汁が少なく種子が大きく、とても食用の果実にはならぬ劣等至極なミカンである……かの京都の紫宸殿前の右近の橘も、畢竟《ひっきょう》この種にほかならない。こんな下等な一小ミカンが歴史上の（田道間守が将来した）タチバナと同じものであるとする所説は噴飯ものである。（講談社学術文庫『植物知識』一九八一年）

たしかに二、三センチの小さな実は、酸っぱくて食べられたものではない。昔の人が愛《め》でたのは果実ではなく、白い五つの花弁の中央に、鮮やかな黄色の花芯をもつ花に魅かれたのであり、いまも文化勲章のデザインに用いられている。

田道間守が常世国から持ち帰ったタチバナが、右記のニッポンタチバナではないとすると、どんな柑橘を指すのか。伝承上の話だが、帰国後田道間守が植えたとされる果樹が、列島の二か所に伝わっている。ミカ

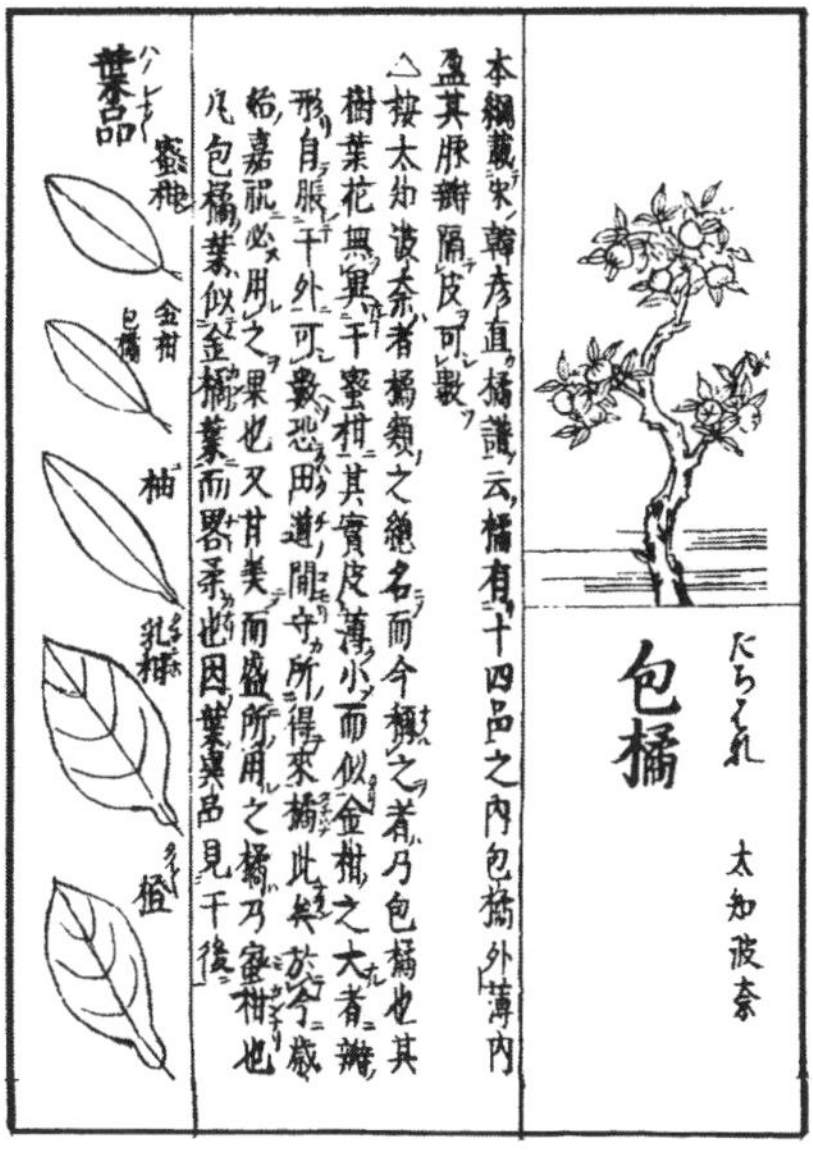

ニッポンタチバナ（『和漢三才図会』より）

ンの産地として知られる和歌山の有田《ありだ》と熊本の八代《やつしろ》である。

和歌山県有田の方は、田道間守が常世国と気候風土の似た所を探し求め、有田市北方の海草郡下津町橘本《かいそうぐんしもつきつもと》へたどり着いたという話、ここの橘本《きつもと》神社は田道間守を「ミカンの神様」として祀っている。

もう一つが熊本で、垂仁の次の景行天皇の西征の旅を追いかけ、肥後（八代市高田《こうだ》）でようやく追いつき、橘樹を献上したことになっている。片や有田ミカン、もうひとつが八代の高田ミカン（小ミカン）である。この〈ミカンのルーツ争い〉、伝説はさておき、研究者は次のように整理している。

まず中国との関係を考えると、距離的に近いことから九州西部に分《ぶ》がある。中国浙江省《せっこうしょう》から伝来した〈小《こ》ミカン〉の品種が、一二～三世紀には熊本の八代を中心に、鹿児島から大分にかけ栽培されたと見る。実際に大分県や鹿児島県には、樹齢八〇〇年の〈コミカン〉の古木が発見されている。遅れて一五世紀ごろ、この〈小ミカン〉が紀州有田に伝わって栽培がはじまり、さらに天正二年（一五七四）、有田の伊藤孫右衛門が、品種改良した甘い小ミカンの接ぎ木に成功し、以後紀州藩の保護政策もあって江戸時代を通じ有田《ありだ》ミカン（紀州ミカン）は不動の地位を確立した。江戸時代の有田ミカンとは、八代から移したこの小ミカンの改良版であり、時期が前後するものの、和歌山有田も熊本八代もこの小ミカンだったのである。

では田道間守が持ち帰ったという橘は、この小ミカンで決まりだろうか。〈時を定めず実る〉意味を「ほとんどの果物が姿を消す冬場に存在する小ミカン」ととれば、何とかなりそうだ。しかし他に〈時を定めず実る〉にピッタリの柑橘類がある。「橙《だいだい》」である。

　橙は実が成熟しても落果しにくく、そのままほうっておくと再び緑に色を変え、今年の実と一緒に一本の木に同居する、不思議な果実だ。そのため「代々《だいだい》」と呼ばれ、代々子孫が繁栄する縁起物として、正月のお飾りに用いられた。インド原産で、古く中国を経由して伝わったとされ、酸味が強いため生食されず、果汁を絞って使ったり、皮をマーマレードにする。難をいえば、ミカンのように生食できないことだ。小ミカンもダイダイも、田道間守が持ち帰った「橘」の候補にはなるが、いずれも弱点がある。

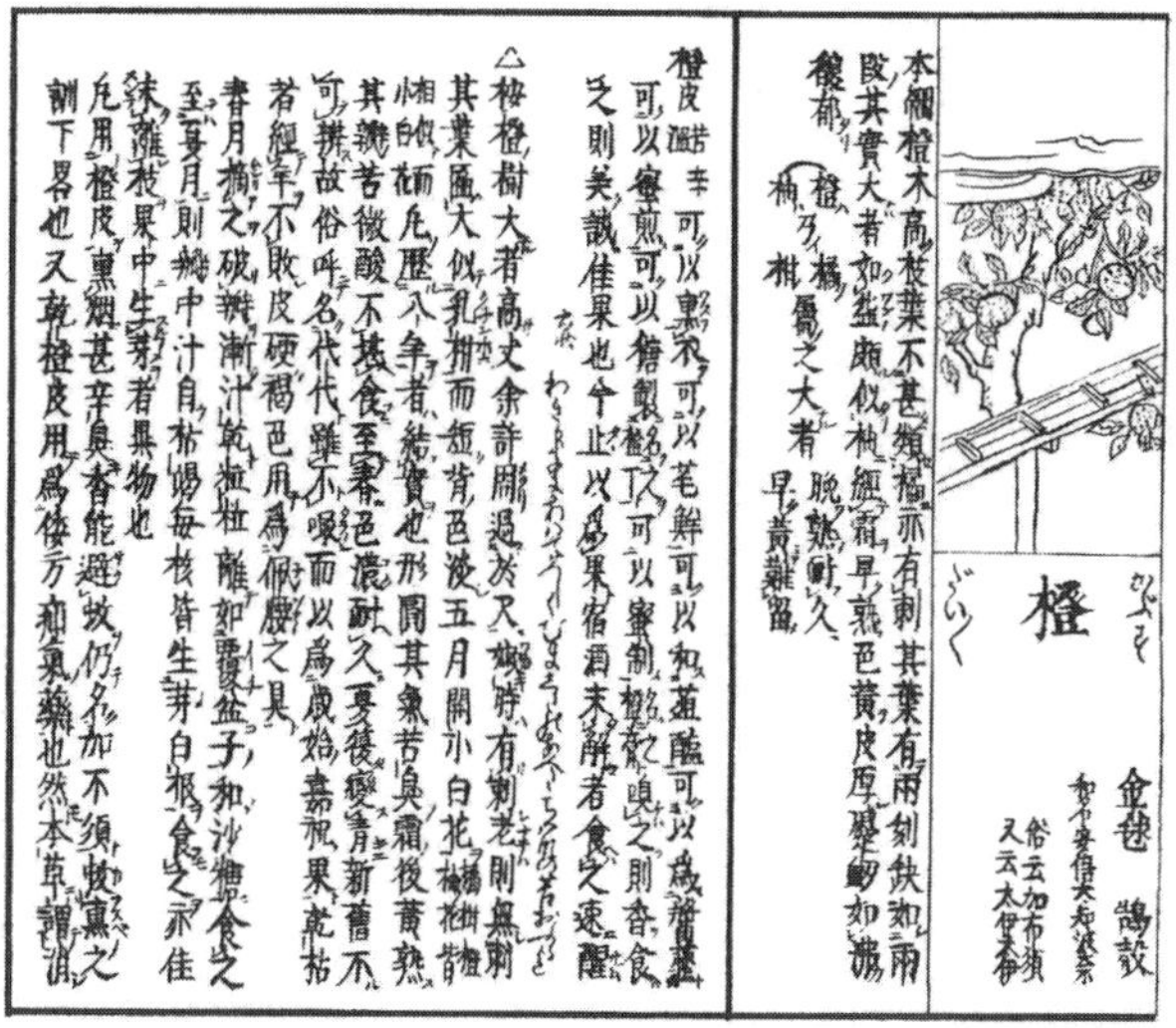

ダイダイ（『和漢三才図会』より）

柑子（コウジ）

もう一つ中国から伝わった柑橘類に、柑子《こうじ》がある。柑子《こうじ》は奈良時代に唐から伝わったらしく、『続《しょく》日本紀』に次の記事が見られる。

○中務少丞従六位上佐味朝臣虫麻呂《さみあそんむしまろ》、典鋳正《てんじゅのかみ》正六位上播磨直弟兄《はりまのあたいおとえ》に並に従五位下を授く。弟兄、はじめて唐国より甘子《こうじ》を齎《もたら》し来《きた》り、虫麻呂先づ其の種を殖えて、子《み》を結べり。故に此の授あり。

聖武天皇即位の翌年（神亀二年・七二五年）一一月一〇日、冬至の祝宴が開かれた。その日、中務《なかつかさ》（天皇近侍の役所）少丞・従六位上の佐味朝臣虫麻呂《さみあそんむしまろ》と典鋳正《てんじゅのかみ》（鋳物司の長官）正六位上の播磨直弟兄《あたいおとえ》にそれぞれ従五位下を授けた。弟兄《おとえ》は初めて甘子《こうじ》（柑橘類の一つ）を唐から持ち帰り、虫麻呂がその種を植え実をならせた、その功績に対する授位であった。

それから九〇年のちの弘仁三年（八一二）、空海が乙訓寺《おとくにでら》の別当だったとき境内で実った柑子を「柑子を献じ一首を表す」書をそえ、嵯峨天皇に送っている。

○沙門空海言《もう》す。乙訓寺《おとくにでら》に数株の柑橘樹あり。例に依りて交摘し取来る。数を問うに千に足り色は金の如し。金は不変の物なり。千はこれ一聖の期なり。此菓《このか》はもと西域に出づ。見て興あり、輙《すなわ》ち拙詞に課す。伏して乞う天慈曲げて一覧を垂れ聖眼を黷《けが》さんことを。

詩七言

桃李雖珍不耐寒　豈如柑橘遇霜羔　桃李は珍なれど寒さに耐えず　柑橘は例え霜に遇っても美しい

如星如玉黄金質　香味応甚実簠簋　　星の如く玉の如く黄金色に輝き　香り味もよくお供えに相応しい
大奇珍妙何将来　定是天上王母里　　この珍らかな物は何処《いずこ》から　恐らく天上の仙人から齎されたもの
応表千年一聖会　攀摘持献我天子　　わが天朝も千年に一度の聖　この柑子を摘み天子様に献上します

小柑子六小櫃、大柑子四小櫃、右乙訓寺出だす所、例に依て奉献す。謹んで寺主僧願演を遣わし、状に随い奉進謹進す。（『性霊集《しょうりょうしゅう》便蒙』巻四所収・早稲田大学図書館）

［要約］　私が別当（長官）を務めます乙訓寺《おとくにでら》に、数株の柑橘樹があり今年も千個なりました。色は永遠不変の黄金色《こがねいろ》で、千という数は千年に一度の聖天子の在期を表わします。この菓は西域の原産で、眺めるうち興が湧き七言の拙《つたな》い詩を作りました。ご高覧下さい。

（中略）

小柑子を六箱、大柑子を四箱、乙訓寺より寺主の僧願演《がんえん》を使者とし、例年のごとく奉献いたします。

京都市伏見区の西に向日市《むこうし》を挟んで長岡京市があり、市の北端に近い今里《いまざと》三丁目に乙訓寺《おとくにでら》がある。阪急京都線の西向日駅と長岡天神駅のほぼ中間、どちらからも一・五キロほどの距離になる。乙訓寺は真言宗豊山《ぶざん》派で、山号を大慈山という。

この寺は、延暦四年（七八五）、藤原種継《たねつぐ》暗殺事件に連座した早良《さわら》親王（桓武天皇の皇太子）が一時幽閉された寺としても知られるが、創建は長岡京遷都よりはるかに古く、境内からは白鳳から平安にかけての古瓦が出土している。おそらく七世紀頃に郡司クラスの豪族が建てた氏寺であろう。

弘仁《こうにん》二年（八一一）、唐から帰朝した空海はいったん高雄山寺《たかおさんじ》（現神護寺《じんごじ》）に入ったが、同年中に乙訓寺の別当に任じられ、衰退していた同寺の修復造営を担った。翌年一〇月比叡山の最澄が乙訓寺を訪れ、真言法門の教学を請うたことはよく知られている。その直後空海は高雄山寺へ移り、ここで最澄らに金剛界結縁灌頂《けちえんかんじょう》を執り行っている。空海が嵯峨天皇に柑子を贈ったのは、乙訓寺を去る前後のことだろう。千個の柑子が実っていたとすれば、樹齢もかなりであり、あるいは創建時に植えられた老樹かも知れない。

次に柑子の話が出てくるのは、『徒然草』である。

○【第十一段】神無月《かんなづき》の比《ころ》、来栖野《くるすの》という所を過ぎて、ある山里に尋ね入る事侍《はべ》りしに、遥かなる苔の細道を踏み分けて、心ぼそく住みなしたる庵《いおり》あり。木《こ》の葉に埋《うず》もるゝ懸《かけ》樋《ひ》の雫《しずく》ならでは、つゆおとなうものなし。かくもあられけるよと、あわれに見るほどに、かなたの閼伽棚《あかだな》に菊・紅葉など折り散らしたる、さすがに住む人のあわれなるべし、かくてもあられけるよと、あわれに見るほどに、かなたの庭に、大きなる柑子《こうじ》の木の、枝もたわゝになりたるが、まわりをきびしく囲いたりしこそ、少しことさめて、この木なからましかばと覚えしか。

兼好法師が初冬の一〇月頃、来栖野（現山科区、伏見から稲荷山を越えた東麓の地名）を通り、ある山里に至ったときのこと、はるかに続く苔むした山道の奥に物寂しげな庵があった。閼伽《あか》棚《だな》には、手折った菊や紅葉が散らしてあり、住む人の清貧な生き方がしのばれると感動し、ふと向こうの庭を見やると、大きな柑子の木が枝もたわわに実をつけ、その木の周りを柵で厳重に囲ってある。それを見た瞬間、庵の主の心根が垣間見え、この樹がなかったらよいのにと、少し興ざめしたことである。

正和二年（一三一三）年、兼好は山城国山科《やましな》小野庄の田地一町歩を六条三位有忠から九〇貫文で購入し、一〇年後にこの名田を寺へ寄進、そのときの寄進状に「沙弥兼好」の署名が残るという（永積安明・一九八二年）。小野はいまの山科区来栖野の南東、伏見区に接する辺りの地名で、このころまでに兼好は出家し、来栖野付近の地理に明るかったと思われる。おそらく法師自身、小野庄を訪れたさいの体験談だろう。

文中の懸樋《かけひ》は、泉から水を引くため懸け渡した樋《とい》で、閼伽棚《あかだな》は仏前に供える浄水を置く棚をいう。この「神無月の比……」の段は、むかしの高校教科書に載っていて、暗記させられた記憶がある。そのためか、書き写しながらいくつかの言葉が自然に口をついて出てきた。しかし肝心の「柑子の木」の個所は忘れていた。庭に柑橘類を植える話は、『今昔物語』や『宇治拾遺物語』にも出てくるが、いずれも「橘」であり、柑子の話は少ない。柑子は生食できるが、橘は酸っぱ過ぎて生食には向かない。

この兼好法師の時代に、柑子よりさらに美味しい柑橘類が九州に伝えられ、熊本の八代《やつしろ》を中心に、大分、鹿児島で栽培が始まった。先述した小ミカンである。この小ミカンが、一五世紀に和歌山県の有田《ありだ》へ伝えられ、栽培家によって品種改良され「甘い小ミカン」が生まれた。その後紀州藩の保護政策もあって、紀州蜜柑が全国区の「ミカン」に成長する。江戸時代にミカンといえば、この有田の小ミカンを指した。

この有田ミカンの普及に「世の中の進歩を明るく感じとった人」が、紀州藩領伊勢松坂の国学者本居宣長であったと、これは塚本学氏の指摘である（「江戸のみかん」日本の食文化四所収）。

○昔より今のほうが優っている物は多い。其の一つを言うと、昔は「橘」を並ぶものなしと賞賛していたが、最近は「みかん」が出現して、このみかんに比べれば橘は物の数ではない。そのほか柑子・柚・九年母・橙など類が多い中、蜜柑は味が殊に優れ、橘より遥かに勝るものだ。このことひとつからも、過去より現在が優れていることが推し量られる。『玉

小ミカン（『和漢三才図会』より）

勝間』一四・五九より口語訳）

塚本氏は、この蜜柑の普及が、宣長の進歩主義思想の支えの一つになったとみる。なぜなら、『玉勝間《たまかつま》』の一文だけではなく、『古事記伝《こじきでん》』においても、繰り返し昔の橘と今の蜜柑との関係について、考察を加えているからだ。ただし牧野富太郎がいうように、どの時代であれ「橘」が生食できるはずはなく、おそらく蜜柑に比較している「橘」とは、「柑子」のことだろう。

実際、宣長が感激するほど有田ミカンは江戸中を席巻した。『日本山海名物図会』（一七五四）には、「江戸四日市ノ蜜柑市」の活気が描かれ、次のような説明がされている。

○江戸の市中に売るは、多く駿河より出、紀州みかんも大坂より舟廻しにて下る也。江戸四日市の広小路に、籠入りのみかん山の如くに高く積みて、毎日毎日売買の商人群衆す。江戸は日本第一の都会にて、繁盛の津なれば、京・大坂にまさりて賑わえり。

江戸四日市とは、日本橋川右岸（南）の日本橋から江戸橋までの間で、明暦の大火後に火除け地（空地）とされた場所で、みかん市が開かれていた。いま野村證券の敷地になっている。

この蜜柑と並んで、もう一つ、江戸時代を代表する柑橘類があった。それが「九年母《くねんぼ》」である。完熟した九年母は十分果実としても食べられるが、『日記』で見る限りは、果実としてではなく刺身や鱠に添え、調味料として使われることが多かった。成熟する前に摘果したのであろう。

蜜柑（ミカン）と九年母（クネンボ）

『日記』には、「九年母」の名が二〇回以上出てくる。柑橘類といえば、誰しも「蜜柑《みかん》」を連想し、江戸時代なら紀伊国屋文左衛門からの連想で紀州産の「小ミカン」と思うが、日記に出てくるのは圧倒的に「九年母《くねんぼ》」であり、蜜柑はわずかに三回に過ぎない。

まず、数少ない「蜜柑（小ミカン）が登場する記事」から見ておく。

江戸四日市の蜜柑市（『日本山海名所図会巻２』より）

紀伊国蜜柑（『日本山海名所図会巻２』より）

○未刻《ひつじのこく》ゟ曇。暮前ゟ雨降る。夜、予が所へ平兵・久兵・弾七・武兵・七内・加左を振舞《ふるまう》。源右は風引き、来ず。平兵より鮒十五枚来る。吸物（鮒・あらめ）煮物（干し鮭・ねぶか・大こん）焼物（大嶋ゑび・嶋いわし）　香の物　肴　熬物《いりもの》（鴨・菜）　都春錦《としゅんきん》　焼蛤　田楽　芥子《からし》（酢魚）　菓子（蜜柑）。（元禄八・一二・八）

ちょうど一年前の暮れに家督相続が認められ、年はじめから御本丸番のお勤めがはじまった。三月には妻のお慶が女児を出産し、九月には両親が隠居部屋へ移って、文左衛門が名実ともに朝日家当主となったころの話である。師走に入り、母方の親類渡辺家の一族を自宅に招き、小宴を催した。蜜柑の文字が初めてみられる記事だが、蜜柑以外にも関心を惹く料理があるので説明しておく。

料理はフナとアラメ（荒布）の吸物にはじまり、シャケと根深ネギと大根の煮物、つづく焼物は大きな伊勢エビにイワシ、さらに鴨肉、菜の熬物《いりもの》（炒物、煎物）とつづく。お吸物というと何となく「すまし汁」を連想するが、先述したように江戸時代の吸物は、味噌汁とすまし汁の両方を指す。初めに出されたフナとアラメを具とした汁なので、味噌汁としたほうがよい。アラメはカジメともいい、今でも味噌汁の具にしたり、ヒジキの惣菜と同じように、油揚げや人参を加えて煮付ける。

煮物料理は本来「野菜と魚介を一つの鍋で煮て、野菜に魚介の出汁《だし》を染ませ、よりうまくすること」である。ここでは、ネギや大根をシャケからでる出汁と一緒に煮つけている。

根深《ねぶか》は白い部分が多いネギをいい、とくに関東で好まれる。焼物の嶋ゑびは、志摩で採れるエビつまり伊勢エビを指す。

鴨の熬物《いりもの》は熬鳥ともいい、鴨肉を大きくそぎ切りし、熱した鍋で脂肪の多い鳥皮を煎ったあと鳥肉を入れ、白くなる程度に煎りつけて、溜り、煎酒を加えて菜とともに煮る。要するに、汁気を少なくして煮た料理をいう（『図説江戸料理事典』）。『料理秘伝記』には「熬物は、煎酒にて仕立てたる物」とある。江戸時代には、醤油より煎酒《いりざけ》が多く用いられた。

都春錦（トシュンキン）

次の「都春錦《としゅんきん》」は、『図説江戸時代食生活事典』がこの『鸚鵡籠中記』の記事を例に挙げ、「尾張藩の下級藩士の酒宴の肴にもなっている」とし、『料理秘伝記』の作り方を紹介している。

○鮭の皮、田作《たつくり》、黒豆、から皮（山椒の小枝の皮）、むかご（山芋の葉の付根にできる珠芽）、青昆布、生姜、麩、陳皮、梅干し、椎茸、木耳《きくらげ》を指頭大に切り揃え、酒をひたひたに入れてゆっくり煮る。次に煮汁を切って削り節を混ぜ、煮上がり一升に貝杓子《しゃくし》二杯の溜りを指し、煎りあげる。

都春錦は、『古今和歌集』の「見渡せば柳桜をこきまぜて 都ぞ春の錦なりけり」（素性《そせい》法師）にちなむという。一二種類もの材料を「こきまぜ」てじっくり炊き上げ、煎り上げるというう実に手間のかかる料理である。とても長続きするとは思えない。百余年後の天明期を最後に、料理書から都春錦の名は消える。

これとは別に料理研究家の江原恵氏は「としゅんきん。くしこ、いりこなど干ナマコのこと。伊勢・志摩・三河はコノワタ（海鼠腸）の多産地であったから、名古屋地方に出まわる干ナマコの量も多かったと思われる」と解説され、都春錦を「干ナマコ」のこととされているが、とくに出典は示されていない（『江戸料理史・考』）。十数種ある具材に「干ナマコ」が含まれていてもよいが、もともと「春の錦」のような多彩な具に特徴があったとすれば、一種だけで「錦」とすることに疑問も残る。

蜜柑は菓子

最後に菓子として「蜜柑《みかん》」が登場する。洋食でいうデザートである。現代では蜜柑を菓子と記すことにやや違和感を覚えるが、さかのぼれば菓子の源流は「木の実や果物」であった。有職故実書の『貞丈雑記』（伊勢貞丈・天保一四刊行）には「いにしえの菓子は、多くは栗・柿・梨・橘・柑子・などの果物をいう」とある。江戸中期には今に近い和菓子の体系が整えられたというが、元禄のころ依然として「果物を菓子と認識していた」ことがわかる。次に、ミカンの古い名前である「ミツカン」を記す記事がある。

○昼より、予、中西権六へ行く。九郎右・九平・九太・八之進・甚右。汁有鴈魚□（おこ・鰡）

いり酒　煮物（くづし・あわび・ごぼう・岩たけ）焼物（鰡）二汁（鯛）香の物　酒の肴（たまご

ふわふわ）　熬物（せり・鳫のももけ）　吸物（もづく・白うお）　取肴　菓子（まんじゅう・枝柿・みつかん）後段蕎麦切　吸物（ねぶか・かき）　熬物（とうふ・がん）　（元禄一一・一一・六）

これより二〇日ばかり前の記事に「中西権太（ら五名）、共に御書院番と為す」とある（権太は権六の誤記か）。実父中西勝正（二五〇石・御側同心頭）の三男に生まれ、叔父勝栄（三〇〇石・足軽頭、黒門頭）の養子となり、このほど御書院番として召し出された。その就職祝いの宴に、文左衛門ら六人が呼ばれたのである。

最初の「汁有り云々」は欠字もありはっきりしないが、鳫は雁の異字でともにガン、カリと読む。「おこ」はオゴ（海髪）が正しく、紅藻のオゴノリ（於期海苔）のこと。刺身の妻《ツマ》に用いられるほか、テングサに合わせ寒天の混和材になる。採取したものを生のまま食べると、中毒を起こす例があり、湯通しあるいは石灰処理して緑色になったものを使う。

崩《くず》しは魚肉をすり潰した「つみれ（摘入《つみい》れ）」のようなもの、何の魚肉か書いてないが、他の料理素材からみてボラであろうか。

岩茸（イワタケ）

「岩たけ」は岩茸とも書くが、茸類ではなく地衣類のイワタケ科、要するに苔《こけ》の一種である。花崗岩質の高山の断崖絶壁に生え、命綱を頼りに命がけで採取する食材という。さらに一度取ると二、三〇年は採取できないので、親子の間でも教えないという貴重な代物、料理では「くづし物」に混ぜたり、椀種《わんだね》に用いる。産地として秩父山が知られている。

玉子ふわふわ

次に酒の肴として出てくる「たまごふわふわ」は、語感的になんとなく想像がつくだろう。『料理物語』に「玉子ふわふわ　玉子をあけて、玉子のかさ三分の一出汁・溜り・煎酒を入れ、よくふかせて出し候。かたく候えば悪しく候。鯔《いな》の胃《うす》、鳥のもゝげなど入れ候えば、野ぶすまともいう」とある。

一読しただけでは茶碗蒸しを想像するが、蒸すのではなく、煮立て、泡立てる料理である。『大江戸料理帳』では実際に料理を再現して出来上がりの写真を添え、「小さな鍋に鰹節の出汁《だし》を煮立て、わずかに砂糖を加えてよく泡立てた卵を、鍋の縁《ふち》の方から一気に落とし混み蓋をする。ゆっくり十数えたら、椀によそい胡椒を振って供する」とある。むつかしいのが「ふわふわ」に仕上げるための火加減と出汁の濃さで、砂糖は卵の泡立ちをよくするために少量使う。

注意事項として、冷蔵庫から出した卵を直ぐに使うな、とあった。冷たい卵を沸いている鍋に入れると、急に温度が下がってスープが濁るという。これは素人でも感覚的にわかる。卵の濁り成分が固まらず、汁のほうへ溶け出してしまうのだろう。ほとんどの家庭が卵を冷蔵庫に入れている時代、失敗しがちなことである。

「のぶすま（野衾）」は、魚や鳥肉を煮た汁物料理のこと。「ももげ」は鳥の内臓のことで「ももき」「ももぎ」ともいう。熬物の「鴈のももげ」にセリを加えるのは、臭みをなくすためだろう。次に菓子として、「まんじゅう・柿・ミツカン」が出されている。

饅頭は仁和二年（一二四一）に宋から帰国した聖一《しょういち》国師（円爾《えんに》）が博多の人に製法を伝えた「虎屋饅頭」系と、元の人林浄因《りんじょういん》が暦応四年（一三四一）に奈良ではじめた「塩瀬饅頭」系の二系統があるという（『図説江戸時代食生活事典』）。小豆あん入りの饅頭は江戸初期からで、最初は塩味のあんだったが、江戸後期には砂糖が普及し、甘い小豆あんの饅頭が普及した。『守貞謾稿』には、塩瀬《しおせ》饅頭、虎屋《とらや》饅頭、大手《おおて》饅頭、米《よね》饅頭、蕎麦《そば》饅頭などが紹介されている。

贈答品の蜜柑

ミカンをミツカンと記しているのが目を引く。古くは生食できる柑橘類として柑子《こうじ》が珍重されていたが、室町時代に新品種の「蜜のように甘い柑」が生まれ、「ミツカン」と呼ばれた。江戸時代には約《つづ》めて「ミカン」となるが、元禄のころはまだ「ミツカン」の呼称が残っていたようで、貴重な例証だ。

このミカンを贈り物とした例、あるいはお見舞いとして貰った例もある。宝永六年の一二月二日、文左衛門の娘おこんが、瀬戸の水野村の名士水野権平の嫡子久治郎と結婚した。のちに御林奉行となる水野家は、名古屋にも「通い屋敷」を貰っているが、拠点は水野村である。当然おこんも、挙式後は水野村の実家に住んだ。文左衛門は何かにつけ、水野家へ贈り物を届けさせている。

○水野へ八平を遣わす。権平・久次へ、みかん五十ずつ。市より焼まんじゅう五十一折遣わす。（宝永六・一二・一七）

おこんの結婚からまる四年後の正徳四年一〇月一九日、文左衛門の父重村が亡くなった。○巳半刻、実に眠るが如く終に此の世を去り給う。予覚えず御枕辺に俯伏して涙不可禁也。翌二〇日の暮れに出棺、二二日の記事に「今夜より来る夜食弁に音信物《いんしんもの》集記」として、親類、友人、知人らからのお見舞や供物をまとめて記している。五〇人以上から、それぞれ数種の品が送られているが、そのなかから果樹だけを拾っておく。

加右衛門より熟柿と柑子。斉谷小兵より枝柿五〇。若林元右より蜜柑、柿一篭。大塩与左より蜜柑一籠。佐分源太左より蕪、蜜柑、柿、せんじちゃ。津嶋より二升樽一、蜜柑三〇。垣沼甚左よりえのきだけ、せり一台、その後菜一台、柚子味噌一一、母処へみつかん内儀持参。高田新蔵より母処へ胡麻餅、枝柿、茶。

季節もあるが果物としては、柿、みかんが多いが、食卓をにぎわした九年母が見当たらない。やはり九年母は、果物というよりスダチや柚子などとおなじく、酢の物などの添え物として考えられていたようだ。

『日記』に出てくる九年母（クネンボ）

『日記』には繰り返し出てくる九年母だが、いまはほとんど聞かれなくなった。初めて耳にする人も多いだろう。『広辞苑』では次のように解説する。

【九年母】ミカン科の常緑低木。タイ・インドシナ原産。高さ約三メートル。葉はミカンに似て大形。初夏、香気の高い白色五弁花をつける。果実は秋に熟し大きさはユズに似る。皮が厚く、佳香と甘味とを有する。

果物の事典では、次のように解説している。（『野菜・果物』山と渓谷社）

【クネンボ】温州ミカンに近縁の柑橘類で、インドシナ半島原産。マンダリンとスイートオレンジの雑種。日本には江戸時代に中国南部から沖縄を経由して渡来したと推定。紀州みかんや柑子とともに日本の主要な柑橘類だった。今は昔の産地に古木がわずかに残る。果肉は柔らかく多汁で、完熟すると濃厚な風味がある。種子を十粒ほど含んでいる。

また江戸時代の百科事典『和漢三才図会』（寺島良安著）に「乳柑《クネンボ》、俗に九年母と云う」とあり、クネンボという妙な名の由来については「未だ知らず」としながら、「霜を経ないうちは酸っぱく、霜の後は甚だ甘くなる」とその特徴を述べている。未熟のうちはスダチのような用い方をし、成熟するとミカンと同様、果実を生食する。最後に「橘というのが蜜柑で、柑というのが九年母かも知れない」と、これが当時の柑橘《かんきつ》についての理解だったのだろう。

もう一〇年以上前になるが、九年母について調べていたとき、奄美諸島の喜界島にある「みちのしま農園」（鹿児島県大島郡喜界町川峰）が栽培していることを知った。喜界島では、おいそれと出かけるわけにも行かない。電話で九年母のことを尋ねると、九月半ば以降未熟果なら送れるが、ミカンと同じ完熟ものは年が明けてからとのこと。取りあえず三〇個の未熟果を送って貰った。計三・八キロと記載されていたから一個が一二〇グラム強、小振りのミカンの大きさで、値段は一個七、八〇円になる。カボスやスダチと同じ使い方だが、しぼり汁にして蜂蜜を入れてもサッパリして美味しかった。翌年の二月に完熟ものが届き、ミカンと同じように食べてみた。独特の香りがあるものの、素朴なミカンの味である。改良の手が加わる以前の味であり、江戸時代の多くの人は、これを食していたのである。

初代尾張藩主の義直公が九年母を食べ、感激したという話が残っている。

○正保四年（一六四七）、義直公が鷹狩りの折、東起《おこし》村白山宮で昼食をつかわれたが、体調

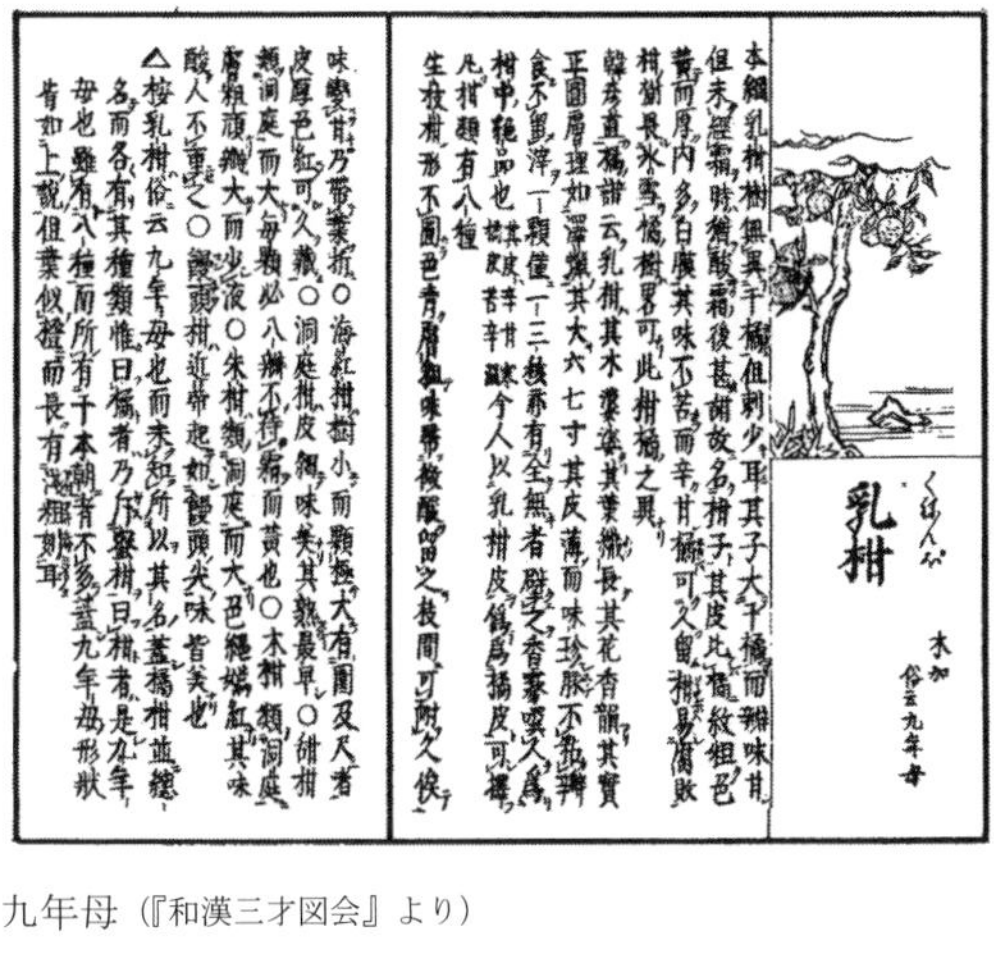

九年母（『和漢三才図会』より）

が悪く寒気がすると言われたので、休息のために敷く新しい畳を用立てた。その時九年母蜜柑を差し上げたところ、非常に喜ばれてお目通りを許され、さらに盃のお流れまで頂戴した。

起《おこし》村は木曽川東沿岸の村で、美濃路七か宿の一つ。木曽川五〇〇間余を渡す「起の渡し」があった。起村の東に東五城《いつしろ》村があるが、右記の「東起村」という行政区画は見当たらない。また白山宮の所在も不明。江戸の前期、木曽川沿いの佐屋を中心に藩主の鷹狩が盛んに行われていて、起方面まで遠出することもあったのだろう。

また筆者の地元春日井でも、大正から昭和のはじめにかけモモ、クリ、ザクロなどとともに、普通に〈くねんぼ〉を食べていたという。郷土史に詳しい井口泰子氏が、聞き取り調査で記録を残されている。（「春日井の食生活」『郷土史かすがい』第四八号）

クネンボの資料を探してつづけていたとき、九年母を生産する「みちのしま農園」から、実をたわわにつけた九年母樹

「みちのしま農園」の九年母

九年母の輪切り　種が多い

の写真を送っていただいたので、掲載しておく。また注文品のほかにシークワーサの果実や喜界島ミカン、さらに黒砂糖までサービスしていただいた。九年母を食べたあと種をとっておき苗床に播いたところ、二つほど芽を出した。庭の片隅で元気に育っているはずである。

温州蜜柑（ウンシュウミカン）

ミカン科のうち、いまわれわれが普通に食べている品種は「温州《うんしゅう》ミカン」で、ミカンの王様といわれる。温州の名は中国浙江省の「温州」に因むが、温州が昔から柑橘類の名産地として知られていたため付された銘柄の名で、原産地は日本である。日本のどこかというと、鹿児島県出水《いずみ》市対岸の島「出水郡長島町」である。

江戸の初めころ、鹿児島県出水郡長島（現東町）で、突然変異的に実生《みしょう》の甘いミカンが自生し、やがて浙江省の一地名「温州」を冠し温州ミカンと称するようになった。小ミカンより大きく美味だったが、「種なし」だったため何より後嗣（種）を望む武士たちから嫌われ、江戸後期までは自家消費にとどまった。鹿児島での本格栽培は明治二八年以降で、県知事の奨励によるものという。さすがに有田では一歩先んじて、すでに明治一四年に東京神田の市場へ出荷している。これが温州ミカンの全国区デビューで、以来次第に評判となり、全国のミカンは総じて温州ミカンに替わった。つまり有田ミカンといっても江戸時代までは小ミカンであり、近代になって温州ミカンに替わったのである。もとは九州発のミカンであり、ともに有田《ありだ》のブランド名を冠して成功したのである。

ところが、である。温州ミカンの研究を進めるうち、最近になって「九年母」と遺伝子が似ていることがわかってきたという。九年母はインドシナ原産で、南中国から沖縄を経て室町時代に伝来し、江戸時代には有田みかん（小ミカン）とともに主流をなしていた。果実は温州ミカンによく似ているが、タネが多く独特の臭いがあって現在はほとんど栽培されていない。この九年母が突然変異し温州に生まれ変わった、そんな可能性も出てきた。


（この項、御前明良「紀州有田みかんの起源と発達史」『経済理論』一九九九年を参照）

煎酒（イリザケ）

文左衛門が記す献立のなかで、江戸時代を感じさせるのが九年母と、もう一つ煎酒《いりざけ》である。『日記』を読みはじめたころ、九年母同様この煎酒の正体もわからず、ずいぶん苦労した。『料理物語』に「かつお一升に梅十、十五、廿入れ、古酒二升、水ちと、溜《たま》り少し入れ、一升に煎じ漉《こ》し冷まして良し。又酒二升水一升入れ、二升に煎じ使う人もあり」とある。

一見ややこしそうだが、要するに酒に鰹節と梅干を加え、半分以下になるまで煮詰めたものである。ただし鰹節や梅干しの量、入れる順番などによって味が異なるから、何種類もの作り方が生まれる。いろいろな人が試してみて、これぞ最高の煎酒というのができあがる。

醸造学の大家小泉武夫氏は「一度どこかの寿司屋で試してみたい」と心に暖められてい

た製法を、お眼鏡に適った台東区のお寿司屋さんに伝授して大いに繁盛させたという話があり、独自の作り方を紹介されている（『発酵は錬金術である』新潮選書・二〇〇五年）。

土鍋に酒を一升入れ、一〇粒ほどの梅干を加え、五合にまで煮詰める。それを布で漉して、削り鰹を一掴み加え、四合にまで煮詰める。再び漉して焼き塩を少量加え、塩梅《あんばい》をみて完成。

この話を読んで先生のアイディアがよく理解できたのは、名古屋栄の明治屋（今はない）の棚に煎酒の瓶を発見し、タイやヒラメなど白身魚の刺身に、ツケ醤油の代わりに使いはじめていたからである。先生の言葉を借りれば「白身の魚の刺身は汚れず、白いままで光沢さえ出てくるのを賞味」できる。

文左衛門の料理日記に出てくる指身（刺身）や鱠《なます》（膾）には、煎酒の添えられていることが多い。元禄六年から一〇年までを拾ってみると、一一回の煎酒が記録されている。

元禄六年　〇二月廿四日…いり酒水和《みずあえ》（くしこ・さきゑび・くるみ・とうちしや・九年母）
　　　　　〇四月廿四日…指身（すゝき・九年母・たてす・わさび・いり酒・すいせんじのり）
元禄七年　〇一月十日…指身（なよし・いり酒）
　　　　　〇十二月十五日…指身（小鰡・いり酒・なまこ・九年母）
　　　　　〇十二月廿六日…指身（大ふな・いり酒）
元禄八年　〇三月十六日…指身（なよし・かんてん・いり酒）
元禄九年　〇十月一日…鱠（いりさけ・鮭）

元禄十年　○十二月九日…さしみ（なよし・いり酒）
○十二月十七日…指身（鯥・いり酒）
○三月十三日…指身（鰡・いり酒）
○十二月廿一日…鱠（鮒やきがしら・いりざけあえ）

スバシリ（鯥）やナヨシ（名吉）はいずれもボラ（鰡）の幼魚だが、フナ（鮒）やスズキ（鱸）にも添えられている。最初に出ている煎酒の水和え《みずあえ》は、スルメ（鯣）、イリコ（煎海鼠）、ホシタラ（干鱈）などの干物を水でもどし、野菜を取り合わせて、煎酒《いりざけ》と酢で和《あ》えた「ナマス（鱠）」のことで、「和交《あえまぜ》」ともいう。

和《あ》えるのに用いた菜の「ちさ（萵苣・苣）」は「ちしゃ」ともいい、地中海沿岸原産の蕪菁《かぶら》や蘿蔔《だいこん》に似た葉で、わかりやすくいえばいまのレタスである。日記にある「とうちしゃ（唐萵苣《とうちしゃ》）」は、新たに中国から種が伝えられ、元禄頃の文献に見られるようになる。年中食べられるので不断草《ふだんそう》（莙薘菜）ともいい、原産はやはり地中海沿岸地方。「ちさ」「とうちさ」とも同じようなものと考えていたが、『牧野植物図鑑』では前者を「きく科」、後者を「あかざ科」に分類しており、別物らしい。

最後に出てくる「鮒やきがしら」は「フナの頭をよく焼いてこまかく刻み、フナの切り身・たつくり・栗などを和える。焼頭を刻まず、そのままめいめいに添える場合もあった」（江原）とある。

「いり酒」の正体がわからず閉口していたとき、偶々《たまたま》西尾市で開かれた料理講座に出て煎酒の味見をさせてもらい、納得した。西尾市といえば抹茶生産日本一として知られるが、ほかにも、明治期に豪商岩瀬弥助（肥料商・三一歳で西尾町長）が私費を投じて蒐集した岩瀬文庫が有名である。蔵書には江戸期の書物が多く、そのうち料理本から復元した江戸料理の教室を開こうという企画が、二〇〇六年の一〇月にあった。講師は、中日料理教室でもお馴染みの橋本巌氏である。

講習に参加しようと思ったのは、当日の江戸食復元メニューに「奈良茶」があったからである。元禄のころ名古屋でも流行しはじめたとみえ、『日記』に三〇回ほど出てくる。

文左衛門の芝居狂いは元禄五年頃からだが、これが奈良茶と大いに関係する。まず真福寺（大須観音）へ行き、隣接する七ツ寺の茶屋に入り、そこで袴を脱いで編み笠を借り、そっと小屋に入ったらしい。そのころの武士は、公然と芝居小屋へは入れなかった。

○余、真福寺へ行く……七ツ寺にて奈良茶三盃給ぶ。連れ四人。（元禄六・二・一八）

○余、真福寺へ行く……七ツ寺にて奈良茶給ぶ。連れ数人。（元禄六・二・二三）

○余、真福寺へ行き、おどり操りを見る。七ツ寺にて奈良茶五盃給ぶ。（元禄六・三・三）

『本朝食鑑』（一六九七年）によれば、奈良茶は「もともと南都東大寺・興福寺の僧舎でつくられたもので、今は地方・階層を問わずみな嗜《たしな》んでいる。好い茶を煎じ、濃い初煎はとって置き、薄い再煎茶に塩少々を入れ米を煮る。そのとき炒大豆・炒黒豆等を合わせてもよい。

飯が熟してから濃い初煎茶に浸して食べる。感冒・頭痛・気欝に効く」とあり、本来はお寺の薬膳だった。江戸の明暦の大火（振り袖火事とも・一六五七年）後、浅草寺《せんそうじ》の北東五〇〇メートルにある金龍山（待乳山《まっちやま》）聖天《しょうてん》前に、奈良茶を食わせる店ができ、好評を博したという。これが江戸料理屋の元祖とされるのだが、ここに一つ問題が生じる。

『料理物語』（一六四三年）には、「奈良茶　まっちゃを少し炒《い》りて袋に入れて、あずきと茶ばかり煎じ候う……」とあり、煎茶法の伝来前は抹茶を使っていたのだが、浅草金龍山ではじまった奈良茶の店は、はたして抹茶か煎茶か、微妙な時期にあたるのである。煎茶法は黄檗宗とともに隠元によって伝えられたとされ、歴史は新しい。イメージとして抹茶の奈良茶はちょっと馴染めないが、『料理物語』には確かに抹茶と書いてある。

『名飯部類』を参考に作った奈良茶
炒った大豆を入れて煎茶で炊き、炊きあがってからまた煎茶を加える。

今回橋本氏が復元されるのは『名飯部類』（一八〇二年）に拠るとあるから、これはむろん煎茶である。奈良茶の復元だけでは寂しいから、ほかに「たぬき汁」「おぼろ大根葛かけ」「鯛生すし浅草巻」が添えられるという。このうち〈鯛生すし〉のつけ醤油代わりに〈煎酒〉を使うということで、〈煎酒〉の作り方を紹介されたのだ。

煎酒は『料理物語』では「かつお一升に梅十・十五・廿入れ、古酒二升……」とあるが、作り方は何通りもあるようで、橋本氏の場合は酒と鰹節が一対一だったように覚えている。すでに作られたものがあったので、頼んで嘗めさせていただいた。はじめて経験するやわらかい味だった。訪れたわけを話すと丁度手持ちがあるからと、立派な料理書をいただいた。

今は取り壊されてしまったが、名古屋栄の明治屋でこれを見つけた。アユの塩焼きに欠かせない蓼酢を買ったとき、すぐそばに並んでいるのに気付いた。以来、文左衛門の真似をし専ら刺身に使っていたが、ちょっとしたクセが気になりワサビを溶かして使うようにしている。白身魚にはピッタリで、冒頭の小泉先生の話は、大いにわが意を得たりと納得したのである。某日、少し余分に買って来て、小泉先生の本のコピーとともに、お元気だったころの森浩一先生と和田萃先生にお送りした。お二人から後日、「はじめて味わったが美味かった」との感想をいただいた。


（この項一部『日本の食文化に歴史を読む』中日出版に重複）

おわりに

本稿が仕上げに近づいたころ、出版社「ゆいぽおと」を主宰する山本直子氏から、中日新聞夕刊の「ほんの裏ばなし」欄へ寄稿する旨の連絡があり、しばらくしてから、東海学センター資料室へ写真を撮りに来た。でかいカメラでも抱えてくるのかと思ったら、スマホでほんの一、二分撮って終わった。教えられた掲載日、夕刊をとっていないので資料室帰りにコンビニで買い求めた。「ほんの裏ばなし」は、三〇何年ぶりかに元担任と教え子の山本氏が再会する話だが、元担任の僕にとっては、裏ではなく表の話である。

記事は起承転結のあるストーリーふうのもので、年次もちゃんと押さえてあり、手許にあればこれからむかしを思い返す際に役立つ。簡潔な筆運びは、流石《さすが》に「文章の書き方講座」を受け持っているだけのことはある、と感心した。

八年前、山本氏との再会から生まれたのが『遠いむかしの伊勢まいり』で、いま読み返すとなかなか面白いと思うが、あまり売れたという話は聞かない。まだ在庫は、あるのだろう。以来、毎年一冊ずつ計七冊を出してもらったが、そのうち一度だけ出版側の注文で、『尾張名古屋の歴史歩き』を書いた。やはりこれがいちばん売れたそうだ。それも他と比較しての話で、低空飛行であることに変わりはない。しかし、低空を飛ぶ飛行機は、落ちそうで落ちない。

「ゆいぽおと」発刊の本の末尾には、「いま残さなければ時代の谷間に消えていってしまうことを、本というかたちをとおして読者に伝えていきます」とある。年に一度か二度の来訪時に、自費出版本も含めた刊行本をお土産にいただくが、概して真面目で好感の持てる本が多い。すでに刊行は八〇冊をこえるというが、読者に媚びるような本は、一冊もない。これが教え子の偉いところで、出版人として大切な気骨を持ち合わせている。一〇〇人が読んで一〇〇人が喝采するような本は、頼まれても出さない。一、二割でよしとする。その一、二割こそ「読書人」なのである。本が売れない時代にあっても、読書人は健在である。低空飛行が、安全な所以《ゆえん》でもある。

参考文献

『鸚鵡籠中記一』（名古屋叢書続編第九巻・一九六五年・名古屋市教育委員会／校訂復刻・一九八三年・郷土資料刊行会）
『鸚鵡籠中記二』（名古屋叢書続編第十巻・一九六六年・名古屋市教育委員会／校訂復刻・一九八三年・郷土資料刊行会）
『鸚鵡籠中記三』（名古屋叢書続編第十一巻・一九六八年・名古屋市教育委員会／校訂復刻・一九八三年・郷土資料刊行会）
『鸚鵡籠中記四』（名古屋叢書続編第十二巻、一九六九年、名古屋市教育委員会／校訂復刻、一九八三年、郷土資料刊行会）
『摘録鸚鵡籠中記上・下』（塚本学編注、岩波文庫、一九九五年）
『朝日文左衛門鸚鵡籠中記』（「生活史叢書下級武士の生活」加賀樹芝朗、雄山閣、一九六六年／「江戸時代選書」二〇〇三年）
『尾張の元禄人間模様』（芥子川律治、中日新聞本社、一九七九年）
『元禄御畳奉行の日記』（神坂次郎、中公新書、一九八四年）
『士林泝洄一』（名古屋叢書続編第十七巻、一九六七年、名古屋市教育委員会／校訂復刻・一九八三年・郷土資料刊行会）
『士林泝洄二』（名古屋叢書続編第十八巻、一九六七年、名古屋市教育委員会／校訂復刻・一九八三年・郷土資料刊行会）
『士林泝洄三』（名古屋叢書続編第十九巻、一九六八年、名古屋市教育委員会／校訂復刻・一九八四年・郷土資料刊行会）
『士林泝洄四』（名古屋叢書続編第二十巻、一九六八年、名古屋市教育委員会／校訂復刻・一九八四年・郷土資料刊行会）
『士林泝洄続編』（名古屋叢書三編四巻、一九八四年、名古屋市教育委員会）
『昔咄』（名古屋叢書続編第二四巻雑纂編一、一九六三年、名古屋市教育委員会／校訂復刻・一九八三年・郷土資料刊行会）
『尾藩世記』（名古屋叢書三編二・三、一九八七年・名古屋市教育委員会）
『葎《むぐら》の滴　諸家雑談』（名古屋叢書三編一二、一九八一年、名古屋市教育委員会）
『編年大略』（名古屋叢書四・記録編一、一九六二年、名古屋市教育委員会／校復刻、一九八二年、郷土資料刊行会））
『金鱗九十九之塵・上』（　名古屋叢書六・地理編一、一九五九年、名古屋市教育委員会／復刻、一九八二年、郷土資料刊行会））
『正事記』（津田房勝、寛文五年頃／名古屋叢書二三、一九六四年）

『紅葉集』（名古屋叢書二四、雑纂編一、一九六三年）
『金城温古録』（奥村得義、一八六〇年成立／名古屋叢書続編一三〜一六、一九六七年）
旧版『名古屋市史』人物編一・二（名古屋市役所、一九三四年）
旧版『名古屋市史』地理編（名古屋市役所、一九一六年）
旧版『名古屋市史』政治編一・二（名古屋市役所、一九一六年）
旧版『名古屋市史』社寺編（名古屋市役所、一九一五年）
『新編名古屋市史』（名古屋市、一九九七年）
『新編名古屋市史』（名古屋市、一九九八年）
『新編名古屋市史』（名古屋市、一九九九年）
『塩尻上・下』（天野信景、一九〇七年、國學院大學出版部／復刻東海地方史学協会、一九八四年）
『徳川実紀第一編』（新訂増補国史大系、一九二九年、吉川弘文館刊）
『徳川盛世録』（市岡正一、平凡社東洋文庫四九六、一九八九年）
『尾張敬公（尾張藩創業記）』（西村時彦、名古屋開府三百年紀念会、一九一〇年／マイタウン、一九八九年）
『江戸幕府役職集成』（笹間良彦、雄山閣、一九六五年）
『三正綜覧』（内務省地理局、帝都出版社、一九三二年）
『復元江戸生活図鑑』（笹間良彦・柏書房・一九九五年）
『近世武士生活史入門事典』（武士生活研究会・柏書房・一九九一年）
『下級武士足軽の生活』（笹間良彦・雄山閣・二〇一五年）
『時代風俗考証事典』（林美一・河出書房新社・一九七七年）
『尾張藩漫筆』（林董一・名古屋大学出版会・一九八九年）
『将軍の座』（林董一・新人物往来社・一九六七年／二〇〇八年、風媒社）
『尾張名所図会』上巻（一九四〇年・名古屋史談会複製／一九七三年・愛知県郷土資料刊行会再復刻）
『尾張名陽図会』（一九四〇年・名古屋史談会複製／一九七一年・愛知県郷土資料刊行会復刻）
『本朝食鑑』（平野必大、元禄一〇年／平凡社東洋文庫一〜五、一九七六〜八一年）
『守貞謾稿』（喜田川守貞・嘉永六年／第一巻〜五巻・東京堂出版・一九九二年）

『日本山海名物図会』（平瀬徹斎・長谷川光信・一七五四年／名著刊行会・一九七九年）
第一四回春日井シンポジウム収録本『海人たちの世界』（二〇〇七年・中日出版）
第一五回春日井シンポジウム資料集『日本の食文化に歴史を読む』（二〇〇七年・春日井市教育委員）
第一五回春日井シンポジウム収録本『日本の食文化に歴史を読む』（二〇〇八年・中日出版）
『幕末下級武士の絵日記』（大岡敏昭著・相模書房・二〇〇七年／新訂・水曜社・二〇一九年）
『武士の絵日記』（大岡敏昭著・角川ソフィア文庫・二〇一四年）
「元禄名古屋の料理雑話」（『郷土研究・二六』所収、一九八〇年一一月刊、愛知県郷土資料刊行会）
「元禄名古屋の料理雑話②」（『郷土研究・二七』所収、一九八一年一一月刊、愛知県郷土資料刊行会）
『お江戸の結婚』（菊地ひと美・三省堂・二〇一一年）
『名古屋コーチン作出物語』（入谷哲夫・ブックショップ「マイタウン」・二〇〇〇年）
『日本料理名ものしり事典』（ＰＨＰ文庫、志の島忠・浪川寛治著・二〇〇六年）
「日本料理における献立の系譜」（熊倉功夫、全集『日本の食文化』一九九八年所収）
「江戸のみかん」（塚本学、全集『日本の食文化』一九九七年所収）
『大江戸料理帳』（福田浩・松藤庄平・新潮社とんぼの本・二〇〇六年）
『江戸料理史・考』（江原恵・河出書房新社・一九八六二〇〇六年）
『魚貝もの知り事典』（下中直人編・平凡社・二〇〇三年）
『図説魚と貝の事典』（望月賢二監修・柏書房・二〇〇五年）
『日本の海水魚』（木村義志・学習研究社・二〇〇〇年）
『魚の博物事典』（末広恭雄・講談社学術文庫・一九八九年）
『すしの本』（篠田統・岩波現代文庫・二〇〇二年）
『日本の酒』（坂口謹一郎・岩波文庫・二〇〇七年）
『魚々食紀』（川那部浩哉・平凡社新書・二〇〇〇年）
『食と日本人の知恵』（小泉武夫・岩波現代文庫・二〇〇二年）
『酒肴奇譚』（小泉武夫・中公文庫・一九九七年）
『発酵は錬金術である』（小泉武夫・新潮選書・二〇〇五年）

『発酵・ミクロの巨人たちの神秘』（小泉武夫・中公新書・一九八九年）
『日本食生活史』（渡辺実・吉川弘文館・二〇〇七年）
『森浩一・食った記録』（森浩一・編集グループＳＵＲＥ・二〇〇五年）
『食の体験文化史』（森浩一・中央公論社・一九九五年）
『食の体験文化史２』（森浩一・中央公論社・一九九七年）
『食の体験文化史３』（森浩一・中央公論社・一九九八年）
『日本・食の歴史地図』（吉川誠次・生活人新書・ＮＨＫ出版・二〇〇一年）
『続日本・食の歴史地図』（吉川誠次・生活人新書・ＮＨＫ出版・二〇〇二年）
『鮫』（矢野憲一小泉武夫・ものと人間の文化史三五／法政大学出版局・一九七九年）
『図説・江戸時代食生活事典』（日本風俗史学会編・篠田統・川上行蔵監修・雄山閣・一九七八年）
『日本料理語源集』（中村幸平・旭屋出版・二〇〇四年）
『飲食事典』（本山荻舟・平凡社・一九五八年）
『図説江戸料理事典』（松下幸子・柏書房・一九九六年）
『農業事物起源集成』（大野史朗・青史社・一九八二年）
『日本語源大辞典』（前田富祺監修・小学館・二〇〇五年）
『日本の食文化体系六・魚貝譜』（石黒正吉・東京書房社・一九八六年）
『江戸の料理史』（原田信男・中公新書・一九八九年）
『和食の歴史』（原田信男・和食文化ブックレット・思文閣・二〇一六年）
『食味宝典・野菜百珍』（林春隆・中公文庫・一九八四年）
『江戸あきない図譜』（高橋幹夫林春隆・たくま文庫・二〇〇二年）
『食生活の歴史』（瀬川清子・講談社学術文庫・二〇〇一年）
『漁食の民』（長崎福三・講談社学術文庫・二〇〇一年）
『たべもの起源事典』（岡田哲・ちくま学芸文庫・二〇一三年）
『植物知識』（牧野富太郎・講談社学術文庫・一九八一年）
『牧野日本植物図鑑』（牧野富太郎・北隆館・一九六七年）

『寛永七年刊和歌食物本草』（現代語訳・半田喜久美・源草社・二〇〇四年）
『俳句の魚菜図鑑』（復本一郎監修・柏書房・二〇〇六年）
『江戸惣菜事典』（川口はるみ・東京堂出版・一九九五年）
『すしの事典』（日比野光敏・東京堂出版・二〇〇一年）
『落語地誌』（栗田彰・青蛙房たくま文庫・二〇一〇年）
『江戸の料理と食生活』（原田信男編・小学館・二〇〇四年）
『江戸の食と暮らし』（別冊歴史REAL・洋泉社・二〇一四年）
『季節の民俗誌』（野本寛一・田茂川大学出版部・二〇一六年）
『海のギャングサメの真実を追う』（中野秀樹・成山堂書店・二〇〇七年）
『御馳走帖』（中公文庫・一九七九年／一九四六年の同名書・一九六五年改定増補『新御馳走帖』の再編集）
『「性霊集」抄』（空海／加藤精一訳・角川ソフィア文庫・二〇一五年）
『北越雪譜』（鈴木牧之・京山人刪定／岡田武松校訂・岩波文庫・一九三六年）
『食いしん坊1・2』（小島政二郎・朝日文庫・一九八七年）
『野菜・果物』（金田洋一郎・満田新一郎・山と渓谷社・二〇〇一年）
『評釈猿蓑』（幸田露伴・岩波文庫・一九三七年）
『十訓抄』（永積安明校訂・岩波文庫・一九四二年）
『御伽草子（猿源氏草子）』（岩波古典文学大系38・一九五八年）
『風土記』（吉野裕訳・東洋文庫・平凡社・一九六九年）
『徒然草』（西尾実校注・岩波文庫・一九二八年）
『日本書紀上』（宇治谷猛現代語訳・講談社学術文庫・一九八八年）
『幸田露伴江戸前釣りの世界』（木島佐一訳・解説・つり人社・二〇〇二年）
『日本料理の真髄』（阿部孤柳・講談社新書・二〇〇六年）

大下　武（おおした　たけし）

一九四二年生まれ。早稲田大学文学部国史専修卒業。近代思想史専攻。愛知県立高校教諭を経て、春日井市教育委員会文化財課専門員として、一九九三年から二十年間「春日井シンポジウム」の企画、運営に携わる。

現在、NPO法人東海学センター理事。

著書に『城北線　歴史歩き』『愛環鉄道歴史歩き　上、下』『スカイツリーの街　歴史歩き』（大巧社）、『遠いむかしの伊勢まいり』『元禄の光と翳―朝日文左衛門の体験した「大変」―』『尾張名古屋の歴史歩き』『朝日文左衛門と歩く名古屋のまち』『尾張名古屋の武芸帳―朝日文左衛門の武芸遍歴―』『朝日文左衛門の参詣日記―二つの社と二つの渡し―』『朝日文左衛門の「事件」―『鸚鵡籠中記』から―』（ゆいぽおと）。

装丁　三矢千穂

朝日文左衛門の食卓

2021年1月8日　初版第1刷　発行

著　者　大下　武

発行者　ゆいぽおと
〒461-0001
名古屋市東区泉一丁目15-23
電話　052（955）8046
ファクシミリ　052（955）8047
http://www.yuiport.co.jp/

発行所　KTC中央出版
〒111-0051
東京都台東区蔵前二丁目14-14

印刷・製本　モリモト印刷株式会社

内容に関するお問い合わせ、ご注文などは、すべて右記ゆいぽおとまでお願いします。
乱丁、落丁本はお取り替えいたします。

ISBN978-4-87758-491-7 C0095

ゆいぽおとでは、
ふつうの人が暮らしのなかで、
少し立ち止まって考えてみたくなることを大切にします。
テーマとなるのは、たとえば、いのち、自然、こども、歴史など。
長く読み継いでいってほしいこと、
いま残さなければ時代の谷間に消えていってしまうことを、
本というかたちをとおして読者に伝えていきます。